本文系2018年度教育部人文社会科学研究青年基金项目《股权转让中合同效力与权利变动之区分研究》（18YJC820006）的阶段成果

股权转让中
区分原则的适用研究

陈圣利　著

Research on the Application of the Distinction Principle in Equity Transfer

法律出版社
LAW PRESS·CHINA
北 京

图书在版编目(CIP)数据

股权转让中区分原则的适用研究 / 陈圣利著. -- 北京 : 法律出版社, 2023
ISBN 978-7-5197-7165-2

Ⅰ. ①股… Ⅱ. ①陈… Ⅲ. ①股权转让-证券法-法律适用-研究-中国 Ⅳ. ①D922.291.914

中国版本图书馆 CIP 数据核字(2022)第 184725 号

股权转让中区分原则的适用研究
GUQUAN ZHUANRANG ZHONG QUFEN YUANZE DE SHIYONG YANJIU

陈圣利 著

责任编辑 孙东育 曲 杰
装帧设计 臧晓飞

出版发行 法律出版社
编辑统筹 学术·对外出版分社
责任校对 王 丰
责任印制 陶 松
经 销 新华书店

开本 710 毫米×1000 毫米 1/16
印张 14.75 **字数** 320 千
版本 2023 年 1 月第 1 版
印次 2023 年 1 月第 1 次印刷
印刷 永清县金鑫印刷有限公司

地址:北京市丰台区莲花池西里 7 号(100073)
网址:www.lawpress.com.cn
投稿邮箱:info@lawpress.com.cn
举报盗版邮箱:jbwq@lawpress.com.cn
销售电话:010-83938349
客服电话:010-83938350
咨询电话:010-63939796

书号:ISBN 978-7-5197-7165-2
定价:88.00 元
凡购买本社图书,如有印装错误,我社负责退换。电话:010-83938349

序

本书是由作者陈圣利在攻读博士学位期间的主要研究成果,也是系教育部人文社科青年基金项目的阶段成果。更为重要的是,它还是民法典国民教育科普基地(重庆市人文社会科学普及基地)支持出版的又二本著作。

说到本书,我想起“文如其人”这个说法。看到此书,如见圣利本人。

回忆往事,历历在目。圣利在福建的一所高校工作,为了深造想来西南政法大学攻读博士学位。在云端通过邮件等多种方式交往的一段时间里,他主要向我表达了对博士学位的强烈渴望。

第一次线下见面,虽然没有“见光死”,但也没有什么喜出望外。我和他约在“西政堕落街”的“藤藤菜牛肉面馆”,边吃边聊。他给我的印象是淳朴忠厚,踏实可靠,有几分书生气,但并非十分灵光的那种类型。我为他做了理性分析,追求进步当然是有必要的,也是该肯定的,但未必要走读博士这条“小路”,毕竟这条路走起来太难太辛苦。最后发现,不是“泼水节”,“泼冷水”难以成功。于是就顺其自然,给他丢下一句话,“考吧,自已回去努力!”

吃完面就匆匆话别,他递给我一盒从福建带来的茶叶,我拒绝了他,说“君子之交淡如水”,还批评他不懂“西政的师生规矩”。他一脸难受,我怕他担心,就又丢下一句话,“日久见人心,不信谣,不传谣”。

次年，他考上了博士，满脸喜悦，甚是得意。我作为他的导师，一贯是轻言细语，偶尔也“狂风暴雨”。在我强大的压力攻势面前，他倒是很刻苦，但我仍然时而不时“敲敲打打”。据我观察，在他身上具有不懈努力的韧劲和坚持。因而，尽管第一年他的表现“波澜不惊”，成果难以让人喜出望外，我却心平气和地退而求“佛系”，“慢慢来”“放养看看”“是铁就可成钢”“只要态度端正愿意努力就会进步的”。

果然不出所料。有一天深夜我在书房里修改他的论文时，发现了惊喜——这小子找到论文写作的“密码本”了！当时，我竟然忍不住还给他发了一条很长的微信。当然，按照圣利不紧不慢的节奏，他第二天早上八九点钟才回复我。此后，圣利的读书写作可谓是芝麻开花节节高。

开题时，我对他准备研究“股权转让中区分原则”这一主题非常支持，希望他能在这一领域有所贡献。因为，稍微了解法律实务的人都知道，在股权转让时，股权何时发生变动是非常关键的问题，但我国《公司法》对此并未设置明确的规定，而理论与实务界存有很大的争议。譬如，股权变动模式究竟采意思主义还是形式主义？倘若采形式主义，那么，导致股权变动的形式是出资证明书的交付、股东名册的修改抑或是工商变更登记？倘若采意思主义，那么，引起股权变动的意思究竟是合同当事人股权让与的合意还是公司对股权转让的认可之意思？更何况，股权内部转让与股权对外转让、一般股权的转让与特殊股权的转让是否可以适用相同的规则，同样是值得研究的问题。此外，我国法律关于股权转让设有强制性规定，这些规定意在控制合同效力、股权变动抑或其他，也需要通过逻辑自洽的深入研究来澄清。

圣利博士运用民商法原理，在物权法、合同法、公司法等领域“来回穿梭”，从研究“区分原则的法律内涵”和“区分原则适用于股权转让的可行性”出发，得出一般性的结论：在股权转让中必须对缔约阶段的负担行为与履约阶段的处分行为予以区分；对于股权转让合同的效力，法律不必过于严格地管控，而仍然应当留下意思自治的空间；至于交易安全方面的保障，更多需要依靠对股权处分行为的把关。然后，圣利博士的研究落脚于“需经审批的股权转让中区分原则的适用”“涉及先买权的股权转让中区分原则的适用”“禁售期内的股权转让中区分原则的适用”等几个特殊问题。作者从司法实践出发对这个主题所进行的研究，内容是完整的，论证是充分的，结论是基本可靠的。

本书是股权转让方面的理论创新力作,同时对于司法裁判也具有积极的指导意义。

梁慧星教授曾在担任我校(西南政法大学)博士学位论文答辩委员会主席时,语重心长地提醒青年学子,“博士毕业、专著出版并不是学术研究的终点,而只是一个新的起点”。梁先生的话,我实在无法赞同更多。基于此,我一方面衷心祝福圣利博士的专著出版;另一方面也期待他不要止步于此,而是继续保持学术研究的激情,在民商法领域获取更多更好的成绩。

是为序。

侯国跃
西南政法大学教授
民法典国民教育科普基地主任

目　录

绪 论

一、写作背景

自 1993 年《公司法》颁布以来，我国的公司制度得到了长足的发展，公司已逐渐成为经济活动中最为活跃和最为重要的主体。伴随公司数量的与日俱增，有关股权转让纠纷的案件也呈现迅速增长的趋势。在审理股权转让纠纷案件时，法官首要碰到的问题是"股权转让合同"与"股权变动"的效力判断，而解决这一问题的关键是，要厘清二者各自的效力要件。通过对相关裁判文书的梳理，笔者发现我国当前审判工作中关于"股权转让合同"与"股权变动"的效力要件认定方面，存在较大的争议。譬如，关于违反股东先买权规定的股权转让合同效力，司法实践中就存在有效、无效、可撤销、效力待定四种观点。关于违反转让审批规定的股权转让合同效力，存在有效、无效、未生效之争。而关于违反股份禁售规定的股权转让合同效力，持有效与无效的判决均不乏其例。这一现象应引起我们的重视。

司法实践中有些判决混淆"股权转让合同"与"股权变动"的效力要件，其中一个重要原因是没有正确理解和适用区分原则。在我国，原《物权法》颁行前，法律界对区分原则的认识不足，立法与司法实践曾一度混淆了原因行为与物权变动的效力要件，立法方面典型表现为原《担保法》误将抵押登记和质物交付作为抵押合同与质押合同的生效要件，司法方面典型表现为《最高人民法院关于审理房地产管理法施行前房地产开发经营案件若干问题的解答》（以下简称《最高法房地产案件解答》)误将物权登记作为土地使用权转让合同与抵押合同的生效要件。① 正是由于立法与司法实践长期混淆了原因行为与物权变动的各自要件(尤其是混淆了物权登记与合同效力的关系),为了纠正这一错误,2007 年颁行的《物权法》第 15 条明确规定"未办理物权登记的,不影响合同效力",由此在立法层面将物权变动的公示要件与债权合同的效力要件区分开来。

在我国,法律界对区分原则的认识,多是基于原《物权法》的规定。我国当前民法教材关于区分原则,大多都是在物权法部分介绍,而民法总论则很少涉及,如有介绍,一般是在"法律行为分类"中简略说明。应该说,在现行法框架下,民法教材这种编写体例并无不当之处。但是,由此带来的一个后果是,民法初学者容易陷入一种误区:区分原则是物权交易领域的一个特别现象。这种认识上的误区,可能长远影响着其法律思维方式,乃至影响着其后来对相关案件的审判工作。在此思维引导之下,有些裁判文书对"股权转让合同"与"股权变动"的效力要件不作区分,也就不足以为怪了。

区分原则的研习,是一项艰难的作业。对此,民法学者王泽鉴教授曾指出,关于负担行为与处分行为的区分,初习民法之人恒感困惑、难以理解,就连有经验之舵手亦难免触礁。② 在我国,自原《物权法》颁行之后,法律界对区分原则的认识有了较大的提升,但此种认识是一个渐进的过程。直到 2012 年,最高人民法院颁布了《关于审理买卖合同纠纷案件适用法律问题的解释》(法释〔2012〕8 号,以下简称《买卖合同解释》),才终于在司法解释层面确立了"无处分权不影响合同效力"的规则,③而这一规则恰是负担行为与处分行为区分的内核。关于我国立法是否承认"负担行为与处分行为的区分"(或"债权行为与物权行为的区分"),法学界至今未形成一致意见,否定说曾一度占据主流观点。但是,以最高人民法院为代表的司法机关,在会议纪要,"理解与适用"丛书,以及裁判文书中,已开始正式地使用了"负担行为""处分行为""物权行为""债权行为"等概念。

物权变动遵循公示原则和形式主义,由于原因行为(负担行为)与物权变

---

① 参见原《担保法》(1995 年颁行)第 41 条和第 64 条规定,《最高人民法院关于审理房地产管理法施行前房地产开发经营案件若干问题的解答》(法发〔1996〕2 号)第 14~16 条规定。

② 参见王泽鉴:《民法总则》,北京大学出版社 2009 年版,第 209 页。

③ 参见《最高人民法院关于审理买卖合同纠纷案件适用法律问题的解释》(法释〔2012〕8 号)第 3 条规定。

动（处分行为）的生效存在时间差，故而物权交易中的区分原则较为直观。但是在股权转让中，特别是在有限责任公司的股权转让中，区分原则不容易被发现。虽然新近的《全国法院民商事审判工作会议纪要》（以下简称《九民会议纪要》）第8条确立了“有限责任公司的股权转让以股东名册变更记载为生效要件”的规则（形式主义的观点之一），但相较而言，意思主义的观点更符合实证法的解释。[①] 故而，在《九民会议纪要》颁布之前，不少地方法院在审理股权转让纠纷时，认为有限责任公司的股权转让不以外在公示为生效要件，而以当事人的股权让与合意为准（意思主义的观点）。在意思主义之下，一项股权转让合同通常包含着“股权让与的合意”与“设定让与义务的合意”，股权变动与合同生效往往同步，故而二者的区分不易被人们所感受。因此，关于《公司法》股权转让的强制性规定，一些法官往往不假思索地用以判断股权转让合同的效力，这一现象在有限公司股权转让案件的审判工作中尤为明显。

二、研究现状

（一）境内研究现状

1. 关于区分原则的见解。我国现行法框架下的区分原则的法律内涵为何，国内学者存在“法律事实区分说”与“法律行为区分说”的争论。持法律事实区分说的学者认为，我国法框架之下的区分原则是“原因行为”与“物权变动”这两个“法律事实”的区分，他们反对“负担行为与处分行为”的划分，尤其反对物权行为理论。持法律行为区分说的学者认为，我国民事立法已经承认了“负担行为与处分行为”（或者说“债权行为与物权行为”）的划分，这种划分有助于分析财产交易中的法律关系，判断基础合同和权利变动的各自要件。

2. 关于股权转让模式的见解。关于有限责任公司的股权转让模式，国内学者的观点分歧较大，可概括为“形式主义”和“意思主义”。(1)形式主义认为，有限责任公司的股权转让中，当事人的合意不足以引起股权的变动，必须结合某种公示方式，才能产生股权的变动。形式主义又分为交付生效说、内部登记生效说、外部登记生效说。(2)意思主义认为，有限责任公司的股权转

---

① 根据现行《公司法》（2018年修正）第73条的规定，公司向新股东签发出资证明书、修改公司章程和股东名册等工作，都是在“股权转让后”进行的。即依该条规定之基本文义，有限责任公司的股权转让并不以股东名册的变更记载为生效要件。

让,并不以某种外在的公示方式为要件。意思主义又分为:通知生效说、公司认可说、权属与资格区分说、当事人合意说。

股份有限公司的股权转让,应区分三种情形:一是公司成立并已发行股票的情形。二是公司已成立但未发行股票的情形。三是公司尚未成立的情形。第一种情形(公司成立并已发行股票)中的股权转让,争议相对较小,一般认为系采"形式主义"。后两种情形,国内研究相对较少。

3. 关于区分原则是否适用于股权转让的见解。股份有限公司的股权转让遵循形式主义,合同生效与股权变动存在时间差,故而区分原则在股份转让中的适用,一般不存在争议。多数人都赞同这样的观点:股票的交付或背书,系股份变动的生效要件,而非股份转让合同的生效要件。但在有限责任公司的股权转让中,合同效力要件与股权变动要件的区分,常被忽视。既往的司法实践,不少裁判遵循一体把握的解释路径(未作区分的解释路径),常将公司法中的股权转让限制性规定,用以认定股权转让合同的效力,从而否定合同的有效性。近些年,国内一些学者和法官逐渐认识到,有限公司股权转让案件中区分原则适用的可能性与必要性。

4. 关于股权转让违反股东先买权规定之法律后果的见解。2018 年《公司法》第 71 条规定了有限责任公司的股东先买权制度。违反股东先买权规定而订立之股权转让合同效力如何?当前国内主要存在四种观点:(1)无效说认为,违反先买权规定的股权转让合同自始无效。(2)可撤销说认为,在转让人违反先买权规定而与他人订立股权转让合同之情形,主张先买权受侵害之股东有权诉请撤销该项合同,但在被撤销之前,合同仍属有效。(3)效力待定说认为,违反先买权规定的股权转让合同,其效力未定;合同最终能否生效,取决于其他股东是否行使先买权。(4)有效说认为,股权转让合同是否生效,不因违反先买权规定而受影响。

5. 关于股权转让违反审批规定之法律后果的见解。违反股权转让审批规定的合同效力如何,主要存在一体把握的解释路径与区分原则的解释路径。(1)一体把握的解释路径将行政审批与合同效力捆绑,主流观点认为违反审批规定的合同无效,但现在主流观点认为合同未生效。(2)区分原则的解释路径认为,审批规定意在控制股权变动,与股权转让合同(负担行为)的效力无涉,真正受影响的是股权转让中的处分行为。

6. 关于股权转让违反禁售规定之法律后果的见解。2018年《公司法》(以下简称现行《公司法》)第141条规定了股份禁售规定。股东违反该条规定,与他人订立的股份转让合同效力如何?持"合同无效"的观点和持"合同有效"的观点,均不乏其例。认为合同无效的观点中,存在"禁止性规定说"和"效力性强制性规定说";认为合同有效的观点中又存在"管理性规定说"、"非禁止性规定说"、"目的说"与"区分说"四种见解。

(二)境外研究现状

1. 境外关于区分原则的见解。(1)德国民法实现了负担行为与处分行为的分离(分离原则、区分原则),并且确立了"处分行为效力不受负担行为影响"的原则(抽象原则、无因性原则)。通说认为,负担行为和处分行为的区分,不仅存在于物权(绝对权)交易领域,也存在于债权让与、股权转让等相对权交易领域。(2)瑞士学界通说认为,瑞士民法承认债权行为与物权行为的区分(区分原则),但没有采纳德国民法的抽象原则(物权行为无因性理论)。根据《瑞士债务法》第165条和第785条第1款之规定,"债权让与"和"股权转让"同样存在区分原则的适用。(3)日本民法一方面仿效德国,设置物权编与债权编,并规定了法律行为制度;另一方面又仿效了法国,对物权变动采纳了意思主义。日本学者对其本国民法是否承认债权行为与物权行为的区分,存在较大的争议。

2. 境外关于股权转让模式的见解。(1)境外关于有限责任公司之规定,与我国《公司法》最为相近的是《德国有限责任公司法》。德国法关于有限责任公司的股权转让,遵循了意思主义模式。德国学者通说认为,在有限责任公司中,股东名册的登记变更,是股权转让对抗公司的要件,而非股权转让的生效要件。(2)境外多数国家和地区立法均规定,股份公司的股权转让,以股票的交付或背书为生效要件,即股份转让遵循形式主义模式。《日本公司法》还规定了"不发行股票的股份公司",这类公司的股权转让遵循意思主义。日本学者通说认为,股份公司成立前的权利股("认股人资格"或"认股人地位")的转让与股票发行前的股权转让"不得对抗公司",指在与公司的关系上不发生效力,但在转让当事人间系属有效,此时股权(或认股人地位)的变动遵循意思主义,以当事人的让与合意为准。韩国立法与学说与日本近似。

3. 境外关于区分原则是否适用于股权转让的见解。(1)德国、瑞士两国的有限责任公司的股权转让遵循意思主义模式,股权变动与合同生效时间一般同步,但在立法中仍严格区分了负担行为与处分行为。[①] (2)《日本公司法》规定了两类股份有限公司:一是股票发行公司;二是不发行股票的公司。山本为三郎教授指出,就股票发行公司的股份转让而言,除当事人间达成协议外,还需要有股票的交付行为,而股票的交付就是一项准物权行为;不发行股票的公司的股份转让,只需要当事人间达成协议即可,该项协议既包含债权性意思表示也包含准物权性意思表示。(3)韩国学者李哲松教授也将股份转让界定为一项准物权行为。也就是说,以上学者均认为,股权转让中存在区分原则的适用。

4. 境外关于违反先买权规定的合同效力见解。《日本公司法》第 107 条、第 108 条规定,公司章程可以规定股份之转让须经公司的同意。对此,多数学说和判例认为,公司未承认(同意)的,股份转让相对于公司而言无效,但就当事人之间而言该转让是有效的。前田庸教授、山本为三郎教授赞同前述观点,认为即便欠缺公司的承认,当事人间关于转让的协议也是有效的。

5. 境外关于违反转让批准规定的合同效力见解。卡尔 · 拉伦茨教授、本德 · 吕特斯、阿斯特丽德 · 施塔德勒教授指出,依法须取得行政机关同意但未取得的,法律行为处于"未定的无效"("悬而未决的无效")状态。德国法严格区分了负担行为与处分行为,故而"未定的无效"不必然指向负担行为。德国法上的官方批准,既有针对基础行为,也有针对履行行为。如果批准规定系针对履行行为,则未批准前,基础合同有效,只是履行面临给付障碍。如果批准规定系针对基础行为,则应进一步考察,批准究竟是针对某一具体法律行为还是针对某类活动的营业许可。如果是针对具体的基础行为,则合同未生效;如果是关于营业许可的批准,则具体法律行为可能效力未定,也可能是无效或有效。

6. 境外关于违反股份禁售规定的合同效力见解。股份公司属于典型之资合公司,故而遵循股份转让自由原则。我国现行《公司法》第 141 条的股份禁售规定(尤其是发起人股份禁售的规定),在境外立法中较为少见。日本与韩国公司立法虽然没有"发起人股东在公司成立后一年内不得转让股份"的规定,但存在权利股的限制规定。所谓权利股,即公司成立前,出资者的认股地

---

① 参见《德国有限责任公司法》第 15 条和《瑞士债务法》第 785 条。

位。日、韩的权利股限制规定，与我国法中的发起人股份禁售规定，在立法目的上相近，均是为了防止发起人的不当行为、维护公司创设初期的秩序安稳。《日本公司法》第35条和《韩国商法典》第319条均规定，权利股的转让不得对抗公司。日本学者近藤光男教授、前田庸教授指出，权利股的转让虽然不得对抗公司，但此让渡行为在当事人之间是有效的。韩国学者郑燦亨教授认为没有必要承认权利股转让的效力，因为其没有转让方法，而且存续期间也非常短。李哲松教授认为，权利股的转让，在当事人之间具有债权性效力，在公司成立后，受让人可以请求转让人履行。

三、特别说明

（一）术语选用

1.“股权转让”的术语选用。我国现行《公司法》中两类公司的股权转让在程序和要件方面存在差异，国内一些学者将有限责任公司的股权转让称为“出资转让”，而将股份有限公司的股权转让称为“股份转让”。[①] 但是，无论是“出资转让”还是“股份转让”，两个概念在本质上没有差别，都是“股东将其对公司所有之股权转移给受让人，受让人继受取得股权而成为新股东的法律行为”[②]。本书为了论证方面的便利，将“出资转让”和“股份转让”，统称为“股权转让”。

2.“股权转让模式”的术语选用。从广义上讲，股权的变动不仅包括股权转让（股权归属方面的变动），而且也包括股权出质（股权权能或效力方面的变动）等情形。现行法关于股权出质的生效要件规定，与股权转让的规定不同，故而本书第二章放弃了“股权变动模式”的表达方式，而采用“股权转让模式”这一术语。

3.“一体把握”的术语选用。在本书研究主题之下，“一体把握”是与区分原则相对应的表达，指对财产交易中的基础合同与权利变动视为一体而不作区分的做法。此种做法的称谓，国内学者未达成共识，韩世远教授称为“一体

① 参见冯果：《公司法》，武汉大学出版社2017年版，第172、187页；施天涛：《公司法论》，法律出版社2018年版，第275、279页；李建伟：《公司法》，中国人民大学出版社2018年版，第255页；范健、王建文：《公司法》，法律出版社2018年版，第316页；甘培忠：《企业与公司法学》，北京大学出版社2018年版，第229页。

② 施天涛：《公司法论》，法律出版社2018年版，第273页。

把握”,[①]朱庆育教授与刘家安教授称为“一体原则”,[②]孙宪忠教授称为“同一主义”(或“同一原则”)。[③] 本书选用“一体把握”这一术语,其意与孙宪忠教授所称的“同一主义”(或“同一原则”)以及朱庆育教授与刘家安教授所称的“一体原则”相同。

(二)研究对象

本书第三章至第五章论述了区分原则在股权转让中适用的三种情形,需说明的是,股权转让中区分原则适用的场域绝不仅限于这三种情形。“一股多卖中数份合同均有效”“无权处分不影响股权转让合同的效力”“未完成股东名册名义变更或工商登记变更不影响合同效力”“股票未背书或交付不影响股权转让合同的效力”,这些规则同样与区分原则相关。但这些规则所涉及的法理,均可直接基于《民法典》物权编第 215 条“物权公示与合同效力无涉之规定”、《民法典》合同编第 597 条“无权处分不影响合同效力之规定”以及原《最高人民法院关于适用〈中华人民共和国合同法〉若干问题的解释(二)》(以下简称《合同法解释(二)》)第 15 条“一物数卖合同均为有效之规定”得以解释。由于审判实务关于“股权转让审批规定”、“股东优先购买权规定”和“股份禁售期规定”的争议较大,故而本书第三章至第五章聚焦于这三种情形的区分原则适用研究。

还需说明的是,区分原则的主要功能在于,对基础合同和权利变动的各自生效要件进行区分,进而对基础合同的效力作出正确的判断。就股权转让而言,区分原则的主要功能在于,甄别哪些强制性规定意在控制合同效力、哪些强制性规定仅指向股权变动,从而正确认定股权转让合同的效力。因此,本书将以股权转让中的基础合同效力为研究重点,关于股权变动方面,笔者将在第二章当中的“股权转让模式”以及第三章至第五章当中的“区分原则解释路径的见解”中阐述。

(三)法律法规

本书在 2020 年 2 月已完成写作。2020 年 5 月 28 日,十三届全国人大三

① 参见韩世远:《合同法总论》,法律出版社 2018 年版,第 655 页。

② 参见朱庆育:《民法总论》,北京大学出版社 2016 年版,第 164~166 页;刘家安:《物权法论》,中国政法大学出版社 2015 年版,第 78 页。

③ 参见孙宪忠:《中国物权法总论》,法律出版社 2018 年版,第 307~309 页。

次会议审议通过了《民法典》。《民法典》诞生后,相关的司法解释也陆续出台。笔者本应对文中的法律条文和司法解释进行全方面的梳理和替换,但考虑到文中所用文献(包括判例和学说)均系《民法典》诞生之前,所以保持了原貌,仍旧采用《民法典》诞生前的法律法规和司法解释。笔者将在脚注或其他恰当之处,比较新旧法律和司法解释。

第一章 区分原则的法律内涵

民法学者王泽鉴教授曾形象地指出，负担行为与处分行为系民法上的任督二脉，初习民法之人对此恒惑不解，有经验之人亦难免触礁。① 王教授的这项比喻，一方面指出了私法中负担行为与处分行为区分的重要性；另一方面也指出了区分原则在民法研习中难以被驾驭。王教授这一论述，不仅适用在海峡彼岸，同样也适用于我国大陆。海峡两岸的相关规定虽存有差异，但在总体构造方面均继受了德国法的物债二分体例与法律行为制度，故而法官在解决财产交易法律纠纷之时，均应重视区分原则的正确应用。

在我国，法律界对区分原则的认识，是一个渐进的过程。具体而言：(1)在原《物权法》颁行前，法律界关于区分原则的认知有限，典型地体现在立法上，1995 年《担保法》误将抵押登记、质物交付分别作为抵押合同、质押合同生效要件。(2)2007 年《物权法》的颁行，使法律界关于区分原则的认识得到了很大的提升，不仅能够准确把握该法第 15 条“物权登记与合同效力无涉”之精神，而且还能动地将前述规则类推适用于动产交易区分原则中。② 然而，当时学界的主流观点认为，前述规定是“原因行为与物权变动的区分”(法律事实区分说)，我国立法不承认“负担行为与处分行为”“债权行为与物权行为”的法律行为区分说。故而就无权处分这一问题上，主流观点仍未改变

---

① 参见王泽鉴：《民法总则》，北京大学出版社 2009 年版，第 209、218 页。

② 参见刘德权、王松主编：《最高人民法院司法观点集成民事卷 I》，中国法制出版社 2017 年版，第 223～230 页。

1999年《合同法》的立场，而将无权处分人订立的合同界定为效力待定合同。(3)2012年《买卖合同解释》的颁行，使法律界关于区分原则的认识又向前推进一步，该解释第3条确立了“处分权与合同效力无涉”的规则。这一规则的出台，引起了学界的轩然大波，因为这一规则正是法律行为区分说之内核。①(4)2020年出台的《民法典》(该部法典于2021年1月1日起施行)第597条采纳了2012年《买卖合同解释》第3条的观点，但学界关于区分原则的争议并未因此而终结。

那么，区分原则的法律内涵究竟是什么？这一原则是否专属于物权法领域，还是贯穿于整个私法体系？为何要较真于“法律事实区分说”与“法律行为区分说”的抉择？法律行为区分说有何实益？

第一节　区分原则的内涵之争

一、区分原则的立法规定

(一)原《物权法》颁布前的相关规定

制定于1986年的《民法通则》虽然没有区分原则的直接规定，但通过对其第72条、第84条和第85条规定的探究，仍能看出区分原则的影子。② 该法第84条和第85条是关于债与合同的概念。根据这两条规定，合同是当事人之间设立、变更或终止民事法律关系的协议，是债的主要发生原因之一；而债的核心内涵就是，债权人可以要求特定的债务人按照合同的约定或法律的规

---

① 2012年最高人民法院颁布的《关于审理买卖合同纠纷案件适用法律问题的解释》(法释〔2012〕8号)第3条确立了“出卖人无所有权或处分权不影响买卖合同有效性”的规则。对此，《最高人民法院关于买卖合同司法解释理解与适用》解释认为，原《合同法》第51条中的“处分”应定位为处分行为……我国原《合同法》制定过程中，由于合同的效力与权利的变动被纠缠在一起，负担行为与处分行为未被区分，所以导致无权处分这个问题长期未得到合理的解释。申言之，司法解释起草小组认为，无权处分这一问题之所以长期未得到合理地解释，其症结在于财产交易中的负担行为与处分行为未得到正确地区分。参见最高人民法院民事审判第二庭编著：《最高人民法院关于买卖合同司法解释理解与适用》，人民法院出版社2016年版，第77~79页。

② 1986年《民法通则》第72条第2款规定：“按照合同或者其他合法方式取得财产的，财产所有权从财产交付时起移转，法律另有规定或者当事人另有约定的除外。”第84条规定：“债是按照合同的约定或者依照法律的规定，在当事人之间产生的特定的权利和义务关系，享有权利的人是债权人，负有义务的人是债务人。债权人有权要求债务人按照合同的约定或者依照法律的规定履行义务。”第85条规定：“合同是当事人之间设立、变更、终止民事关系的协议。依法成立的合同，受法律保护。”

定履行义务。依照第72条之规定,财产交易中,所有权一般自交付时起转移。[①] 由此可见,1986年的《民法通则》将合同界定为一项债权(债务)行为,并且将财产所有权变动要件与合同生效要件,已经作了区分。

但由于立法机关对区分原则未能深刻理解,故而在随后的其他立法中就合同效力与物权变动的关系方面,出现了严重的法理逻辑混乱,典型地体现为1995年《担保法》关于抵押合同、质押合同的生效时点与要件的规定。1995年《担保法》第41条与第64条分别规定了,抵押合同自登记之日起生效、质押合同自质物交付时生效。[②] 此种规定误将物权公示方式作为合同(负担行为)的生效要件,没能正确认识负担行为的特征,亦未能正确区分物权与债权、物权变动与原因行为。在现代市场经济中,尤其是企业之间的融资,大量采用抵押、质押等物权担保方式,故而1995年《担保法》关于抵押、质押合同效力的规定对经济生活影响重大。1995年《担保法》第41条和第64条的逻辑悖论在于,若认定转移质物占有(交付)为质押合同的生效要件,则出质人未交付质物的,质押合同不生效;而质押合同不生效,出质人则无交付质物并为债权人设定质权的合同义务;如此,只要出质人不交付质物,则合同始终不生效,而且其亦无交付质物的合同义务。抵押登记亦是如此,不仅抵押人可以借此规定逃脱合同义务,而且在登记机构在办理登记之时,也陷入逻辑上的困境:一方面,如果未办理登记,抵押合同则不能生效;另一方面,抵押合同未生效,何以办理抵押权的登记?在司法层面,同年12月27日,《最高人民法院关于审理房地产管理法施行前房地产开发经营案件若干问题的解答》也将登记作为土地使用权转让合同与抵押合同的生效要件,并规定"没有办理相应登记的,合同无效"。[③] "这种把交易的结果当作交易原因要件的做法,违背了原

---

① 1986年《民法通则》没有不动产物权登记的规定。

② 1995年《担保法》第41条规定:"当事人以本法第四十二条规定的财产抵押的,应当办理抵押物登记,抵押合同自登记之日起生效。"该法第64条规定:"出质人和质权人应当以书面形式订立质押合同。质押合同自质物移交于质权人占有时生效。"

③ 《最高人民法院关于审理房地产管理法施行前房地产开发经营案件若干问题的解答》(法发〔1996〕2号)第14条规定:"土地使用者就同一土地使用权分别与几方签订土地使用权转让合同,均未办理土地使用权变更登记手续的,一般应当认定各合同无效;如其中某一合同的受让方已实际占有和使用土地,并对土地投资开发利用的,经有关主管部门同意,补办了土地使用权变更登记手续的,可认定该合同有效。转让方给其他合同的受让方造成损失的,应当承担相应的民事责任。"第15条规定:"土地使用者未办理土地使用权抵押登记手续,将土地使用权进行抵押的,应当认定抵押合同无效。"第16条规定:"土地使用者未办理土地使用权抵押登记手续将土地使用权抵押后,又与他人就同一土地使用权签订抵押合同,并办理了抵押登记手续的,应当认定后一个抵押合同有效。"

因行为与结果行为之间的逻辑关系”。[①]

上述1995年《担保法》规定和最高人民法院的解答，就合同效力与动产交付、不动产登记的关系之规定，与区分原则相悖，存在法理逻辑方面的混乱，此为民法学界大多学者的共识。[②] 在民法学界，关于区分原则的认识，存在最大的争议在于1999年《合同法》第51条关于无权处分与合同效力的规定。[③] 捍卫该条规定的学者如梁慧星教授认为，我国民法没有采纳物权行为（处分行为）的独立性原则，第51条中所谓的“处分”并非“处分行为”，而是“处分权能”，无处分权人订立的合同应属效力待定。[④] 批评该条规定的学者如孙宪忠教授认为，处分只是所有权（物权）的权能，而订立合同只发生债权，与处分权无涉；1999年《合同法》第51条的规定将物权变动的依据混淆为债权发生的法律依据，实属不当。[⑤] 学者们对第51条争执的深层次原因，就是对区分原则的不同认识，也就是说，我国立法应否承认处分行为（物权行为）？应否承认负担行为与处分行为、债权行为与物权行为的区分？关于这一点，自20世纪90年代至今，民法学者争论不休，特别是在原《物权法》制定过程中与《买卖合同解释》（法释〔2012〕8号）颁布初期这两个阶段，此种争论更是趋于白热化。

（二）原《物权法》关于区分原则的规定

通说认为，2007年《物权法》的区分原则规定体现在第15条，该条规定确立了“物权登记与合同效力无涉”的规则。[⑥] 梁慧星教授认为，2007年《物权

---

① 孙宪忠：《我国物权法中物权变动规则的法理评述》，载《法学研究》2008年第3期。

② 参见梁慧星：《读条文学民法》，人民法院出版社2017年，第337~338页；孙宪忠：《中国物权法总论》，法律出版社2018年版，第298页；谭启平主编：《中国民法学》，法律出版社2015年版，第274~275页。

③ 1999年颁行的《合同法》第51条规定：“无处分权的人处分他人财产，经权利人追认或者无处分权的人订立合同后取得处分权的，该合同有效。”

④ 参见梁慧星：《民法总论》，法律出版社2010年版，第166~167页；梁慧星：《民事解答录》，人民法院出版社2015年版，第5~9页；梁慧星：《读条文学民法》，人民法院出版社2017年，第192~194页。

⑤ 参见孙宪忠：《我国物权法中物权变动规则的法理评述》，载《法学研究》2008年第3期；孙宪忠：《民事权利基本分类及其分析裁判的法技术问题》，载《法治研究》2018年第2期。

⑥ 2007年《物权法》第15条规定：“当事人之间订立有关设立、变更、转让和消灭不动产物权的合同，除法律另有规定或者合同另有约定外，自合同成立时生效；未办理物权登记的，不影响合同效力。”

法》中区分原则的规定，除了第15条外，还包括第14条；2007年《物权法》第14条规定了不动产物权发生的时间即"记载于不动产登记簿之时"，第15条规定了有关不动产物权的合同一般自"合同成立之时"生效；区分原则就是要把"买卖合同"（以及"抵押合同"）成立的时间和条件，与"产权过户"（以及"抵押权设立"）发生的时间和条件，分开对待；该项原则的意义在于，纠正原《担保法》的错误规定，纠正那种把物权变动生效要件混淆为原因行为生效要件的错误做法。① 孙宪忠教授认为，原《物权法》中区分原则的规定，除了第15条外，还包括第9条和第23条；第15条纠正了20世纪末若干立法中"不动产合同不登记不生效"的错误规定；第9条与第23条分别规定了"不动产物权登记生效主义""动产物权交付生效主义"；前述条文明确地区分了债权变动与物权变动的法律根据，它们共同组成了我国原《物权法》区分原则的具体规则体系。②

梁慧星教授和孙宪忠教授的前述见解，笔者均认同之。原《物权法》中的区分原则所要解决的是，物权交易中基础合同与物权变动的效力要件区分问题。原《物权法》第9条、第14条和第15条，分别规定了"不动产物权登记生效主义""不动产物权登记生效时间""有关不动产物权的合同生效时间"，③ 这些规定共同确立了不动产交易领域区分原则的一项重要规则，即"登记系不动产物权变动要件，而与合同效力无涉"的规则。此外，原《物权法》第15条虽然只是针对不动产交易的规定，但区分原则显然同样适用于动产交易的情形，否则将使该项原则"大打折扣"，故而第23条关于动产物权交付生效主义的规定与区分原则亦有关联。④

（三）《民法典》关于区分原则的规定

2020年出台的《民法典》，一方面继续采纳了原《物权法》第9条、第14条、第15条和第23条之规定，⑤明确了"物权公示与合同效力无涉"的观点；

---

① 参见梁慧星：《读条文学民法》，人民法院出版社2017年版，第336页。

② 参见孙宪忠：《中国物权法总论》，法律出版社2018年版，第313页。

③ 2007年《物权法》第9条规定："不动产物权的设立、变更、转让和消灭，经依法登记，发生效力；未经登记，不发生效力，但法律另有规定的除外。"第14条规定："不动产物权的设立、变更、转让和消灭，依照法律规定应当登记的，自记载于不动产登记簿时发生效力。"

④ 2007年《物权法》第23条规定："动产物权的设立和转让，自交付时发生效力，但法律另有规定的除外。"

⑤ 参见《民法典》第209条、第214条、第215条和第224条规定。

另一方面改变了原《合同法》第51条之规定，从立法层面确立了"处分权与合同效力无涉"的规则。《民法典》第597条规定了出卖人没有取得处分权，导致其无法转移标的物所有权（无法履行合同义务）的，买受人有权解除合同，并得请求出卖人承担违约责任。该条采纳了《买卖合同解释》（法释〔2012〕8号）第3条之规定。

当前学界存在较大分歧的是"我国现行法框架下区分原则的应有内涵"，即区分原则仅是"物权公示要件与合同生效要件的区分"，还是"负担行为与处分行为的区分"（或者是"债权行为与物权行为的区分"）?[①] 由此形成了"法律事实区分说"与"法律行为区分说"两种观点的争论。虽然《民法典》第597条在立法层面确立了"处分权与合同效力无涉"的规则，但是民法学界仍有不少学者认为，这并不意味着我国民事立法承认了"负担行为与处分行为的区分"。

二、区分原则的理论争鸣

（一）法律行为区分说与法律事实区分说的不同见解

宋江涛博士考据结果认为，首先在国内明确使用"区分原则"概念并产生示范性效果的当属孙宪忠教授。[②] 孙宪忠教授在《物权变动的原因与结果的区分原则》一文中指出，所谓区分原则是指发生物权变动时，物权变动的原因与物权变动的结果作为两个法律事实，它们的成立生效要件应依据不同的法律根据。[③] 综观文章内容，孙宪忠教授提出的"区分原则"源于德国法中的"分离原则"，但二者是否等同，该文未予置评。从行文表达上看，该文中的"区分"是指物权变动的"原因"与"结果"这两个法律事实的区分。在物权法草案建议稿中，孙宪忠教授将区分原则表述为"以发生物权变动为目的的原因行为，自合法成立时生效。在不能发生物权变动的结果时，有过错的当事人应当

---

① 参见刘云生:《物权法》，华中科技大学出版社2014年版，第101页；崔建远:《物权法》，中国人民大学出版社2017年版，第44页。

② 参见宋江涛:《物权变动的区分原则研究》，中国社会科学院法学系2017年博士学位论文，第99页。

③ 参见孙宪忠:《物权变动的原因与结果的区分原则》，载《法学研究》1999年第5期。

承担违约责任。”[①]即通过区分“原因行为”和“物权变动”的生效要件，来界定区分原则。此处的“原因行为”，毫无疑问就是诸如买卖之类的债权合同，存在疑问的是“物权变动”是否就是物权行为。孙宪忠教授在后来的著述中“重塑”了区分原则的概念，他指出所谓区分原则就是，在依据法律行为而发生的物权变动中，物权变动的原因行为（债权合同、负担行为）与物权变动的结果行为（物权行为、处分行为）应当作为两个法律事实，二者的成立与生效依据不同的法律根据，债权合同依据债的生效要件，物权行为应根据物权公示原则。[②] 这一表述明确了孙宪忠教授关于区分原则的看法，即“债权行为与物权行为的区分”，或者说是“负担行为与处分行为的区分”。

据宋江涛博士介绍，孙宪忠教授在提出区分原则初始，之所以采用了模糊化处理方式，是为了应对物权行为理论初入中国遭受猛烈批判，并为使该项原则能为学界接受而采取的迂回之举。梁慧星教授于1989年在《法学研究》上发表的《我国民法是否承认物权行为》一文，旗帜鲜明地反对物权行为理论。他在该文中指出：“那种认为我国民法有独立物权行为的观点，不符合现行立法规定精神，且与法律发展潮流相悖，是不足取的。”[③]梁慧星教授的这一观点得到了当时诸多学者的赞同，并逐渐成为学界通说。孙宪忠教授关于区分原则的最初表述中，由于没有使用“物权行为”的概念，而采用了“原因—结果”“原因行为—物权变动”的措辞，得到了中国民法典立法研究课题组的认可。学者建议稿中的这一条文，[④]经过修改最终成为原《物权法》第15条之规定。

原《物权法》颁行后，全国人大法工委民法室工作人员对第15条解释为“合同效力和物权效力”“合同行为和物权变动”“有关设立、变更、转让和消灭不动产物权的合同和物权的设立、变更、转让和消灭本身”的区分，而对原《物

---

① 参见梁慧星主编：《中国物权法草案建议稿：条文、说明、理由与参考立法例》，社会科学文献出版社2000年版，第112页。

② 参见孙宪忠：《我国物权法中物权变动规则的法理评述》，载《法学研究》2008年第3期；孙宪忠：《中国物权法总论》，法律出版社2014年版，第277页；孙宪忠：《民事权利基本分类及其分析裁判的法技术问题》，载《法治研究》2018年第2期。

③ 梁慧星：《我国民法是否承认物权行为》，载《法学研究》1989年第6期。

④ 即物权法学者草案第7条，其内容为“以发生物权变动为目的的原因行为，自合法成立时生效。在不能发生物权变动的结果时，有过错的当事人应当承担违约责任。”参见梁慧星主编：《中国物权法草案建议稿：条文、说明、理由与参考立法例》，社会科学文献出版社2000年版，第112页。

权法》是否承认物权行为这一问题未作阐述。[①] 故而,原《物权法》关于区分原则之规定,仍存有解释的余地。当前,学者们对我国民事立法已确立区分原则这一事实基本形成共识,但就原《物权法》确立的(并为现行《民法典》延续的)区分原则之实际内涵,则存在重大分歧。

以孙宪忠教授为代表的学者认为,区分原则的实质不仅是"原因"与"结果"两个"法律事实"的区分,而应该是"负担行为(债权行为)"与"处分行为(物权行为)"两个"法律行为"的区分。以梁慧星教授为代表的学者则认为,原《物权法》第14条、第15条(《民法典》第214条、第215条)规定的区分原则是物权变动与原因行为的生效时间和生效条件的区分;所谓的物权变动,非指物权行为,而只是所有权过户、抵押权发生等法律事实;所谓的原因行为,是指发生物权变动的债权行为,但不等同于负担行为。[②] 简言之,梁慧星教授所认为的区分原则,是"原因行为"和"物权变动"的两个"法律事实"的区分。

(二)法律行为区分说与法律事实区分说的争论焦点

1. 基础合同的法律性质之争。以梁慧星教授为代表的论者认为,原《合同法》第130条(现行《民法典》第595条)关于买卖合同的定义,并没有体现出买卖合同是一项负担行为。[③] 梁慧星教授还认为,我国民法所谓的债权行为存在两种情况:一种债权行为表现为负担行为与处分行为合为一体,如买卖合同、赠与合同等;另一种仅是负担行为而不包含处分行为,如借用合同、租赁合同等。[④]

以朱庆育教授为代表的论者持相反意见。他认为,原《合同法》关于合同的概念虽然未必局限于债法领域,但是这部法列举的15种有名合同皆为负担行为,并以买卖合同最为典型。理由在于:根据原《合同法》相关规定,买卖合

---

① 全国人大常委会法制工作委员会民法室编:《中华人民共和国物权法条文说明、立法理由及相关规定》,北京大学出版社2017年版,第29~30页。

② 参见梁慧星:《读条文学民法》,人民法院出版社2017年版,第337~339页。

③ 参见梁慧星教授认为,如果立法接受负担行为与处分行为的区分理论,那么,关于买卖合同的定义应当表达为"是使出卖人负担向买受人交货并移转所有权的债务、买受人负担向出卖人支付价款的债务的协议。"而原《合同法》第130条规定的买卖合同的定义是:"买卖合同是出卖人转移标的物所有权于买受人,买受人支付价款的合同。"该项定义是把买卖合同看成金钱与所有权的交换,而不仅仅是看成产生交货付款义务的债权债务的协议。参见梁慧星:《为中国民法典而斗争》,法律出版社2002年版,第250~251页;梁慧星:《读条文学民法》,人民法院出版社2017年版,第192~194页。

④ 参见梁慧星:《民法总论》,法律出版社2010年版,第167页。

同的法律效果是出卖人和买受人各负担相应给付义务——出卖人负有向买受人交付标的物(或交付提取标的物的单证)并转移标的物所有权的义务(第135条),买受人负有向出卖人支付价金的义务(第159条)。[①]

笔者认为,后一种观点更为可取。判断买卖合同是否为负担行为,不能拘泥于立法关于买卖合同定义的文字表达,关键应视其法律效果而定。原《合同法》第133条规定,标的物的所有权自标的物交付时起转移。[②] 标的物的交付,即合同的履行。毋庸置疑,买卖合同已生效但未履行的,标的物所有权并不会发生变动。那么,买卖合同已生效但未履行的法律效果又是什么呢?只能解释为:出卖人负有交付标的物并转移标的物所有权的义务,买受人负有支付价金的义务。由此可见,买卖合同的法律效果是在买卖双方产生债权债务关系,故而应认定其为一项负担行为。

2. 物权行为的客观存在之争。以梁慧星教授为代表的论者认为,生活当中的交易客观上并不存在物权行为。王利明教授指出,物权变动的合意是学者虚构的产物,在现实中不存在独立于债权合意之外的物权变动合意。[③] 孙鹏教授亦认为,物权行为理论将一个简单的物权交易人为地割裂为两个阶段,在逻辑方面和事实上均难以成立。[④]

与前述观点截然不同的,如孙宪忠教授认为,负担行为与处分行为是(交易性)法律行为最基本的分类,订立合同阶段的意思表示是关于债的效果意思,这种效果意思在债权生效时已经表达过并发挥了作用(其结果导致合同生效),而行为人在合同履行时的意思表示之效果意思是在当事人之间发生物权变动,且合同订立行为(负担行为)和合同履行行为(处分行为)的生效要件存在差异,也是客观法律现象。那种不认可物权变动中存在法律行为而将合同履行行为统归为事实行为的观点,其缺陷是看不到或者有意压抑物权变动中当事人意思表示的结果。[⑤] 谢怀栻、程啸二位教授在《物权行为理论辨析》一文中指出,物权行为存在我们的日常生活之中,其情形包括:其一,单独

---

① 参见朱庆育:《民法总论》,北京大学出版社2016年版,第156页;朱庆育:《民法的"任督二脉":负担行为与处分行为》,载王洪亮、朱庆育、张双根等主编:《中德私法研究》(第8卷),北京大学出版社2012年版,第190页。

② 该项规定系针对动产所有权的变动,不动产物权变动则以登记为生效要件。

③ 参见王利明:《物权法》,中国人民大学出版社2015年版,第56页。

④ 孙鹏教授的这一观点,参见谭启平主编:《中国民法学》,法律出版社2015年版,第278页。

⑤ 参见孙宪忠:《中国物权法总论》,法律出版社2018年版,第300~305页。

存在的物权行为(如动产物权抛弃行为);其二,与一定的债权行为有关系的物权行为(如抵押权设定行为);其三,存在于买卖、互易等交易行为中的物权行为。不能因为法律条文没有“物权行为”的字样,就认为我国民法不承认物权行为,就像我国法律同样没有“债权行为”的概念,但不能就因此说我国民法不承认债权行为。正因为现实中存在大量的债权行为、物权行为,学者才从这些具体的行为中抽象出“法律行为”这一上位概念,并将其置于民法总则之中。①

笔者认为,后一种观点更为可取。债权与物权的区分、债权合同与物权变动生效要件的区分,是我国民事立法的现实基础。在我国现行法律框架下,买卖合同的生效,只产生债的法律关系,不会引起所有权的变动;标的物所有权的转移,还需要(动产)交付或(不动产)登记;但是,若不承认交付或登记所蕴含的所有权让与合意,无论是单纯的动产交付还是不动产登记,其本身是无法引发所有权的变动。以交付为例,甲向乙交付 A 物,其目的具有多样性,既可能是为了让渡所有权(买卖、赠与),也可能是为了设定担保(质押),还有可能是为了交付使用(租赁、出借)、委托保管、委托运输、委托定作等,故而单纯的交付缺乏法律效果意思,不足以引发物权的变动。买卖等情形下的交付之所以能够产生所有权归属的变动,是因为交付背后存在所有权让与的合意。不动产登记之所以能够引起物权的变动,同样是因为登记背后蕴含着申请人(合同当事人)的物权变动合意。不动产登记是不动产登记机构根据当事人的申请而在不动产登记簿册上进行的记载,这一工作在我国是由行政机关负责的,故而不动产登记在性质上是一项行政行为。不动产物权登记是行政机关对当事人关于不动产物权变动合意的确认,真正引发物权变动的根本原因应该是当事人间的物权变动合意,而非不动产登记这一行政行为。倘若当事人间没有所有权让与的合意,而登记机关错误地进行了过户登记,那么,在此情形下,虽有“登记之形”,而无“让与合意之实”,所有权同样不发生变动。此时,物主可向登记机关申请更正登记。由此可知,基于物债二分的立法现实基础,交付与登记背后存在的物权变动合意是客观存在的。问题的关键是,物权变动的合意究竟是一项独立于债权合同的物权行为,还是被债权合同吸收而与之融为一体。这一问题与其说是一项事实判断问题,倒不如说是立法(或

① 参见谢怀栻、程啸:《物权行为理论辨析》,载《法学研究》2002 年第 4 期。

司法）技术问题。关键是看物权行为独立性是否更有利于科学分析法律关系、正确解决法律纠纷。

3. 物权行为的存在必要之争。以最高人民法院江必新大法官为代表的论者认为，在物债二分的理论框架下，物权行为是客观存在的，这是因为合同仅产生债的负担，不能直接发生物权的变动，产生物权变动的应该是当事人关于物权变动的合意；但他同时认为，虽然物权行为是客观存在的，但其是否独立于债权行为，并非当然的结果，而是一项立法政策或解释立场的选择问题；他一方面赞赏物权行为理论可以明晰债权关系和物权关系之区分，解释两种不同的法律现象；另一方面又认为，如果采纳物权行为理论就意味着需要接受物权行为无因性，这将使得不动产公示公信制度以及动产善意取得制度近乎空置，与我国立法逆反，故而不宜解释为我国立法已经承认物权行为。①

与之相反，如李永军教授认为，债权行为与物权行为的划分是债编与物权编分列的必然结果。如果离开负担行为与处分行为的划分的历史，否定物权行为的概念、否定物权行为与债权行为的划分，而大谈公示原则，必然导致牵强附会的结果。肯定公示原则，就必然要承认负担行为与处分行为的划分。②谢怀栻、程啸二位教授认为，只要我国民法理论还承认物权、债权等基本民事权利的划分，就同样必须承认物权行为的客观存在。物权行为是"物债二分"和对法律行为依其法律效果进行分类的逻辑上的必然结果。若否认物权行为，则债法上的合同将成为法律行为的唯一支柱，而将法律行为作为民法总则的一项制度在逻辑上存在缺陷。③ 马俊驹、陈本寒二位教授主编的原《物权法》一书也持相同的观点，该著作认为，是否选择物权行为理论，应取决于立法者在立法时所参考的立法模式。如果选择法国法的模式，不区分物权与债权，以财产权笼统规定，则确无必要承认物权行为理论；如果选择德国法的立法模式，严格区分物权与债权，并在总则中对法律行为设立专章规定，则承认物权行为理论更合乎逻辑。④

---

① 参见江必新、何东宁：《最高人民法院指导性案例裁判规则理解与适用（物权卷）》，中国法制出版社 2016 年版，第 51～52 页。

② 参见李永军：《物权与债权的二元划分对民法内在与外在体系的影响》，载《法学研究》2008 年第 5 期，第 73 页；李永军：《民法总论》，中国政法大学出版社 2015 年版，第 187 页。

③ 参见谢怀栻、程啸：《物权行为理论辨析》，载《法学研究》2002 年第 4 期。

④ 参见马俊驹、陈本寒主编：《物权法》，复旦大学出版社 2014 年版，第 75 页。

笔者认为,后一种观点更为可取。物权行为的独立性与无因性是物权行为理论中的两个问题,承认债权合同之外存在独立的物权行为,并不等同于需要同时接受物权行为无因性。独立性是无因性的前提,不承认物权行为的独立性,就更谈不上物权行为的无因性。但无因性不是独立性的必然结果,承认物权行为独立性的立法例中,有像德国民法在独立性基础上进一步采纳无因性理论的,也有像瑞士、奥地利等国民法那样只承认物权行为独立性而没有接受无因性理论。[①] 是否接受物权行为的独立性,不会“使得不动产公示公信制度以及动产善意取得制度近乎于空置”,即便是采纳无因性理论的德国立法仍有不动产公示公信制度以及动产善意取得制度的规定。

4. 物权行为的解释空间之争。梁慧星教授从立法背景指出,我国立法没有“物权行为”的解释空间。他提到,在原《合同法》制定之时,参与设计合同法立法方案、起草具体条文和统稿工作的学者、法官和其他工作人员,均不赞成德国法的法律行为区分理论。正是基于这种立法思路,原《合同法》第51条规定了,无权处分人订立的合同属于效力待定的法律行为,而在原《物权法》制定过程中,立法方案明确规定了不采纳物权行为(处分行为)独立性理论。[②] 崔建远教授也持同样观点,他认为,在原《民法通则》《合同法》《物权法》等民事法律制定过程中,均没有采纳物权行为理论,故而没有物权行为的解释空间。[③] 陈华彬教授从文义解释的角度指出,原《物权法》第15条(现行《民法典》第215条)规定所谓的区分原则并不意味着立法认可物权行为的独

---

① 瑞士法关于物权变动的规定,主要体现在《瑞士民法典》第19章第1节和第20章。学者通说认为,瑞士民法采纳了物权行为有因性规则,即承认物权行为与债权行为之区分,同时又认为物权行为的效力受债权行为影响。奥地利法的物权变动规定与瑞士法相近。奥地利学者伽布里菈·库齐奥/海尔穆特·库齐奥指出,奥地利法与德国法相同之处是,均采纳了区分原则,均认为存在一个独立于债权合同以外的物权合同,与德国法不同的是,奥地利法采纳了有因原则,而没有采纳抽象原则(无因原则)的路径。此外需作说明的是,关于物权行为立法例中,还存在《欧洲民法典草案》那样部分情形采纳无因性的。陈荣隆教授将德国立法例、瑞士立法例和欧洲民法典草案立法例,分别称为“形式主义”“折中之形式主义”“折中之折中主义”。参见[瑞士]H. Rey, Die Grundlagen des Sachenrechts und das Eigentum, Band Ⅰ, 2. Aufl. 2000, S. 91~92. 转引自张双根:《物权法释论》,北京大学出版社2018年版,第76页注⑮;Tuor/Schnyder/Schmid/Rumo-Jungo, Das Schweizerische Zivilgesetzbuch, 12. Aufl, Nachdruck 2006, Schutthess, S. 906. 转引自陈自强:《债权法之现代化》,北京大学出版社2013年版,第141页;[奥]伽布里菈·库齐奥、[奥]海尔穆特·库齐奥:《奥地利民法概论·与德国法相比较》,张玉东译,北京大学出版社2018年版,第87~90页;陈荣隆:《物权行为立法主义研析——兼评吉林省长春市中级人民法院(2014)长民再字第00012号判决》,载《月旦民商法杂志》2016年第3期。

② 参见梁慧星:《读条文学民法》,人民法院出版社2017年版,第192~194页。

③ 参见崔建远:《物权法》,中国人民大学出版社2017年版,第44页。

立性，该条文仅仅重述了这样一条规则：买卖等债权行为仅发生债的效力，债的发生效力可以与物权变动的效力区分开来。①

与前述观点不同，张双根教授通过对原《物权法》第 20 条、第 31 条、第 106 条（现行《民法典》第 221 条、第 232 条、第 311 条）的观察，从条文释义的立场提出，原《物权法》是承认处分行为的。以第 31 条②为例，该条文所称的处分，应是指法律上的处分，为处分权的行使行为，故而应理解为处分行为。③田士永教授认为，根据我国立法，所有权变动的意思表示与债权行为的意思表示并不相同，两种意思表示决定了两个法律行为的存在。虽然立法并未明确物权变动须有独立意思表示，但在解释上仍以肯定物权行为独立存在为妥。④韩世远教授认为，由于原《物权法》第 15 条（现行《民法典》第 215 条）确立了区分原则，如果不采物权行为无因性理论，而仅仅将“处分行为”与“负担行为”、“物权行为”与“债权行为”作为分析范畴加以接受，不仅可行，亦属可能，在解释无权处分等问题上，诚有必要。债权行为与物权行为的区分观念，可以让人轻而易举地发现问题症结所在，并作出有针对性的治疗。⑤ 笔者赞同韩世远教授等人的观点，具体理由将在下一节展开。

三、区分原则的司法走向

在我国，最高人民法院的法律观点，尤其是其颁布的司法解释，指引全国司法审判实践，起着“活法”的功能，并代表着中国司法观点的基本走向。故而，鉴于研究工作开展的可能性与必要性，下文将聚焦于最高人民法院颁布的司法解释、会议纪要、答复意见和相关判例。

（一）最高人民法院的早期所持观点：法律事实区分说

原《物权法》施行之初，最高人民法院发布了两份关于民商事审判工作的

---

① 参见陈华彬：《物权法论》，中国政法大学出版社 2018 年版，第 152 页。

② 原《物权法》第 31 条规定：“依照本法第二十八条至第三十条规定享有不动产物权的，处分该物权时，依照法律规定需要办理登记的，未经登记，不发生物权效力。”《民法典》第 232 条在表述方面调整为：“处分依照本节规定享有的不动产物权，依照法律规定需要办理登记的，未经登记，不发生物权效力。”

③ 参见张双根：《物权法释论》，北京大学出版社 2018 年版，第 75 页。

④ 参见田士永：《物权行为理论研究——以中国法和德国法中所有权变动的比较为中心》，中国政法大学出版社 2002 年版，第 328～329 页。

⑤ 参见韩世远：《合同法总论》，法律出版社 2018 年版，第 317～318 页。

会议纪要涉及原《物权法》第15条(现行《民法典》第215条)的理解。其中一份文件是在2007年4月9日发布的《坚持司法为民,坚持司法和谐,推动公正高效权威民事审判制度建设》,①另一份文件是在2007年5月30日发布的《充分发挥民商事审判职能作用,为构建社会主义和谐社会提供司法保障——在全国民商事审判工作会议上的讲话》。②

从上述两个会议文件来看,在原《物权法》颁行之初,最高人民法院认为:(1)原《物权法》第15条确立了有关不动产物权变动的区分原则,设立、变更、转让和消灭不动产物权的合同的生效要件与不动产物权变动的生效要件应作区分,前者主要适用原《合同法》的有关规定,后者则适用原《物权法》的规定,《物权法》关于不动产物权登记的规定与债权合同效力无涉;(2)原《物权法》第15条虽然只是关于不动产物权区分原则的规定,但该项原则同样也适用于其他物权领域;(3)最高人民法院只将原因行为和物权变动作为两个法律事实,没有用债权行为(负担行为)和物权行为(处分行为)的概念,回避了学者们关于物权行为的争议。

2008年最高人民法院颁布的《民事案件案由规定》(法发〔2008〕11号)关于物权纠纷案由和合同纠纷案由的编排,也采用了法律事实区分说的观点。关于前述规定,有以下几点值得我们注意:(1)关于区分原则适用的领域,该规定认定系为"物权变动",即不局限于不动产物权,而是包括动产物权与不动产物权在内。(2)关于区分原则的行文表达"原因与结果相区分",与之前基本一致,仍属于法律事实区分说的观点。(3)虽然该规定仍未采用债权行

---

① 该份文件指出:"《物权法》第15条……是关于不动产物权的合同效力与物权效力相区分的原则。……不动产物权变动的原因与不动产物权变动的结果是两个相互独立的法律事实……设立、变更、转让和消灭不动产物权的合同是否生效,应该依据《合同法》第44条、原《民法通则》第55条来认定,物权变动是否生效,则应该依据《物权法》第9条、原《民法通则》第72条来认定。"参见全国民事审判工作座谈会文件《坚持司法为民,坚持司法和谐,推动公正高效权威民事审判制度建设》(2007年4月9日),载最高人民法院民事审判第一庭编:《民事审判指导与参考》(总第30辑),法律出版社2007年版,第59页。

② 该份文件指出:"物权法第15条确定了原因行为和物权变动的区分原则。该原则强调合同等原因行为的效力应受合同法的调整,物权的设立、变更、转让和消灭等物权变动则受物权法的规制,原因行为的效力不受物权变动要件的影响。该原则对于保护交易安全具有重要作用,虽然主要规定在不动产物权方面,但除非法律另有规定,该原则同样体现在其他物权变动方面。"参见全国民商事审判工作会议文件《充分发挥民商事审判职能作用,为构建社会主义和谐社会提供司法保障——在全国民商事审判工作会议上的讲话》(2007年5月30日),载最高人民法院民事审判第二庭编:《民商事审判指导》(总第11辑),人民法院出版社2007年版,第55页。

为、物权行为等措辞，但使用了“债权性质的合同关系”与“物权关系”的概念，明确了两种不同法律关系适用不同的案由。①

最高人民法院早期持法律事实区分说，还体现在审判工作中。兹以济南市公交公司与济南润华投资公司、济南新惠德实业公司土地使用权转让合同纠纷一案为例，在该案中，最高人民法院判决认为：“我国现行立法确认了交付和登记为物权变动的条件，但立法和司法实践并未承认交付或登记行为是独立于买卖合同之外的物权行为……”②由该项判决可知，审理此案的法官认识到了债权合同与物权变动的要件区分，但其同时又认为原《物权法》中的区分原则不是“债权行为和物权行为的区分”，即其对区分原则的理解采纳了法律事实区分说。

(二)最高人民法院的后期观点转向：法律行为区分说

如前所述，原《物权法》实施之初，最高人民法院谨慎地使用“原因行为与物权变动的区分”或“合同效力与物权效力的区分”措辞来表述原《物权法》第15条(现行《民法典》第215条)所规定的区分原则，而没有采用“债权行为与物权行为”“负担行为与处分行为”的概念，意在回避学术上的纷争。随着区分理论研究成果与日俱增、司法审判经验日益积累，最高人民法院开始转向法律行为区分说的观点，表现如下：

1. 涉及法律行为区分说的会议文件。事实上，最高人民法院在原《物权法》颁行不久便已承认了“债权行为与物权行为”的区分，只是为了回避理论上的争议，而选择了谨慎的表述。在2008年的物权法担保物权国际研讨会上，最高人民法院的一份会议讲话稿(2008年4月29日)指出：“物权法第十五条规定的原因行为和物权变动的区分原则，就是对德国物权行为理论进行分解，吸纳独立性，否定无因性，形成了契合中国国情的物权法规则，并在担保物权编中成为区分担保物权合同与担保物权变动的红线，从而实现法律关系清晰和保障交易安全之目的。”概言之，这份会议讲话稿认为，原《物权法》承

---

① 2011年2月18日，最高人民法院对2008年的《民事案件案由规定》(法发〔2008〕11号)进行了修正，并废止了2008年的这部规定。2011年修改后的《民事案件案由规定》关于物权纠纷案由与合同纠纷案由编排与适用的问题，仍沿用了2008年的原有规定。参见《最高人民法院关于修改〈民事案件案由规定〉的决定》(法〔2011〕41号)。

② 参见济南市公共交通总公司与济南润华投资置业有限公司、济南新惠德实业有限公司土地使用权转让合同纠纷上诉案：最高人民法院民事判决书，(2008)民一终字第3号。

认了物权行为的独立性,但没有采纳无因性理论。显然,最高人民法院的这份会议讲话稿,已经接受了法律行为区分说的观点。

2. 涉及法律行为区分说的裁判文书。审判实践中,最高人民法院在"(2008)民一终字第122号民事判决书"中对区分原则解释适用时,使用了"物权转让行为""物权变动行为""债权合同""债权形成行为"等概念;①在"(2013)民申字第2329号民事裁定书"中,使用了"物权变动行为""合同行为"的概念;②在"(2017)最高法民再87号民事判决书",使用了"债权合同""物权变动"的概念。③ 上述裁判文书所涉及的"物权转让行为""物权变动行为"等概念实际上就是物权行为,而"债权合同""债权形成行为""合同行为"即债权行为。

在以下案件中,最高人民法院所作的民事判决书或裁定书,其裁判要旨更是直接使用了"债权行为"与"物权行为"、"负担行为"与"处分行为"的概念:惠凤某与张树某等人买卖合同纠纷系列案;交通银行股份有限公司陕西省分行与王某等人申请执行人执行异议系列案;亚泰东北亚能源有限公司与凤城市钢铁有限公司买卖合同纠纷案;河南金石联科工程技术有限公司、中国建设银行股份有限公司周口分行保证合同纠纷案;谭万某与雷广某、深圳市京达旅业有限公司房屋确权纠纷案;王忠某、付维某等股权转让纠纷案;成都讯捷通讯连锁有限公司与四川蜀都实业有限责任公司、四川友利投资控股股份有限公司房屋买卖合同纠纷案;张洪某与中国城市建设控股集团有限公司、李殿某

---

① 在重庆索特盐化股份有限公司与重庆新万基房地产开发有限公司土地使用权转让合同纠纷一案中,最高人民法院判决认为,"原《物权法》第15条确定了不动产物权变动的原因与结果相区分的原则。物权转让行为不能成就,并不必然导致物权转让的原因即债权合同无效。双方签订的《联合开发协议》及《补充协议》作为讼争土地使用权转让的原因行为,是一种债权形成行为,并非该块土地使用权转让的物权变动行为。相关法律关于未经通知抵押权人而导致物权转让行为无效的规定,其效力不应及于物权变动行为的原因行为。因为当事人可以在合同约定中完善物权转让的条件,使其转让行为符合法律规定。"参见最高人民法院民事判决书,(2008)民一终字第122号。

② 在佛山华远房地产有限公司、赵某棠与深圳市富坤实业有限公司项目转让合同纠纷一案中,最高人民法院判决认为:"签订《项目转让协议书》这一合同行为本身不是物权变动行为。除了富坤公司支付定金的行为,本案的合同没有实际履行,不涉及国有土地使用权的转让,也不涉及《城市房地产管理法》第38条的适用问题。华远公司和赵某棠主张合同无效,违反诚实信用原则,没有法律依据。"参见最高人民法院民事裁定书,(2013)民申字第2329号。

③ 在李某雄、刘某华房屋买卖合同纠纷一案,最高人民法院认为:"债权合同的效力是独立的,是否登记或者交付,影响到物权变动的效力,但对债权合同的效力不产生影响。"在该项判决书中,最高人民法院使用了"债权合同"的概念。参见最高人民法院民事判决书,(2017)最高法民再87号。

等股权转让纠纷案。[①]

3. 涉及法律行为的区分说的司法解释和“理解与适用”丛书。近年来，最高人民法院为方便基层法官正确理解与适用新颁布的司法解释，出台了一系列的“理解与适用”的丛书。“理解与适用”丛书的观点虽然不属于法源范畴，不能直接适用于司法裁判当中，但是最高人民法院通过“理解与适用”丛书，将其观点“输送给”全国各级法院的法官，并且由于地方法院的法官对司法解释的理解不能与“理解与适用”丛书中的观点的精神相悖，因此，最高人民法院的“理解与适用”丛书间接地影响着司法裁判，故被称为“司法解释的解释”。

《买卖合同解释》（法释〔2012〕8号）第3条[②]关于无权处分与买卖合同效力的关系之规定，引起众多民法学者的注意，赞同与批评之声兼有，在此处笔者暂不作评论，仅就最高人民法院相关的“理解与适用”丛书中的观点进行梳理。最高人民法院编著的《关于买卖合同司法解释理解与适用》提出以下见解：(1)《买卖合同解释》（法释〔2012〕8号）第3条是关于“负担行为与处分行为区分”的规定。(2)将原《合同法》第51条中的“处分”定位为“处分行为”，而不包括负担行为，可以廓清当前理论中对无权处分下合同效力认定这一问题的纷争和误解，理顺处分权与合同效力、物权变动的关系。(3)出租他人之物、抵押他人之物、出卖他人之物、共有人未经其他共有人同意而处分共有物

---

① 参见(1)惠凤某与张树某买卖合同纠纷系列案：最高人民法院民事裁定书，(2015)民申字第1881号、第1882号、第1883号、第1884号、第1885号、第1886号；(2)交通银行股份有限公司陕西省分行与王某等人申请执行人执行异议系列案：最高人民法院民事裁定书，(2018)最高法民申1480号、1481号、1485号、1489号、1492号、1507号、1525号、1527号、1530号、1538号、1548号；(3)亚泰东北亚能源有限公司与凤城市钢铁有限公司买卖合同纠纷案：最高人民法院民事判决书，(2016)最高法民终148号；(4)河南金石联科工程技术有限公司、中国建设银行股份有限公司周口分行保证合同纠纷案：最高人民法院民事裁定书，(2018)最高法民申5669号；(5)谭万某与雷广某、深圳市京达旅业有限公司房屋确权纠纷案：最高人民法院民事裁定书，(2011)民申字第261号；(6)王忠某、付维某等股权转让纠纷案：最高人民法院民事判决书，(2016)最高法民再75号；(7)成都讯捷通讯连锁有限公司与四川蜀都实业有限责任公司、四川友利投资控股股份有限公司房屋买卖合同纠纷案：最高人民法院民事判决书，(2013)民提字第90号；(8)张洪某与中国城市建设控股集团有限公司、李殿某等股权转让纠纷案：最高人民法院民事裁定书，(2015)民申字第1342号。

② 《最高人民法院关于审理买卖合同纠纷案件适用法律问题的解释》（法释〔2012〕8号）第3条规定：“当事人一方以出卖人在缔约时对标的物没有所有权或者处分权为由主张合同无效的，人民法院不予支持。出卖人因未取得所有权或者处分权致使标的物所有权不能转移，买受人要求出卖人承担违约责任或者要求解除合同并主张损害赔偿的，人民法院应予以支持。”

等情形,合同效力均不因当事人无处分权而受影响。①

2012 年的《买卖合同解释》第 3 条规定明确了出卖人有无处分权与买卖合同的效力无涉,如果在出卖人因最终没有取得所有权或处分权而导致其无法履约的,买受人有权追求其违约责任或解除合同并主张损害赔偿。该规定虽然没有使用"物权行为"的概念,但最高人民法院的"理解与适用"对此解释为"负担行为与处分行为的区分",易言之,最高人民法院已然在司法解释层面从"法律事实的区分"转向"法律行为的区分"。

第二节　区分原则的应有之义

一、区分原则的应有之义:法律行为区分说

在"法律行为区分说"与"法律事实区分说"这两种观点中,笔者倾向于前者,并且认为,民法中的区分原则应该是指"负担行为与处分行为的区分"。虽然物权行为是处分行为的典型代表,但区分原则并非专属于物权交易领域,而"债权行为与物权行为"也只是"负担行为与处分行为"的下位概念。② 负担行为与处分行为的概念界分和实质区分,具体如下:

(一)负担行为与处分行为的概念界分

1. 负担行为与处分行为的含义。

(1)负担行为的含义。负担行为的德语表述为 Verpflichtungsgeschäfte,学者从不同角度对这一概念进行界定。有的是从行为人(义务人)角度界定。如德国学者卡尔·拉伦茨教授认为,负担行为是意在确立某种给付义务的法律行为。③ 汉斯·布洛克斯、沃尔夫·迪特里希·瓦尔克认为,"负担行为是

---

① 参见最高人民法院民事审判第二庭编著:《最高人民法院关于买卖合同司法解释理解与适用》,人民法院出版社 2016 年版,第 69~80 页。

② 据陈卫佐教授考究,"物权行为"这一概念在德国民法中根本不存在,所谓的"物权行为",实际上就是"物权法上的处分行为"或者说"物权法领域的处分行为",而"物权合同"就是"物权法领域的处分合同"。依此观点,德国法中的区分原则(分离原则),其本意应该是"负担行为与处分行为的区分"。参见陈卫佐:《比较民法与比较国际私法》,法律出版社 2015 年版,第 90 页。

③ 参见[德]卡尔·拉伦茨:《德国民法通论》(下册),王晓晔、邵建东、谢怀栻等译,法律出版社 2013 年版,第 435~436 页。

使当事人承担给付义务的行为"。[①] 本德·吕特斯、阿斯特丽德·施塔德勒认为,负担行为是"建立债法上义务的法律行为"。[②] 我国学者史尚宽教授、陈荣传教授观点与前述相近。[③] 李永军教授与朱庆育教授亦从义务人角度界定。[④] 有的是从行为相对人(权利人)角度界定。如德国学者迪特尔·梅迪库斯教授认为,负担行为是产生一项或多项请求权的法律行为。[⑤] 日本学者我妻荣教授认为,负担行为是"使债权发生的法律行为"。[⑥] 我国学者孙宪忠教授认为,负担行为是"产生请求权的法律行为",或者说是"支持请求权变动的法律行为"。[⑦] 有的是从双方当事人角度界定。如德国学者哈里·韦斯特曼教授认为,负担行为是在权利人和义务人之间建立债法上的拘束的法律行为。[⑧] 我国学者王泽鉴教授认为,负担行为是指以发生债权债务为其内容的法律行为。[⑨] 梁慧星教授的观点与王泽鉴教授的观点相近。[⑩]

上述学者关于负担行为这一概念的界定,虽然存在表述方面的差异,但其实质内涵基本一致。行为人在作出负担行为之后,其对他人因此负有一项义务,此种义务为给付义务(Leistungspflicht),而负担给付义务之人便为债务人,故而负担行为亦称"债务行为""义务行为"。从相对人角度而言,负担行为将使其取得一项给付请求权(债权),故而负担行为亦称为"债权行为"。[⑪] 由此可见,将负担行为界定为"设定(给付)义务的行为""产生请求权的行为""使债权发生的行为""产生处分之义务的行为""发生债权债务关系的行

---

① [德]汉斯·布洛克斯、[德]沃尔夫·迪特里希·瓦尔克:《德国民法总论》,张艳、冯楚奇译,杨大可校,中国人民大学出版社 2019 年版,第 54 页。

② [德]本德·吕特斯、[德]阿斯特丽德·施塔德勒:《德国民法总论》,于馨淼、张姝译,法律出版社 2017 年版,第 133 页。

③ 参见史尚宽:《民法总论》,中国政法大学出版社 2000 年版,第 320 页;陈荣传:《法律行为》,台北,三民书局 2010 年版,第 5 页。

④ 参见李永军:《民法总论》,中国政法大学出版社 2015 年版,第 185 页;朱庆育:《民法总论》,北京大学出版社 2016 年版,第 153 页。

⑤ 参见[德]迪特尔·梅迪库斯:《德国民法总论》,邵建东译,法律出版社 2013 年版,第 167 页。

⑥ [日]我妻荣:《新订民法总则》,于敏译,中国法制出版社 2008 年版,第 231 页。

⑦ 孙宪忠:《中国物权法总论》,法律出版社 2018 年版,第 300~301 页。

⑧ 参见[德]哈里·韦斯特曼、[德]哈尔姆·彼得·韦斯特曼:《德国民法基本概念》,张定军、葛平亮、唐晓琳译,中国人民大学出版社 2014 年版,第 54 页。

⑨ 参见王泽鉴:《民法总则》,北京大学出版社 2009 年版,第 210 页。

⑩ 参见梁慧星:《民法总论》,法律出版社 2010 年版,第 165 页。

⑪ 朱庆育:《民法总论》,北京大学出版社 2016 年版,第 153 页。

为”等，其意相同，仅是观察的角度不同而已。

负担行为主要表现为合同，但也包括票据行为、遗赠、悬赏广告、设立幸运奖等单方允诺行为。李锡鹤教授认为，“合同订立是债权行为之组合，包含两个债权行为。”[①]此种观点有待于商榷。合同虽然是由要约与承诺这两项意思表示构成，但不能因此将一项合同割裂成两项法律行为。法律行为虽以意思表示为核心要素，但二者概念并不等同。法律行为既存在由一个意思表示构成的，如所有权的抛弃、撤销权的行使；也存在由多数意思表示构成的，如契约系由双方当事人两个意思表示（要约与承诺）趋于一致而成立；有若干法律行为，除意思表示外，还需与其他法律事实的结合，始能成立或生效。[②] 此外，在赠与等单务合同情形，就赠与人而言，此为负担行为；就受赠人而言，此应为取得行为，难谓“合同是两个债权行为之组合”。

（2）处分行为的含义。处分行为的德语表达为 Verfügungsgeschäfte，其概念界定同样存在多种角度。多数学者从“行为的直接性”角度界定。如德国学者维尔纳·弗卢梅教授认为，处分行为是“直接移转、变更、消灭权利或者在权利上设定负担的法律行为”。[③] 迪特尔·梅迪库斯认为，处分行为是直接引起权利的转让、废止、设定负担或变更的法律行为；处分行为是一项执行行为，但执行行为不等同于处分行为，它可能是一项处分行为，也可能是一项事实行为。[④] 德国学者卡尔·拉伦茨、本德·吕特斯和阿斯特丽德·施塔德勒以及我国学者史尚宽、朱庆育等人的观点与前述近似。[⑤] 日本学者我妻荣教授从“效果的绝对性”角度界定处分行为，他认为，处分行为是使物权或其他权利终局性发生、变更或消灭的法律行为。[⑥] 我国学者施启扬教授从“行为的

---

① 李锡鹤：《民法原理论稿》，法律出版社 2012 年版，第 735 页。

② 参见［德］本德·吕特斯、［德］阿斯特丽德·施塔德勒：《德国民法总论》，于馨淼、张姝译，法律出版社 2017 年版，第 150 页；郑玉波：《民法总则》，中国政法大学出版社 2003 年版，第 298 页；王泽鉴：《民法总则》，北京大学出版社 2009 年版，第 200～201 页；谢怀栻：《民法总则讲要》，北京大学出版社 2007 年版，第 151～153 页；王利明：《民法总则》，中国人民大学出版社 2017 年版，第 288～291 页。

③ ［德］维尔纳·弗卢梅：《法律行为论》，迟颖译，米健校，法律出版社 2013 年版，第 165 页。

④ 参见［德］迪特尔·梅迪库斯：《请求权基础》，陈卫佐、田士永、王洪亮等译，法律出版社 2012 年版，第 22～24 页。

⑤ 参见［德］卡尔·拉伦茨：《德国民法通论》（下册），王晓晔、邵建东、谢怀栻等译，法律出版社 2013 年版，第 436 页；［德］本德·吕特斯、［德］阿斯特丽德·施塔德勒：《德国民法总论》，于馨淼、张姝译，法律出版社 2017 年版，第 133～134 页；史尚宽：《民法总论》，中国政法大学出版社 2000 年版，第 320 页；朱庆育：《民法总论》，北京大学出版社 2016 年版，第 156 页。

⑥ 参见［日］我妻荣：《新订民法总则》，于敏译，中国法制出版社 2008 年版，第 231 页。

直接性”与“效果的绝对性”双方面进行界定。他认为，处分行为是直接使权利发生变动的行为，具有“行为的直接性”与“效果的绝对性”两方面特征，前者是指处分权人于处分时不必请求他人为一定行为，即可发生权利的直接变动，后者是指处分行为所引起的权利变动之法律效果对任何人均有有效。[①] 孙宪忠教授和李永军教授从“支配权”角度界定。孙宪忠教授认为，处分行为是产生支配权变动的法律行为，其效果意思的内容是设立、转移、变更和消灭支配权（主要是物权）。[②] 李永军教授认为，处分行为就是直接使权利变动的法律行为，是支配权行使的具体表现，处分行为的客体可以说权利，也可以是物。[③]

由上可知，处分行为是以直接促成某项权利的变动为目的，并因其有效成立而使该项权利发生变动的法律行为。处分行为的外延包括：既存权利的让与，包括所有权转让、股权转让、债权让与等。既存权利的废止，包括动产所有权抛弃、债务免除等。既存权利内容的变更，如变更土地债务的利率、变更债权内容的合同。[④] 在既存权利上设定负担。此处的“负担”与负担行为中的“负担”含义不同，前者是指物权性的负担，包括抵押权、质权等担保物权，以及地上权、地役权等用益物权，设定权利负担意味着给他人创设一项新物权，并因此使自己物权受限；后者的“负担”即给付义务。此外，卡尔·拉伦茨教授认为，处分的客体不仅限于某项具体的权利，还应包括一项法律关系，如变更合同、解除合同、合同承担、通过合同取消债务关系、为终止长期债务关系而提出的预告通知，就是对整个债务关系的处分；对整个债务关系的处分权，原则上应由当事人共同享有，除非法律或合同赋予了其中一人相应的形成权。[⑤]

通说认为，处分行为既存在单方的处分行为，也存在双方的处分行为（物

---

① 参见施启扬：《民法总则》，中国法制出版社2010年版，第206页。

② 参见孙宪忠：《中国物权法总论》，法律出版社2018年版，第300~301页。

③ 参见李永军：《民法总论》，中国政法大学出版社2015年版，第186页。

④ 参见陈卫佐：《德国民法总论》，法律出版社2007年版，第191页；陈卫佐：《比较民法与比较国家私法》，法律出版社2015年版，第98页。

⑤ 参见［德］卡尔·拉伦茨：《德国民法通论》（下册），王晓晔、邵建东、谢怀栻等译，法律出版社2013年版，第439页。

权契约与准物权契约)。[1] 田士永教授认为,处分行为只是一项单方行为,并同时认为,虽然处分是单方行为,但不妨碍通过双方行为实现处分效果或者双方行为中包含处分行为。[2] 张康林博士持此相近见解,他认为,处分行为中根本不存在合意,而只可能是单方法律行为。[3] 笔者认为,此种观点有待于商榷。处分行为在没有取得人的情形时,例如,所有权抛弃,固然属于单方法律行为,但在存在取得人的情形,如所有权转让,则不能认为处分行为是单方行为。所有权转让需由让与人和受让人的合意,并结合交付(动产)或登记(不动产),方能生效,故而其性质应为双方法律行为。所有权转让是一项双方法律行为,只不过,自让与人角度而言属于处分行为,从受让人角度而言则为取得行为,但不能因此将本为一项法律行为割裂为"处分"和"取得"两项行为。

2. 负担行为与处分行为的界定要素。

上位概念一:法律行为(民事法律行为)。依德国法系之立法与学说,法律行为(Rechtsgeschäft)是负担行为与处分行为的上位概念,后者是不同法律行为根据各自法律效果之差异而作的划分。法律行为是德国民法的"人工产物",这一概念形成于18世纪,是潘德克顿法学的杰出成就,法律行为理论是19世纪德国法律科学的主要议题,该理论使19世纪的德国法律科学享有国际盛誉。[4]《德国民法典》虽有"法律行为"这一概念,但并未给予相应的定义。在《民法典第一草案的理由书》中提到:"草案意义上的法律行为是指私人意思表示,其针对的是当事人希望的,并因此根据法律制度而发生的法律后果。"[5]学者卡尔·拉伦茨教授认为,法律行为就是一人或多人从事的,意图引起某种私法上法律后果(亦即发生私人之间法律关系变动)的行为。[6]

---

① 参见[德]卡尔·拉伦茨:《德国民法通论》(下册),王晓晔、邵建东、谢怀栻等译,法律出版社2013年版,第437页;[德]本德·吕特斯、[德]阿斯特丽德·施塔德勒:《德国民法总论》,于馨淼、张姝译,法律出版社2017年版,第133~137页;王泽鉴:《民法总则》,北京大学出版社2009年版,第210页;朱庆育:《民法总论》,北京大学出版社2016年版,第153页。

② 参见田士永:《物权行为理论研究——以中国法和德国法中所有权变动的比较为中心》,中国政法大学出版社2002年版,第212~213页。

③ 参见张康林:《负担行为与处分行为区分之我见》,载《武汉大学学报(哲学社会科学版)》2007年第5期;张康林:《物权行为无因性理论研究》,中国政法大学出版社2009年版,第248页。

④ 参见[德]维尔纳·弗卢梅:《法律行为论》,迟颖译,米健校,法律出版社2013年版,第32~35页。

⑤ [德]本德·吕特斯、[德]阿斯特丽德·施塔德勒:《德国民法总论》,于馨淼、张姝译,法律出版社2017年版,第127页。

⑥ 参见[德]卡尔·拉伦茨:《德国民法通论》(下册),王晓晔、邵建东、谢怀栻等译,法律出版社2013年版,第435~426页。

德国法中的法律行为，在我国现行民事立法中体现为《民法典》总则编第六章所规定的"民事法律行为"。《民法典》第133条规定："民事法律行为是民事主体通过意思表示设立、变更、终止民事法律关系的行为。"该条规定精准地抓住了法律行为的三个特征：民事主体从事的行为、以意思表示为核心要素的行为、旨在设立、变更或终止民事法律关系的行为。民事主体从事的行为，除法律行为外，还包括不产生法律后果的情谊行为（Gefälligkeiten），以及那些无论当事人主观是否愿意、依法都要产生的准法律行为（rechtsgeschäftsähnliche Handlungen）。[①] 当事人主观是否存在发生私法上效果的意思表示，是法律行为区别于情谊行为的关键之处，而行为的法律效果是否依当事人的意思表示而定，是法律行为与准法律行为的根本区别，故而意思表示被视为法律行为的核心要素。

负担行为与处分行为均为法律行为，并以意思表示为核心要素。二者的核心区别是，它们各自意思表示所蕴含的效果意思存在差异，并因此产生不同的法律效果。负担行为的效果意思是，行为人为己方设定给付义务或者说为相对方创设请求权。买卖合同（负担行为）生效时，出卖方负有交付标的物、转移所有权的义务（给付义务），与此相对应，买受方因此享有一项请求权，但标的物的所有权并没有发生变动。处分行为的效果意思是，直接使权利被转移、消灭、设定负担或内容发生变更。出卖方处分行为生效（通常是交付动产或办理不动产所有权转移登记）时，标的物的权利现实地发生变动，即由出卖人处转移由买受人所有。由于负担行为与处分行为均为法律行为，故而民法总则编关于法律行为的规定，一般均得适用之。但采无因性立法例之国家和地区的学说认为，处分行为在伦理评价上系属中立，原则上不因违反公序良俗而无效。[②]

上位概念二：给予行为。给予行为（Zuwendung）指"一方向另一方给予一定财产或给予某种财产法上利益的行为"[③]，或者说是"使他人获得财产上利

---

① 参见[德]迪特尔·梅迪库斯：《请求权基础》，陈卫佐、田士永、王洪亮等译，法律出版社2012年版，第148页。

② 参见[德]卡尔·拉伦茨：《德国民法通论》（下册），王晓晔、邵建东、谢怀栻等译，法律出版社2013年版，第435~621页；王泽鉴：《民法总则》，北京大学出版社2009年版，第233页。

③ [德]卡尔·拉伦茨：《德国民法通论》（下册），王晓晔、邵建东、谢怀栻等译，法律出版社2013年版，第445页。

益的行为"[①]"给他人以财产利益的行为"[②]。给予的财产利益，既可以是一项权利，也可以是某种财产利益，前者如所有权的让与，后者如债务的免除；"既可以是实际进行给付，也可以是仅形成给付请求权"。[③] 行为人通过负担行为，将为他人创设一项请求权；通过处分行为，而向他人让与所有权、债权、无体财产权或为他人设定他物权，故而负担行为或处分行为均能增益他人财产，均属于给予行为。[④]

但给予行为与负担行为和处分行为的外延并非一致。一方面，给予行为既可以是法律行为，又可以是事实行为，而负担行为与处分行为均为法律行为；另一方面，部分的处分行为，如所有权抛弃行为，不能增益他人财产，不属于给予行为。

相对概念：取得行为。取得行为（Erwerbsgeschäft）即取得财产权利或财产利益的行为。取得行为是与负担行为、处分行为相对而言的。某一行为，从失利人角度而言，属于负担行为或处分行为；但从相对人（受益人）角度而言，则是取得行为。[⑤] 就负担行为与取得行为的关系而言，行为人因负担行为而对相对人负有给付义务，其财产利益将因此而减少，而相对人则从中取得了一项请求权。就处分行为与取得行为的关系而言，行为人因处分既有的财产权利，己方或因此丧失该项权利，或因此对该项权利所拥有的权能减弱，无论是权利丧失还是权能减弱，均是财产利益的减少；而基于该项处分行为，相对人或因此取得处分人的原有权利，或因此在处分人的原权利基础之上取得一项新的权利，即相对人因此而取得财产利益。

赵冀韬博士认为，取得行为是负担行为和处分行为的同位概念。[⑥] 该观点有待于商榷。取得行为虽然是负担行为、处分行为的相对概念，但三个概念并非处于同位顺序。取得行为的同位相对概念应该是给予行为。取得行为既

---

① ［德］维尔纳·弗卢梅：《法律行为论》，迟颖译，米健校，法律出版社2013年版，第159页。

② 赵冀韬：《负担行为与处分行为的区分——以德国法为考察对象》，法律出版社2006年版，第13页。

③ ［德］维尔纳·弗卢梅：《法律行为论》，迟颖译，米健校，法律出版社2013年版，第179页

④ 参见王泽鉴：《民法学说与判例研究》（第七册），北京大学出版社2009年版，第182页。

⑤ 参见［德］卡尔·拉伦茨：《德国民法通论》（下册），王晓晔、邵建东、谢怀栻等译，法律出版社2013年版，第435~436页。

⑥ 参见赵冀韬：《负担行为与处分行为的区分——以德国法为考察对象》，法律出版社2006年版，第13页。

可以是法律行为，也可以是事实行为，譬如无主物的先占。“先占无主物是纯粹的取得行为”，[①]特别是在自始无主物的先占情形，只有取得行为，而无负担行为、处分行为与之相对。与给予行为一样，取得行为不能涵盖所有的处分行为，在所有权抛弃之情形，不一定存在取得行为。

下位概念：债权行为与物权行为。关于物权行为（Sachenrechtliche Geschäfte），处分行为的客体除了物权之外，还包括债权、股权、知识产权等。以物权为客体的处分行为，即为物权行为，而以其他权利为客体的处分行为，学理上合称为准物权行为。故而，物权行为是处分行为的下位概念。关于物权行为的概念，大体存在效果说、目的说（内容说）、要件说、综合说四种观点。效果说认为物权行为是发生物权法上效果的法律行为，而所谓“物权法上效果”即直接发生物权的设定、变更、转移或消灭的法律效果。采此说的学者有胡长清、张俊浩、刘心稳、田永士等人。[②] 目的说（内容说），是指物权行为是以物权变动（物权的设定、转移、变更或消灭）为目的（内容）的法律行为。采此学说的学者有史尚宽、郑玉波、梁慧星等。[③] 要件说，认为物权行为是物权变动的意思表示与法定公示方法相结合的法律行为。采此学说的有德国学者鲍尔、施蒂尔纳，[④]以及我国学者谢在全、姚瑞光等人。[⑤] 综合说，认为应结合行为之目的与要件两方面界定物权行为。王泽鉴教授认为，就目的（内容）而

---

① ［德］卡尔·拉伦茨：《德国民法通论》（下册），王晓晔、邵建东、谢怀栻等译，法律出版社2013年版，第435~441页。

② 胡长清教授认为“物权行为者，发生物权法上效果之法律行为也。”张俊浩教授认为“物权行为，是直接发生物权设定、移转或者消灭效果的处分行为。”刘心稳教授认为“物权行为是指民事主体直接设立、变更、终止物权的法律行为。”田士永教授认为“物权行为是发生物权法上效果的法律行为。物权法上法律效果是指物权权利状态的变动，即设定、变更、废止物权。”参见胡长清：《民法总则》，中国政法大学出版社1997年版，第189页；张俊浩：《民法学原理》，中国政法大学出版社1997年版，第215页；田士永：《物权行为理论研究》，中国政法大学出版社2002年版，第18页。

③ 史尚宽教授认为，“物权行为是以物权之发生、变更、消灭为内容的法律行为。”郑玉波教授认为“物权行为是以直接发生物权之变动为目的的法律行为。”梁慧星教授认为“物权行为是以物权之设定、移转为直接内容的法律行为。”参见史尚宽：《民法总论》，中国政法大学出版社2000年版，第320页；郑玉波：《民法物权》，台北，三民书局2011年版，第49页；梁慧星：《民法总论》，法律出版社2010年版，第166页。

④ 参见［德］鲍尔、［德］施蒂尔纳：《德国物权法》，张双根译，法律出版社2004年版，第71页。

⑤ 谢在全教授认为：“物权行为系物权变动之意思表示，与公示方法相结合之法律行为。”姚瑞光教授认为“物权行为者，由物权的意思表示，与登记或交付相结合，而成之要式行为也。”参见谢在全：《民法物权论》（上册），中国政法大学出版社2011年版，第56页；姚瑞光：《民法物权论》，台北，三民书局1995年版，第18页，转引自田士永：《物权行为理论研究》，中国政法大学出版社2002年版，第13页。

言,物权行为系以物权的得丧变更为直接内容的法律行为;就方式而言,物权行为系由物权变动的意思表示与交付或登记等外部表征相结合的法律行为。[①] 王利明教授、孙宪忠教授亦采此说。[②] ②债权行为(Schuldrechtliche Geschäfte)。债权行为与负担行为实质内容一致,二者外延亦等同,因为负担行为的适用仅限于债法的领域。虽然在婚姻法、继承法中也存在由于某些法律行为而使某人负有某项义务,但此种法律行为并非负担行为;在物权法中,所有权人在自己土地上为他人设定地上权、地役权等用益物权方面的负担,或者为担保他人债权实现而在己物之上设定抵押、质押等担保物权方面的负担,此种负担并非"给付义务",故而此类设定负担的行为同样不是负担行为。但尽管如此,由于负担行为在概念体系上与处分行为相对应,而处分行为又为物权行为的上位概念,故而,在学理上通常将负担行为作为(与物权行为位于同位的)债权行为的上位概念。易言之,债权行为与物权行为共同作为负担行为与处分行为的下位概念。

(二)负担行为与处分行为的具体区分

负担行为与处分行为的共同之处在于,二者都是法律行为,皆以意思表示为其核心要素,并以行为能力为其生效要件。两种行为在法律效果、行为性质和生效要件方面存在差异,具体如下:

1. 法律效果方面的区分。负担行为与处分行为区分的基本标准,是二者在效果方面的差异。负担行为的作成,行为人负有给付义务,对方当事人因此取得给付请求权。而处分行为的完成,将使既存的权利现实地发生变动,这种变动有可能是权利保持原态在双方之间的转移(如所有权的转移),有可能是行为人为使对方当事人取得一个新权利而在己方原有权利之上设定负担(如抵押权的设立),还有可能是行为人单纯地放弃既有的权利(如所有权的抛弃)。二者的效果区分,具体如下:第一,负担行为增加了行为人的义务,处分行为减少了行为人的权益。负担行为并未改变法律客体的法律状况,不会减

---

① 参见王泽鉴:《民法总论》,北京大学出版社 2009 年版,第 59 页。

② 王利明教授认为,物权行为是以物权变动为目的并须具备意思表示及交付或登记二项要件的行为。孙宪忠教授认为,物权行为是独立物权意思表示与客观外在形式相结合的法律行为。参见王利明:《物权法》,中国人民大学出版社 2015 年版,第 55 页;孙宪忠:《中国物权法总论》,法律出版社 2018 年版,第 499~504 页。

少行为人既存的权利，只会增加他的义务（负债），[①]或者说“不会引起行为人积极财产（Aktiva）的减少，只是增加了其消极财产（Passiva）”。[②] 处分行为则将使行为人丧失某项权利，或者使行为人原有权利的权能减弱，它将引起行为人积极财产的减少。[③] 易言之，“负担是增加义务的法律行为，处分是减少权利的法律行为。”[④]例如，买卖合同的生效，只是给出卖人设定了“交付标的物并转移标的物所有权”的给付义务，给买受人设定了“支付价款”的给付义务，合同本身不会使出卖人与买受人丧失标的物或货币所有权。为履行该项买卖合同而进行的处分行为，将使出卖人丧失标的物所有权，并使买受人丧失相应货币的所有权。第二，负担行为使相对人原始取得一项给付请求权，处分行为使相对人继受取得处分人的原有权益。负担行为将为对方当事人创设一项给付请求权，“因负担行为而生的请求权之前并不存在，请求权本身因负担行为而新生”。[⑤] “负担行为仅仅产生负担和请求权，不对现存权利发生直接影响”。[⑥] 处分行为直接作用于某项既存的权利，[⑦]处分行为的作成，对于处分人来说，将引起其既存权利的丧失或该项权利的权能减弱；对于取得人来说，将取得一项新的权利，而其所取得的权利源于处分人原有的权利，易言之，该权利在处分行为作成前就已经存在，只不过由于处分行为的作成，而在处分人与取得人之间发生权利（或权能）的流动而已。以买卖为例，甲将 A 物卖与乙，乙基于买卖合同（负担行为）原始取得一项债权，并基于所有权让与行为（处

---

① 参见［德］汉斯·布洛克斯、［德］沃尔夫·迪特里希·瓦尔克：《德国民法总论》（第 41 版），张艳、冯楚奇译，中国人民大学出版社 2019 年版，第 54 页；［德］维尔纳·弗卢梅：《法律行为论》，迟颖译，法律出版社 2013 年版，第 165 页。

② Reinhard Bork, Allgemeiner Teil des Bürgerlichen Gesetzbuchs, 3. Aufl., 2011. Rn. 452; Brox/Walker, Allgemeiner Teil des BGB, 34. Aufl., 2010, Rn. 103 f. 转引自朱庆育：《民法总论》，北京大学出版社 2016 年版，第 158 页。

③ 参见［德］汉斯·布洛克斯、［德］沃尔夫·迪特里希·瓦尔克：《德国民法总论》（第 41 版），张艳、冯楚奇译，中国人民大学出版社 2019 年版，第 55 页。

④ ［德］格哈德·克格尔：《负担与处分》，载《国际法与国际经济秩序：F. A. 曼（F. A. Mann）七秩华诞祝贺文集》，1977 年，慕尼黑，第 59 页。转引自田士永：《物权行为理论研究——以中国法和德国法所有权变动的比较为中心》，中国政法大学出版社 2002 年版，第 204 页。

⑤ Reinhard Bork, Allgemeiner Teil des Bürgerlichen Gesetzbuchs, 3. Aufl., 2011. Rn. 448. 转引自朱庆育：《民法总论》，北京大学出版社 2016 年版，第 158 页。

⑥ ［德］曼弗雷德·沃尔夫：《物权法》，吴越、李大雪译，法律出版社 2002 年版，第 202 页。

⑦ 参见［德］卡尔·拉伦茨：《德国民法通论》（下册），王晓晔、邵建东、谢怀栻等译，法律出版社 2013 年版，第 435~440 页。

分行为)，继受取得A物所有权。[1] 第三，负担行为只涉及债，处分行为不止于此。“负担行为是产生一项或多项请求权的法律行为”，[2]负担行为只涉及债，该行为的作成，将在当事人间创设债权债务关系。而处分行为的标的，有可能为债权(如债权让与、债务免除)，但更多的为物权、知识产权、股权等。由于权利性质的差异，债权让与(债权的处分行为)为与物权行为的生效要件不同，前者只需无瑕疵的意思表示，后者还须履行法定的公示方式(动产交付与不动产登记)。第四，生效的负担行为有待于继续履行，而处分行为不复有履行问题。负担行为相较于处分行为，前者为原因行为、基础行为，它“是以产生请求权的方式，为作用于某项既存的权利作准备”，而后者则“是直接完成这种作用的行为”，[3]是结果行为、执行行为。负担行为作成之后，有待履行，方能实现其目的。负担行为在当事人间产生债权债务关系，只有当义务人依债之本旨完成了给付，债之目的方能实现(债权债务关系方归消灭)；[4]义务人若不履行债务，且无法定豁免事由，将承担损害赔偿责任，此时负担仍在，只是给付内容发生变化。处分行为是为完成负担行为的手段，其本身就是履行行为，故不复有履行之问题。[5] 以买卖为例，买卖合同的履行，既是当事人完成处分行为的过程，同时又是对合同(负担行为)产生之债的清偿。借助让与所有权这个处分行为，出卖方履行了买卖合同设定的义务；只要合同义务未得到履行，源于负担行为的请求权将一直存在。[6]

2. 行为性质方面的区分。负担行为具有兼容性，而处分行为奉行次序原则。负担行为具有兼容性，“一个人可以承担任意多次的义务，虽然他无法履行所有这些义务。”[7]以买卖为例，出卖人就同一标的物，与不同买受人先后缔结数份买卖合同，若每一份合同本身都满足法定的生效要件，则数份合同均为

---

① 参见王泽鉴：《民法总则》，北京大学出版社2009年版，192页。

② [德]迪特尔·梅迪库斯：《德国民法总论》，邵建东译，法律出版社2013年版，第167页。

③ [德]迪特尔·梅迪库斯：《德国民法总论》，邵建东译，法律出版社2013年版，第168页。

④ 参见[德]拉德布鲁赫：《法学导论》，米健译，法律出版社2012年版，第74页。

⑤ 参见郑玉波：《民法总则》，中国政法大学出版社2003年版，第298页；[日]我妻荣：《新订民法总则》，中国法制出版社2008年版，第231页；[日]近江幸治：《民法讲义Ⅰ·民法总则》，渠涛译，北京大学出版社2015年版，第151页。

⑥ 参见[德]本德·吕特斯、[德]阿斯特丽德·施塔德勒：《德国民法总论》，于馨淼、张姝译，法律出版社2017年版，第134页。

⑦ [德]卡尔·拉伦茨：《德国民法通论》(下册)，王晓晔、邵建东、谢怀栻等译，法律出版社2013年版，第440页。

有效。任何一个买受人均不得为实现自己的合同目的，而否认他人的合同效力。“若允许前买受人诉求撤销订立在后之买卖契约，实无异于承认前买受人之债权具有类似物权之效力，使债权与物权之区别趋于混淆”。[①] 且基于债权平等原则，除有法律特别规定外，任何买受人皆无权主张优于他人而受偿。[②] 处分行为则不具有兼容性，其奉行“优先原则”（Prioritätsgrundsatz）或“次序原则”（Rangordnung）。[③] 先前的处分行为生效之后，嗣后从事的与先前之处分相矛盾的处分行为原则上不生效力。[④] 以买卖为例，出卖人已将标的物的所有权让渡给某一买受人之后，便不再具有该物的所有权，故而不能就同一物的所有权再次转让给其他买受人。

负担行为具有相对性，而处分行为具有绝对性。负担行为约束的主体对象是当事人双方，故而其仅具有相对的效力。[⑤] 负担行为在当事人间创设了债权债务关系，根据债的相对性原理，不仅债务人只对特定的债权人负有给付义务，而且债权人也只能向特定的债务人主张权利。易言之，负担行为拘束的对象是作出该项行为的当事人，与行为人之外的第三人无关。处分行为则不然，其具有绝对的效力。“权利之处分，对任何人而言，均生变动效力。”[⑥]处分行为对权利归属的变更，任何人都必须予以尊重，这种法律效果是绝对的，可以对抗任何人。[⑦] 以一房多卖为例，出卖人甲若已向某一买受人乙让与了房屋所有权，则该项让与行为（处分行为）不仅对甲乙双方发生效力，而且这一

---

① 王泽鉴：《民法学说与判例研究》（第四册），北京大学出版社2009年版，第122页。

② 法律为实现某种政策目的，规定了若干情形的优先购买权，例如，原《合同法》第230条规定的承租人的优先购买权、原《物权法》第101条规定的按份共有人的优先购买权、现行《公司法》第71条规定的有限责任公司的股东优先购买权。原《最高人民法院关于审理买卖合同纠纷案件适用法律问题的解释》（法释〔2012〕8号）第9条、第10条（2020年修正后为第6条、第7条）关于买受人债权受偿次序的规定，有违债权平等原则之嫌，学界对此褒贬不一。

③ 对于处分行为所奉行的“优先次序”规则，朱庆育教授称为“优先原则”，而王泽鉴教授称为“次序原则”，二者表达虽有不同，但无实质意义差别。参见朱庆育：《民法总论》，北京大学出版社2016年版，第158页；王泽鉴：《民法学说与判例研究》（第五册），北京大学出版社2009年版，第59页。

④ 参见［德］卡尔·拉伦茨：《德国民法通论》（下册），王晓晔、邵建东、谢怀栻等译，法律出版社2013年版，第435~440页；［德］汉斯·布洛克斯、［德］沃尔夫·迪特里希·瓦尔克：《德国民法总论》，张艳、冯楚奇译，中国人民大学出版社2019年版，第57页。

⑤ 参见［德］哈里·韦斯特曼、［德］哈尔姆·彼得·韦斯特曼：《德国民法基本概念》，张定军、葛平亮、唐晓琳译，中国人民大学出版社2014年版，第55页。

⑥ 朱庆育：《民法总论》，北京大学出版社2016年版，第160页。

⑦ 参见［德］卡尔·拉伦茨：《德国民法通论》（下册），王晓晔、邵建东、谢怀栻等译，法律出版社2013年版，第435~440页。

法律效果可以对抗任何人。倘若另一买受人丙先前已基于买卖合同占有了该屋,则乙仍可要求其交还房屋,而丙只能基于买卖合同(负担行为)追究甲的违约责任。

3. 生效要件方面的区分。处分行为适用特定原则,而负担行为则否。处分行为适用特定原则(Spezialitätsgrundsatz),其客体必须是一项权利,而不能是一束权利(权利集合);处分几项权利,对应着就存在几项处分行为。[①] 负担行为则不然,就数项权利的交易,当事人既可以分别订立数份合同,也可以将数项权利"集合打包"只订立一份合同。以附带家具的房屋买卖为例,买卖双方可以在一份合同中同时约定房屋与家具所有权的交易事项,但在履行该项合同之际,关于房屋与家具所有权的让与行为(处分行为),应当要分别进行,即通过不动产登记实现房屋所有权的转移,并通过动产交付实现家具所有权的转移。

处分行为适用确定原则,负担行为对客体确定性要求较弱。处分行为适用确定原则(Bestimmtheitsgrundsatz),最迟在处分行为生效时,处分之客体须能确定。否则,若无法确定处分之客体,则无法变更哪一项客体的法律状态。[②] 确定原则与特定原则的区别在于:前者要求处分标的须确定,后者旨在说明一个处分行为只能处分一个权利。[③] 负担行为虽也有"确定性"的要求,但程度较弱,债权契约只须具有可履行性即为已足,不必明确具体之标的物。[④] 金钱之债、种类物之债、选择之债、未来物之买卖,在负担行为作成之际,可以不考虑究竟用哪个或哪些具体的物(包括货币)来履行因负担行为而产生的债务。"负担行为在债务具体化为特定的物件之前就已经有效"。[⑤]

处分行为以处分标的之现实存在为生效要件,而负担行为则否。处分行为以处分标的之现实存在为生效要件,如果处分标的在客观上并不存在,则处分行为无法完成。从另一个角度来讲,处分行为以行为人对处分之标的拥有处分权限为生效要件,而"处分权限原则上必须在权利取得完成之后才成立",[⑥]

---

① 参见朱庆育:《民法总论》,北京大学出版社2016年版,第160页。

② 参见[德]迪特尔·梅迪库斯:《德国民法总论》,邵建东译,法律出版社2013年版,第168页。

③ See Brehm/Berger, Sachenrecht, 2. Aufl., 2006, § 1 Rn. 43. 转引自朱庆育:《民法总论》,北京大学出版社2016年版,第158页。

④ 参见朱庆育:《民法总论》,北京大学出版社2016年版,第161页。

⑤ [德]迪特尔·梅迪库斯:《德国民法总论》,邵建东译,法律出版社2013年版,第168页。

⑥ [德]曼弗雷德·沃尔夫:《物权法》,吴越、李大雪译,法律出版社2002年版,第205页。

如果标的在客观上并不存在，则如古人云“皮之不存，毛将焉附”，行为人自无处分权可言。负担行为则不然，其不以标的物的存在为生效要件。以未来物买卖为例，买卖双方在订立合同之际，标的物在客观上并不存在，但买卖合同（负担行为）的有效性不因此而受影响。在合同约定的履行期限届满时，如果标的物仍未生产出来，出卖人则无法依约履行交货义务（无法完成处分行为），而此时买卖合同的有效性不因标的物不存在而受影响，故而买受人可请求出卖人承担迟延履行的违约责任。

处分行为以行为人具有处分权为生效要件，而负担行为则否。处分行为发生效力，除当事人具备行为能力外，尚须有处分能力。处分能力（Verfuegungsfähigkeit），又称处分权，史尚宽教授认为其是指“处分财产权利的法律权限”①；梁慧星教授认为其是指“有效处分行为之法律上地位”。② “只有拥有相应处分权的人，才能处分物或权利。”③拥有处分权的人，通常是指所有权人，在若干情形，行为人虽非所有权人但法律赋予其处分权（如《破产法》规定的破产管理人）或者所有权人授予其处分权的，亦是有处分权之人。负担行为则不以行为人对标的物有处分权为必要。标的物客观上不存在，合同（负担行为）尚能有效，而在无权处分之情形，标的物已然存在，断无否认合同效力之理。故而，擅自出售他人之物而订立的买卖合同，在效力上仍属有效，而且就同一物可以多次有效地出售。

此外，还有一些学者认为，负担行为无须公示，但处分行为的生效必须要具备法定的公示方式，此亦二者的效力区别所在。④ 笔者认为，负担行为具有相对性，仅在特定当事人之间发生效力，故而无须公示，此种观点自不待论。但是，并非所有的处分行为都以外在公示为生效要件。处分行为除物权法领域的处分行为之外，还包括其他权利（如债权、股权）的处分行为，而“公示原则仅适用于物权法上的处分行为。”⑤物权行为之所以要求以法定公示为生效

---

① 史尚宽：《民法总论》，中国政法大学出版社2000年版，第320页。

② 梁慧星：《民法总论》，法律出版社2010年版，第165页。

③ ［德］本德·吕特斯、［德］阿斯特丽德·施塔德勒：《德国民法总论》，于馨淼、张姝译，法律出版社2017年版，第144页。

④ 参见孙宪忠：《中国物权法总论》，法律出版社2018年版，第305页；李永军：《民法总论》，中国政法大学出版社2015年版，第187页；崔文星：《论区分原则在我国物权法中的体现》，载《社会科学》2008年第8期；张康林：《物权行为无因性理论研究》，中国政法大学出版社2009年版，第241页。

⑤ ［德］迪特尔·梅迪库斯：《德国民法总论》，邵建东译，法律出版社2013年版，第168页。

要件，是因其标的之法律属性的缘故。物权行为的标的（即物权）具有对世性、排他性，故而此类权利的归属与变动均有法定的公示方式，即通常而言，动产为占有与交付、不动产为登记。物权行为的生效必须要符合法定的公示方式，此为物权的性质所要求，并非系因处分行为所使然。① 不是所有的处分行为，都遵循公示原则。② 债权让与亦为处分行为，但其仅需让与人与受让人达成合意即可，甚至不以通知债务人为生效要件，更无公示要件之要求。③ 因此，是否需要公示，并非处分行为与负担行为区分的内核，它只是物权行为（物权法领域的处分行为）与债权行为效力要件区分的一项内容。

二、从宏观层面分析法律行为区分说之实益

如前所述，国内学界关于区分原则存在"法律事实区分说"与"法律行为区分说"两种观点。应该说，法律事实区分说在保护买受人对标的物之占有、明晰违约方的法律责任、保护无过错方的合法权益等方面，也能够展现其解释力。④ 相较而言，在我国现行私法框架之下，无论是在宏观体系构建方面，还是在微观制度规定方面，法律行为区分说均更有说服力。

（一）法律行为区分说更契合民法典编纂之理念与体例

1. 负担行为与处分行为的区分，是法律行为理论与物债二分权利体系之逻辑结果。区分负担行为与处分行为的理论基础，一是法律行为理论，二是物债二分的潘德克顿民事权利体系。没有负担行为与处分行为之区分，物债二分的立法体系也就没有存在的价值，而物债二分又是德国民法总则中的法律行为的基础。⑤

潘德克顿法学最高成就之一是从日常行为中抽象提炼出的法律行为，另一就是以物债二分为基础的私权体系。

---

① 参见［德］鲍尔、［德］施蒂尔纳：《德国物权法》（上册），张双根译，法律出版社2004年版，第101页。

② 参见［德］迪特尔·梅迪库斯：《德国民法总论》，邵建东译，法律出版社2013年版，第175页。

③ 参见［德］汉斯·布洛克斯、［德］沃尔夫·迪特里希·瓦尔克：《德国民法总论》，张艳、冯楚奇译，杨大可校，中国人民大学出版社2019年版，第56页；王泽鉴：《民法总则》，北京大学出版社2009年版，第212页；王洪亮：《债法总论》，北京大学出版社2016年版，第451页。

④ 参见全国人大常委会法制工作委员会民法室编：《中华人民共和国物权法条文说明、立法理由及相关规定》，北京大学出版社2017年版，第30页。

⑤ 参见江平主编：《物权法教程》，中国政法大学出版社2017年版，第123页。

法律行为是潘德克顿体系的支柱性概念。[①] 法律行为的概念系由潘德克顿体系的创始人海瑟首创，并由萨维尼将其发扬光大，《德国民法典》吸收了萨维尼的法律行为理论，在总则中确立了法律行为制度。法律行为是一个通过归纳而抽象出的概念，它高度概括了契约、遗嘱等表意行为的共同本质特征。德国法学家又通过演绎的方法，以行为法律效果的差异为标准，而将抽象的法律行为划分为负担行为与处分行为。[②]

物权与债权的区分是潘德克顿私权体系的基础。萨维尼所设想的私法体系包括总则、物权、债权、家庭和继承。他指出了物权与债权的区别所在：一是此两种财产权在客体方面存在不同，即物权的客体为物，而债权的客体是他人的行为。二是此两种财产权在相对人方面存在不同，即物权具有对抗一切人的普遍效力，而债权则只对特定之人产生效力。他认为，如果物权变动的依据仍然是债法上的合同，则物权与债权的区分（或者说物法与债法的分离）就难免不够彻底，而要实现物权与债权的彻底区分，则必须以物权行为作为其内在的支撑，也就是说，物权行为才是从债权向物权转化的桥梁。[③] 我国学者金可可教授形象地指出，在潘德克顿债法与物法区分的天幕之下，物权行为理论与物权债权区分说是一对血肉相连的双生子，存在唇齿相依的天然亲缘关系。[④]

2.《民法典》总则编民事法律行为制度之构建与物债概念之区隔，契合负担行为与处分行为区分之逻辑基础。

---

① 参见［德］克劳斯-威廉·卡纳里斯：《民法典总则的功能及其作用的限度》，陈大创译，载张双根、田士永、朱庆育等主编：《中德私法研究》（第 10 卷），北京大学出版社 2014 年版，第 96 页。

② 参见张康林：《物权行为无因性理论研究》，中国政法大学出版社 2009 年版，第 242～243 页。

③ 萨维尼认为，物权行为与债权行为的区分哲学因素是当事人的意愿（Parteiwille）。在阐述物权行为理论时，他首先指出了物权和债权的区分，他认为，人对物可以进行完全支配，但是除非在奴隶关系中，人不可以对他人进行支配，而只能要求或请求他人作为或不作为，故而存在物权和债权的区分。其次，他指出了交易中的意思存在“直接意思指向”和“间接意思指向”之分，前者在于设立或解除法律关系，而后者则为动机，相对而言并不重要。在此基础上，萨翁指出了缔约和履约阶段当事人的意思指向存在差异，在缔结债权契约时，当事人的直接意思指向在于设立义务，间接意思指向的是物权变动，此时物权变动的意思仅仅是不重要的动机；而在交付标的物时，其直接动机指向是所有权的移转和取得，履行债权的意思此时就成为间接意思指向（为不重要的动机）。此种以设立义务为直接意思指向的缔约行为，即为义务行为（负担行为），而以物权变动为直接意思指向的履约行为，即为物权行为（处分行为）。参见金可可：《私法体系中的债权物权区分说——萨维尼的理论贡献》，载《中国社会科学》2006 年第 2 期；郝丽燕：《德国物权行为抽象原则相对化之质疑》，载王洪亮、朱庆育、张双根等主编：《中德私法研究》（第 12 卷），北京大学出版社 2015 年版，第 184 页。

④ 参见金可可：《私法体系中的债权物权区分说——萨维尼的理论贡献》，载《中国社会科学》2006 年第 2 期。

我国当前的民事立法包含了诸多中国元素，但从整个体系来看，仿效的是德国的潘德克顿立法体例。这种立法体例的典型特征之一是采取“提取公因式”的立法思路，提炼出民法典各编乃至全部民商事法律共同适用的一般性规定，从而形成了民法典总则编。[①] 在这种立法体例之下，民法总则编建立在“民事权利”和“法律行为”这两个核心概念之上。[②] 中国民事立法自清末改制即继受了潘德克顿立法体例，现行立法虽然对其有所扬弃，展现了中国特色和时代特征，但在总体制度框架尤其是总则编立法模式仍沿袭了传统。

我国民事立法自1986年通过的《民法通则》开始，就将“民事权利”和“民事法律行为”作为两章，在权利体系上实现了物债二分，在行为制度上采纳了法律行为理论。原《民法通则》虽然没有物权的概念，但其“民事权利”这一章（第五章）对所有权的概念和所有权的取得有明确规定，并且界定了债与债权的概念，因此其实质上已经实现了物债二分。原《民法通则》第四章虽然因为同时规定了“民事行为”和“民事法律行为”两个概念而被批评逻辑混乱，但是其已吸收德国法系中的法律行为理论，已成为不争的事实。[③]

《民法典》在概念用语与体系逻辑方面取得较大的进步。在“民事权利”一章（第五章），《民法典》总则编第113条规定了“民事主体的财产权利受法律平等保护”，并在第114条至第117条规定了“物权”，在第118条至第122条规定了“债权”，将“物权”和“债权”这两个概念置放在“财产权利”之下，物债区分逻辑清晰。在“民事法律行为”一章（第六章），《民法典》总则编废弃了以往的“民事行为”与“民事法律行为”两个概念并存的格局，将“民事法律行为”界定为表意行为，还原了法律行为的本来面貌。[④]

---

① 参见侯国跃、陈圣利：《〈民法总则〉的“正确打开方式”》，载《甘肃社会科学》2018年第1期。

② 参见王泽鉴：《民法总则》，北京大学出版社2009年版，第20页。

③ 参见谭启平主编：《中国民法学》，法律出版社2015年版，第186～187页；梁慧星：《民法总论》，法律出版社2010年版，第161页；李永军：《民法总论》，中国政法大学出版社2015年版，第180～181页。

④ 德国法中的法律行为，是一种表意行为，它是一个与事实行为相对应的概念，其本身不以“合法性”作为其构成要件。当事人从事的法律行为，可能是合法的，也可能是不合法的，合法的法律行为被评价为有效行为，能够发生当事人预期的法律后果，而不符合法律规定的法律行为，在效力上存在瑕疵，当事人预期的法律后果将可能落空。我国1986年的《民法通则》将民事法律行为界定为“合法的民事行为”，随着民法理论研究的日趋成熟，学者们逐渐认识到这种规定的不合理性。2017年通过的《民法总则》第133条规定：“民事法律行为是民事主体通过意思表示设立、变更、终止民事法律关系的行为。”该项规定将民事法律行为界定为表意行为，可谓“还原”了法律行为的真实面目。

3. 我国民法物债分列的立法体例，构成负担行为与处分行为之区分的正当性基础。

日本学者近江幸治教授指出，“物权变动系基于物权行为而发生”这一理论的构成基础是严格区分物权和债权的潘德克顿体系，在这种体系之下，债权合意只是在当事人间产生债务关系，并不当然引发物权的变动，物权变动的依据是物权法上的合意，物权合意能够直接引发物权得丧变更的法律效果。[①]我国学者李永军教授进一步指出，债权行为（负担行为）与物权行为（处分行为）的划分是债编与物权编分列的必然结果，负担行为产生债法上的效力、相对的效力和请求权，处分行为（物权行为）产生物权法上的效力、绝对的效力、是支配权的体现，法国民法典由于不存在债编与物权编的分列，其没有负担行为与处分行为的划分也合乎逻辑。[②]

我国《民法典》的编纂体例是，除了总则编外，还包括物权、合同、人格权、婚姻家庭、继承、侵权责任等分编。虽然没有名义上的债权编，但这并不意味着不存在物债分列。首先，合同编、侵权责任编本身就是债编的核心内容，只是由于合同与侵权责任的规定体量过于庞大，故而拆分为两编。在法典编纂工作中，有不少学者提出，应该再制订一个债法总则编，置于合同编、侵权责任编之前，只是由于总则编中“民事权利”和“民事责任”这两章中已涉及债法总则的内容，故而这一提议就此作罢。其次，合同编第三分编“准合同”中规定了“无因管理”和“不当得利”，这两项制度本身就是债法的内容。债的发生原因除过合同与侵权之外，其他常见的主要就是无因管理和不当得利。最后，合同编还规定了，非因合同产生的债权债务关系，适用合同编通则有关规定。[③]也就说，民法典编纂的设想是，由合同编通则取代债编的部分功能。

诚如苏永钦教授的观点，当民法决定了采用“法律行为”这样高度抽象的概念，并又严格区分了“相对的、请求性质的债权”与“绝对的、支配性质的物权”之后，在对生活中的交易现象进行法律分析时，一笔交易就不可避免地被拆解为几个法律行为。在此种立法体系下，买卖（债权合同、负担行为）只是“财产权与金钱互负移转义务”的合意，它只能创造“买受人的物权移转债权”

---

① 参见［日］近江幸治：《民法讲义Ⅱ物权法》，王茵译，北京大学出版社 2006 年版，第 37 页。

② 参见李永军：《民法总论》，中国政法大学出版社 2015 年版，第 188 页。

③ 《民法典》第 468 条规定：“非因合同产生的债权债务关系，适用有关该债权债务关系的法律规定；没有规定的，适用本编通则的有关规定，但是根据其性质不能适用的除外。”

和“出卖人的金钱移转债权”，而不能直接产生物权变动的效力，可以说是逻辑的结果。① 因此，若要产生物权变动的法律效果，还需有另外的合意，而这种以直接引起权利变动为效果意思的合意，即为处分行为。

（二）法律行为区分说更有助于明晰不同民事法律关系

区分原则的真正实益在于，帮助法官明晰不同的法律关系，区隔基础合同与物权（或其他权利）变动的各自法律依据和生效要件，故而无须考虑“负担行为与处分行为”“债权行为与物权行为”等概念是否太过抽象、普通民众能否领悟其真义。苏永钦教授指出，民法兼具自治法与法律人法两种特性；作为自治法，民法的目的在于定纷止争，而非约束或改变人民的行为，故而，其功能的充分发挥，不需要人民充分了解其内容，只要人民在遇到冲突而无法自决时，知道寻求法官作成裁判即可；作为法律人法，由于大陆法系国家是以法律而非案例为其主要法源，故而其民法规则的概念精准、逻辑严密是体制成功运作的先决条件。②

成文法的一项主要功能在于指引法官正确裁判案件，故而在制度设计方面，应更多地考虑如何“精准”地指引法官查找和适用法律，而法律用语是否通读易懂则非首要考虑因素。从某种意义上来讲，法律的制定工作，不以民众通晓为己任，不能要求所有的法律条款都通俗易懂。事实上，民法中的债权、物权、民事法律行为、诉讼时效等概念并非通俗易懂，而有些概念（譬如“善意”“恶意”）与普通大众的理解相去甚远。普通百姓在日常交易中未必认识到其在订立合同，常常是生活在民法中而浑然不觉，而与之相反的是，在非即时清结的交易中，即便是不懂法律的“外行人”也能够感觉到交付义务的发生（债的效果）与所有权的移转（物权变动的效果）之间的差异。③ 在“互联网+”时代，那种“一手交钱一手交货”的即时清结交易模式渐被挤压，取而代之的更多是时空隔离的非即时清结交易模式，包括学者、法官、律师在内的法律人不能忽视这一现象。出卖人在订立合同时的“缔约意思”与交付标的物时的“所有权让与意思”，相互独立又并存于一项交易，实属日常之客观现象。

“负担行为”与“处分行为”（或“债权行为”与“物权行为”）等概念，其本

---

① 参见苏永钦：《民法物权争议问题研究》，台北，五南图书出版公司1999年版，第27页。

② 参见苏永钦：《跨越自治与管制》，台北，五南图书出版有限公司1999年版，第226~227页。

③ 参见刘家安：《物权法论》，中国政法大学出版社2015年版，第78页。

身的存在不是目的，它们均是分析法律关系、解决法律纠纷的工具。任何财产权利（包括物权、债权、股权、知识产权等）的交易，均涉及基础合同与权利变动两项内容，负担行为与处分行为的分析工具，有助于明晰财产交易在不同阶段所涉及的法律关系。负担行为与处分行为所引发的，分别为相对性的法律关系与绝对性的法律关系，二者的法律效果、构成要件均存在差异。① 负担行为通常为处分行为的基础原因，在要因立法例框架下，作为基础原因之负担行为其自身的瑕疵会辐射到处分行为的效力，但作为结果行为之处分行为其效力瑕疵则不能反射到负担行为。而在无因立法例框架下，负担行为与处分行为的效力相互独立，基于负担行为而作成处分行为之后，处分行为的效力决定于自身的生效要件，而不受负担行为效力瑕疵的影响。

借助法律行为区分说中的"负担行为"与"处分行为"这两个概念工具，法官更能明晰财产交易纠纷中的法律关系。当事人因交易行为发生纠纷诉诸司法机关时，法官首先要明确的是该项纠纷所涉及的法律关系究竟属于债权法律关系，还是物权法律关系（或者准物权法律关系）。若仅涉及债权法律关系的，考察的对象应是基础合同本身，基础合同是一项负担行为，断不能将当事人有无处分权、标的物是否客观存在等事项用于评价基础合同的效力。当事人有无处分权、标的物是否客观存在等因素，事关处分行为的效力要件，涉及合同能否履行问题。转让方无法实施有效的处分行为，或者说双方订立的合同不能履行，不影响基础合同的效力。倘若未能正确理解负担行为与处分行为之区分，将处分权混淆为基础合同的效力要件，进而否定合同效力的，则违约方将因此逃脱违约责任，而守约方的合同权益也因此落空，如此将使双方当事人间的利益失衡，并与公平正义相悖而行。

（三）法律行为区分说更能兼顾交易安全与契约严守原则

摒弃无因性理论的法律行为区分说，处分行为的效力受两方面的规制，一是负担行为的效力。二是处分行为自身的生效要件。在此情形之下，负担行为不成立、无效、被撤销，处分行为的命运步趋之。同时，处分行为有其自身的生效要件，如标的物现实存在、行为人具有处分权等。以此观之，摒弃无因性理论的法律行为区分说，处分行为的生效要件应为"基础契约的要件+处分行

---

① 参见张康林：《物权行为无因性理论研究》，中国政法大学出版社 2009 年版，第 241 页。

为自身要件”。在此框架之下，由于基础契约（负担行为）的效力要件同时也是处分行为的效力要件，故而如果交易行为违背了公序良俗，不仅基础契约当然无效，而且处分行为也随之无效。因此，不会出现崔建远教授所认为的“处分行为违背公序良俗也不会无效，国人难以接受”的问题。[①]

基础契约（负担行为）的要件，一般依据民法总则编民事法律行为之规定，以及合同编关于合同效力之规定。处分行为自身要件，包括处分行为的一般要件和具体处分行为的特别要件。标的物现实存在、行为人拥有处分权，是所有类型的处分行为的一般生效要件。具体处分行为的特别要件，应根据处分的对象查找相应规定。在处分物权（物权行为）之例，应遵循《民法典》物权编所规定的公示原则，即动产交付、不动产登记为物权行为的生效要件；在处分债权（如债权让与）之例，应根据《民法典》合同编第546条第1款之规定，“未经通知，该转让对债务人不发生效力”；在处分股权之情形，如果转让股份公司的股权，一般以股票交付或背书为要件；如果将有限公司股权转让给股东以外之人，根据现行《公司法》第71条之规定，“应经其他股东过半数同意”。

摒弃无因理论的法律行为区分说，给交易行为上了两道“安全阀”。第一道即负担行为（基础契约），由于其仅具有相对性，一般不会触及他人利益，故而条件较为宽松。基础契约的效力仅受其自身的要件影响，与处分行为特别要件无涉，“物权变动上的瑕疵不能反射到原因行为之上并影响原因行为的效力”。[②] 第二道即处分行为，由于其具有绝对性，一旦生效，任何人须尊重行为的结果（权利变动的结果），故而条件设置较为严格，即不仅要满足基础契约的要件，还需满足处分行为自身的要件。“两道安全阀”不仅保证了交易上的安全，维护了国家和社会公共利益以及他人的合法权益，而且避免了公权力过度干预个人意志，兼顾了契约自由与契约严守原则，从而保障了合同当事人的合法权益。

（四）法律行为区分说更加符合比较法解释之结论

1. 我国民事立法的参考模式决定了应采法律行为区分说。在法律解释上

---

① 参见崔建远：《处分行为理论真的那么美妙吗？——〈民法总则〉（草案）不宜采取负担行为与处分行为相区分的设计》，载《中国政法大学学报》2016年第5期。

② 谭启平主编：《中国民法学》，法律出版社2015年版，第275页。

是否选择法律行为区分说,应取决于立法者在立法时所参考的立法模式。继受盖尤斯《法学提要》(*Institutiones*)的法国民法,由于立法上不存在物权和债权的区分,亦无抽象的法律行为概念,而采以契约和买卖等方式取得所有权的体系构成;物权的变动,除买卖等契约(债权契约)外无须其他任何行为,也无须承认"以物权变动为目的的意思表示"(物权行为)这一概念;物权的变动是契约的当然效果,交付、登记、价款的支付只不过是契约的履行,这种履行被认定为事实行为。继受《学说汇纂》(*Digesta*)的德国民法严格区分了债权与物权的概念,在买卖等具体行为的基础之上抽象出了法律行为的概念,并认为债权以及债权的合意(基础契约)仅在当事人间发生债务关系,并不当然产生物权效果,物权的变动是因另外的合意(物权行为)而产生。因此,如果选择德国法的立法模式,严格区分物权与债权,并在总则中对法律行为设立专章规定,则在解释上采纳法律行为区分说将更合乎逻辑。①

就物权变动模式而言,瑞士民法之规定与我国最为相近,主要体现在:一是民事立法建立在"物债二分"的基础之上。二是遵循"形式主义"的物权变动模式。三是采物权行为的有因性理论。故而,比较瑞士民法的判例与学说,对我国物权变动规则之解释将有助益。《瑞士民法典》第656条与第714条分别规定了,登记/交付为不动产所有权和动产所有权变动的生效要件。② 依瑞士学界通说,瑞士民法采纳了物权行为有因性规则,即承认物权行为与债权行为之区分,同时又认为物权行为的效力受债权行为影响。③ 不仅如此,《瑞士债务法》关于"债权让与"和"股权转让"的规定,亦遵循了法律行为区分说。其第165条规定了:"债权让与契约,为使其有效,须采用书面形式。让与契约的缔约义务,其成立,无须采用书面形式。"该条文中的"债权让与契约"与

---

① 参见马俊驹、陈本寒主编:《物权法》,复旦大学出版社2014年版,第75页;李永军:《民法总论》,中国政法大学出版社2015年版,第188页;[日]近江幸治:《民法讲义Ⅱ物权法》,王茵译,渠涛校,北京大学出版社2006年版,第40页。

② 《瑞士民法典》第656条第1款规定:"不动产所有权的取得,须在不动产登记簿进行登记。"第714条第1款规定:"动产所有权的转让,必须转移占有。"参见《瑞士民法典》,于海涌、赵希璇译,法律出版社2016年版,第233、260页。

③ H. Rey, Die Grundlagen des Sachenrechts und das Eigentum, Band Ⅰ, 2. Aufl. 2000, S. 91-92. 转引自张双根:《物权法释论》,北京大学出版社2018年版,第76页注⑮;Tuor/Schnyder/Schmid/Rumo-Jungo, Das Schweizerische Zivilgesetzbuch, 12. Aufl, Nachdruck 2006, Schutthess, S. 906. 转引自陈自强:《债权法之现代化》,北京大学出版社2013年版,第141页;[荷兰]雅各·H. 比克惠斯:《荷兰财产法结构的演进》,张晓军译,载梁慧星主编:《民商法论丛》(第7卷),法律出版社1997年版,第298页。

“让与契约的缔约义务”，分别指债权让与行为（处分行为）和债权让与的原因行为（负担行为）。其第785条第1款规定：“股份的转让，以及转让股份的义务，须采用书面形式。”[①]此处的“股份的转让”与“转让股份的义务”，分别指股权让与行为（处分行为）与股权转让合同（负担行为）。概言之，瑞士私法采纳的是摒弃无因理论的法律行为区分说。这一方面说明，承认区分原则，并不意味着就必然要承认无因原则；另一方面说明，区分原则不仅存在于绝对权（物权）交易领域，在相对权（债权、股权）交易领域，同样也存在区分原则的适用。瑞士立法关于区分原则之规定，对于我国民商事立法相关规定之解释，具有借鉴作用。

2. 日本法物权变动的解释困境与其带来的启示。日本民法在物权制度方面存在两个突出的特点：一方面仿效德国，对财产权作了“物债二分”，并在立法体例上设置了物权编与债权编；另一方面仿效法国，对物权变动采意思主义，交付/登记非物权变动生效要件。[②] 正基于上述特点，关于日本物权制度是否承认独立的物权行为，自《日本民法典》颁行之初就有争议。对于《日本民法典》第176条中的“意思表示”，“到底指仅以物权变动为目的的意思表示，还是指诸如买卖、赠与等那种以债权发生为目的的意思表示？在学说上，最初压倒多数地采取了前一种学说立场，此后，后一种学说成为有力说。但是，即使在此后，支持前说的学者也并不少见。”[③]

物权行为与债权行为区分肯定说，历经德国式物权行为理论时代和日本独特物权行为理论时代。

德国式物权行为理论时代。从明治三十六年（1903年）起，就有相关学说认为《日本民法典》第176条不同于法国法的规定。从明治四十年（1907年）到大正十年（1921年），德国民法理论兴盛于日本，以德国式物权行为解释《日本民法典》第176条，成为当时的主流学说。代表作有石坂音四郎的《物权设定转移之我国法的主义》，川名兼四郎的《论物权的设定转移》，富井的《我国

① 《瑞士债务法》第165条和第785条规定的译文，参见《瑞士债务法》，戴永盛译，中国政法大学出版社2016年版，第51、357页。

② 参见孙鹏：《物权公示论——以物权变动为中心》，西南政法大学2003年博士学位论文，第10页。

③ ［日］我妻荣：《我妻荣民法讲义Ⅱ·新订物权法》，罗丽译，中国法制出版社2008年版，第59~60页。

法上的物权意思表示》，冈松参太郎的《我国法上的物权契约》《物权契约论》等文章。[①] 其中，石坂音四郎在《物权设定移转之我国法的主义》一文指出，日本法在理论上承认物权行为，是体系上严格区分物权和债权的理论必然；物债二分的基础上必须进一步区分只发生对人效力的债权契约（债权行为）和发生对世效力的物权契约（物权行为）；债权契约与物权契约存在于一个契约的观点，是不符合逻辑的，因为物权契约的成立实为债权契约所生之债务的履行。[②]

日本独特物权行为理论时代。自末川博开始，日本形成了不同于德国的物权行为理论。末川博教授从日本固有的交易习惯出发，解释了日本法中的物权行为理论，认为《日本民法典》第176条所说的"意思表示"，是以物权变动为目的的意思表示（物权行为），日本法中的物权行为是一种抽象的观念上的意思，这种观念上的物权意思存在于价款支付、交付和登记时。[③] 近江幸治教授亦认为，《日本民法典》第176条所确定的意思主义不同于法国的意思主义；由于日本民法是建立在严格区分物权、债权的体系构成上，诸如买卖等合同只是债权合同，只发生债的法律效果，并不直接引起物权变动，真正引起物权变动的，是当事人的物权性意思表示（物权行为）；只是由于日本民法未以交付/登记作为物权变动的形式要件，故其物权行为的存在是观念上的、抽象的。[④]

物权行为与债权行为区分否认说，以我妻荣教授的观点最具代表性。以我妻荣教授为代表的论者认为，《日本民法典》第176条中的"意思表示"是指债权的合意，而非物权合意。理由在于：第一，在日本法框架下，物权变动采意思主义，"引起物权变动的意思表示"和"产生债权变动的意思表示"两者形式完全相同，不存在识别行为外观的措施，故而没有必要区分。第二，日本民法

---

① 参见［日］鹰巢信孝：《物权变动论的法理探讨》，九州大学出版会1994年版，第6页注10。转引自王茵：《不动产物权变动和交易安全——日德法三国物权变动模式的比较研究》，商务印书馆2004年版，第222页。

② 参见［日］石坂音四郎：《物权设定转移之我国法的主义》，载［日］加藤雅信、［日］池田真朗、［日］山本敬三等编：《民法学说百年史》，牟宪魁、卢晓斐、肖盼晴等译，商务印书馆2017年版，第221～222页。

③ 参见［日］末川博：《物权法》，日本评论新社昭和三十一年（1956年）版，第59页以下。转引自王茵：《不动产物权变动和交易安全——日德法三国物权变动模式的比较研究》，商务印书馆2004年版，第230～231页。

④ 参见［日］近江幸治：《民法讲义Ⅱ物权法》，王茵译，北京大学出版社2006年版，第35～40页。

不以形式(交付/登记)作为物权变动的要件,因而不能从外部判断物权行为存在与否,即便承认物权行为的独立性,也无特别之实益。① 前述观点概而言之就是,由于日本民法对物权变动没有要求公示要件,缺乏识别物权合意与债权合意之区分的外观,故而在解释论上不应承认独立的物权行为。以上观点只代表我妻荣教授关于现行日本民法的解释论立场,从立法论角度来说,他主观上并不排斥物权行为理论与区分原则。事实上,我妻荣教授在受日本法务省委托进行调查后提交的报告中,对于物权制度方面未作物权行为与债权行为的区分,曾表达遗憾。②

日本学界关于物权变动的解释论方面的争议,至少存在以下启示:第一,物权行为与债权行为之区分肯定说,在《日本民法典》颁行早期曾一度占据主流学说,并在今天仍具有重大影响力,因此《日本民法典》第 176 条之规定并非没有"物权行为"的解释空间。第二,虽然《日本民法典》第 176 条从系谱上继受的是法国法的意思主义,但是由于其民事立法是建立在"物债二分"的基础之上,故而有相当的学者(特别是肯定物权行为与债权行为之区分的学者)认为,在解释上不宜与法国法相同。第三,持否定说的学者,并非全然否定"物权行为与债权行为区分说"的优越性,而是因为日本民法不以交付/登记等形式作为物权变动的生效要件,故而从现行法框架下"无法得出"独立物权行为的解释。而持肯定说的学者则认为,不以交付/登记等形式作为物权变动的生效要件,只是意味着"日本民法不将物权行为作为要式行为,即使根据当事人的意思,与债权行为一体进行物权行为,也毫无妨碍。"③

我国民法与日本民法关于物权变动规则方面,二者相同之处在于,均是以物债区分为立法基础;不同之处在于,日本不以交付/登记等形式作为物权变动的生效要件,而我国则相反。基于中日两国物权制度的比较分析,笔者认为,在我国现行法框架下,应肯定负担行为与处分行为的区分。此外需要注意的是,日本民法未以"交付/登记"作为物权变动的生效要件,并不意味着立法

---

① 参见[日]我妻荣:《我妻荣民法讲义Ⅱ·新订物权法》,罗丽译,中国法制出版社 2008 年版,第 59~60 页。

② 关于我妻荣教授这一观点,请参见[日]星野英一:《日本民法不动产物权变动制度——与母法法国法相比较》,载《民法论集》第六卷,有斐阁昭和六十一年(1986 年)版,第 100 页。此外,星野英一教授于 2002 年 8 月在日本早稻田大学召开的中日民法研讨会上也表达了类似的看法。参见王茵:《不动产物权变动和交易安全——日德法三国物权变动模式的比较研究》,商务印书馆 2004 年版,第 10 页。

③ 赵立新:《日本民法导论》,中国政法大学出版社 2014 年版,第 65 页。

关于“合同效力与物权变动”含混不清。《日本民法典》严格区分了影响合同效力与权利变动的要素。《日本民法典》最新修订发生在2017年(平成29年)。修订前的《日本民法典》第三编债权中的“买卖之效力”这一分节(第560条至第577条)关于出卖他人权利、出卖标的物上设有用益物权或担保物权的合同效力之规定,明确了此类合同的有效性,并详细规定了出卖人的履约义务以及买受人在目的不达时享有解除权。[①] 新修订的《日本民法典》就“买卖之效力”这一分节的具体内容上虽有重大改变,但是在就“出卖他人之物的合同效力”这一问题上维持了原有的规定。[②]

三、从微观制度剖析法律行为区分说之实益

(一)法律行为区分说有助于解释无权处分的法律问题

无权处分问题是法学上的“小精灵”,而要驯服这个“小精灵”,则须明辨负担行为与处分行为之性质。[③] 无权处分涉及两方面法律问题:一是其与物权变动(处分行为)的关系问题。二是其与基础合同(负担行为)的关系问题。就前一问题,《民法典》第311条规定了,无权处分不发生物权变动,即便已经交付了动产或办理了不动产登记,所有权人有权向受让人追回,除非受让人的

---

① 修订前的《日本民法典》第560条规定:“以他人权利为买卖标的的,出卖人负有取得该权利并转移给买受人的义务。”第561条规定:“前条规定的情形,买受人不能取得其卖掉的权利并转移于买受人的,买受人可以解除合同。但是,如果买受人在订立合同时,明知该权利不属于出卖人的,不得请求损害赔偿。”第566条规定:“买卖标的物为地上权、永佃权、地役权、留置权或质权标的物时,买受人不知道,且因此不能达到合同目的的,买受人可以解除合同。这种情形下,若不能解除合同的,只能请求损害赔偿。”第567条规定:“因行使买卖标的不动产上的先取特权或抵押权,导致买受人丧失其所有权的,买受人可以解除合同。”第577条规定:“就买受人的不动产有抵押权登记的,买受人在抵押权消灭请求程序终了前,可以拒绝支付价款。这种情形下,出卖人可以请求买受人及时提出抵押权消灭的请求。前款的规定准用于买受人的不动产上有先取特权或质权登记的情形。”参见《日本民法典》,王爱群译,法律出版社2014年版,第95~97页。

② 新修订的《日本民法典》第561条规定:“以他人权利(含权利部分属于他人之情形中其权利之部分)为买卖标的时,出卖人负有取得其权利并移转至买受人之义务。”第565条规定:“前三条之规定,准用于出卖人移转至买受人之权利不符合合同内容之情形(含权利部分属于他人之情形中未移转其权利之部分时)。”此处的前三条规定,即第562条至第564条,这三条分别规定了“买受人的补正请求权”“买受人的减价请求权”“买受人的损害赔偿请求权及解除权之行使”。由上述规定可知,日本新法延续了旧法之精神,认为出卖他人之物的合同有效,买受人享有补正请求权、减价请求权、损害赔偿请求权与解除权等救济权。参见王融擎编译:《日本民法条文与判例(上册)》,中国法制出版社2018年版,第480~484页。

③ 王泽鉴:《民法学说与判例研究》(第四册),北京大学出版社2009年版,第113页。

行为符合善意取得的要件。就后一问题,《民法典》第597条从立法层面确立了“无权处分不影响合同效力”的规则。

否定物权行为(处分行为)独立性的法律事实区分说以及与之相对应的债权形式主义观点,在解释无权处分的法律问题上颇为周折。否定物权行为独立性的法律事实区分说认为,在财产交易中,只有债权合同,而无所谓的物权行为,有效的债权合同与法定公示要件(交付/登记)相结合便会引发物权的变动。依前文所述,当前的立法规定与学者通说均认为“无权处分不影响债权合同的有效性”,而根据(否定物权行为独立性的)法律事实区分说的观点“只要债权合同有效,在此基础上完成了交付/登记,即可发生物权的变动”,如此将得出“无权处分人完成了交付/登记,将发生物权变动”的结论,很显然这一结论有悖于社会通念,并且违反了《民法典》第311条之规定。

法律行为区分说能够合理地解释无权处分的法律问题。法律行为区分说的一项核心观点是,“处分权”是处分行为的生效要件,与负担行为无涉。依照该学说,在无权处分之情形,处分行为(物权变动)处于效力待定状态,但负担行为(基础合同)的效力不因处分权的欠缺而受影响。物主的追认行为,并非意在追认无处分权人与第三人之间的基础合同(负担行为)效力,因为基础合同的法律效果与其无关,[①]而且其追认行为亦不能使其“变”为基础合同之缔约当事人。该项追认的实质,是承认第三人(买受人)取得物权的法律效果,即承认无处分权人所为之处分行为的效力。从另一个角度来说,无处分权人明知自己没有处分权,将来有履行不能之虞,而与他人订立买卖合同或其他合同,可评价为合同法上的“自甘冒险行为”。对无处分权人订立的合同效力按照有效处理,使其承担履行不能的违约责任,既是对无权处分人之行为的一个负面评价,又是对合同相对人之合法权益的有效救济。

法律行为区分说下,动产交付/不动产登记之形式为物权处分行为的法定公示要件与生效要件,与基础合同(负担行为)无关。故而,在无权处分已完成法定公示之情形,出卖人无处分权,固然不影响买卖合同的有效性,但是会影响处分行为的效力,此时,合同有效、物权变动效力待定。除非买受人的行

---

① 无权处分人系以其自己的名义(而非以物主的名义)与他人订立合同,并因此承受合同的法律效果。合同生效的直接后果是,无权处分人负有履行合同的义务,物主并不受合同拘束。因此,就合同本身而言,其法律效果与真正的所有权人无涉。

为符合善意取得之构成要件，否则未经真正所有权人的追认，买受人不能取得物之所有权。即便物已交付或登记，物主仍得向买受人追回。如此解释，更符合现行法之规定与社会大众之通念。

（二）法律行为区分说有助于解释善意取得的法律问题

善意取得是无权处分的一种特殊情形，从善意受让人角度观之称为“善意取得”，而从转让人角度观之实为“无权处分”。若转让人“有权处分”，则属于正常之交易，而无善意取得规定的适用余地。善意取得的构成要件是否包括“基础契约的有效性”，素有争议。我国学界和实务界存在三种观点：第一种观点认为，善意取得中的转让合同应为无效或效力待定。第二种观点认为，转让合同有效还是无效，不影响善意取得的成立。① 第三种观点认为，善意取得必须以转让合同有效为要件。② 其中，第三种观点符合我国民事立法有因性原则的现实基础，而负担行为与处分行为之区分说将为这一观点提供有力的解释说明，具体论证如下：

持第一种观点即“基础契约无效或效力待定说”的学者认为，善意取得属于无权处分之特殊情形，而无权处分人订立的合同属于效力待定合同，如果真实所有权人拒绝追认的，该合同无效。这种解释将出现如下逻辑困境：一方面，如果买受人的行为符合《民法典》第311条关于善意取得要件的规定，那么其将因此而取得标的物的所有权，即便标的物的原所有权人（真正拥有处分权的人）提出异议，也不影响物权变动的结果；另一方面，由于该说认为“基础契约无效或效力待定”，这将意味着，就无处分权人与买受人所订立之合同，物主有权向法院申请确认该项合同无效，即便买受人主观属于善意，也不能改变合同最终归于无效的法律效果，而合同被确认无效后，依照《民法典》第157条之规定，买受人（无论善意与否）均负有返还标的物的义务。也就是说，选择《民法典》第311条之规定，与选择《民法典》第157条之规定，将得出截然相反的解释结论。因此，“基础契约无效或效力待定说”不可取。

---

① 参见杜万华主编、最高人民法院民事审判第一庭编著：《最高人民法院物权法司法解释（一）理解与适用》，人民法院出版社2016年版，第479~480页；刘德权、王松主编：《最高人民法院司法观点集成民事卷Ⅰ》，人民法院出版社2017年版，第324页；崔建远：《物权：规范与学说——以中国物权法的解释论为中心》，清华大学出版社2011年版，第213页。

② 王利明：《不动产善意取得的构成要件研究》，载《政治与法律》2008年第10期；刘家安：《善意取得情形下转让行为的效力》，载《法学》2009年第5期。

持第二种观点即“基础契约效力无谓说”认为，“只要转让人实施了无权处分行为，受让人基于交易行为取得了物权，则可构成善意取得，不应再追问转让合同的效力”[①]。这种观点还认为，那种认为合同效力会影响善意取得的观点于法理不符，善意取得制度既可以适用于转让合同有效的场合，也可能存在于转让合同无效的场合。[②] 从比较法上，采德国立法例的国家和地区确有学者认为，基础契约无效或被撤销不影响善意取得的成立，但此观点的合理性是建立在其无因性原则的立法基础之上。[③] 我们应当注意到，有因性理论是我国物权立法的现实基础，基础契约如果不成立、无效或者被撤销，势必不发生物权变动的结果，并且这一结果不因受让人是否善意、有无支付对价而被改变。故而，在我国法框架下，“基础契约效力无谓说”亦不可取。

持第三种观点即“基础契约有效说”符合我国有因性之物权立法基础，应值得肯定。负担行为与处分行为的区分理论，将有效破解前述两种观点的逻辑困境。区分理论的内核之一，就是认识到行为人对拟处分之标的有无处分能力(处分权限)是其处分行为的生效要件之一，但与基础契约的效力无涉，故而买卖合同的效力不因出卖人没有处分权而受影响。依此解释进路，无权处分与善意取得应作如下解释：第一，在无权处分的一般情形，基础契约(负担行为)有效，出卖人的处分行为效力待定，其处分行为是否有效，须取决于真实权利人的意思。如果真实权利人追认，则该处分行为有效，买受人因而取得标的物所有权。如果真实权利人拒绝追认，则该处分行为无效，买受人虽不能取得标的物所有权，仍然可基于有效的合同追究出卖人的违约责任。第二，在构成善意取得的无权处分情形，或者说在买受人的行为满足善意取得全部要件的情形下，不仅当事人间的基础契约(负担行为)有效，而且为保护善意第三人之利益、维护交易上安全，出卖人的处分行为也被认定为有效，买受人因此取得标的物的所有权。

根据这种解释路径，在善意取得情形下，买卖双方的基础契约(负担行

---

① 杜万华主编、最高人民法院民事审判第一庭编著：《最高人民法院物权法司法解释(一)理解与适用》，人民法院出版社2016年版，第479页。

② 参见刘德权、王松主编：《最高人民法院司法观点集成民事卷Ⅰ》，人民法院出版社2017年版，第325~326页；杜万华主编、最高人民法院民事审判第一庭编著：《最高人民法院物权法司法解释(一)理解与适用》，人民法院出版社2016年版，第485、562~563页。

③ 参见王泽鉴：《民法物权》，北京大学出版社2009年版，第464~465页。

为)有效,出卖人的处分行为(同时也是“买受人的取得行为”)也有效,如此解释既与两种行为(负担行为和处分行为)的性质相吻合,又与我国当前有因性原则的立场相一致。至于真正权利人方面,其可依据侵权责任、违约责任、不当得利等相关规定,追究无处分权人之责任,以此救济其合法权益。而如果是因为基础契约本身存在效力瑕疵,比如,当事人不具有行为能力或者合同内容有害社会公共利益,在我国现行法律框架下,基础契约的效力瑕疵可以“穿透”到物权变动的结果。此时,双方的基础契约无效,出卖人的处分行为(买受人的取得行为)也因此无效,买受人不能善意取得物权。如此解释,逻辑一致、脉络清晰,不仅符合我国立法的有因性理论基础,而且符合论证逻辑的要求。

(三)法律行为区分说有助于解释多重买卖的法律问题

《最高人民法院关于适用〈中华人民共和国合同法〉若干问题的解释(二)》(以下简称《合同法解释(二)》)、《最高人民法院关于审理买卖合同纠纷案件适用法律问题的解释》(以下简称《买卖合同解释》)、《最高人民法院关于审理涉及国有土地使用权合同纠纷案件适用法律问题的解释》(以下简称《国有土地使用权合同解释》)、《最高人民法院关于审理涉及农村土地承包纠纷案件适用法律问题的解释》(以下简称《农村土地承包解释》)与《第八次全国法院民事商事审判工作会议(民事部分)纪要》等相关规定均肯定了多重买卖合同的有效性。[①] 前述关于多重买卖(转让)的规定,虽然未涉及物权行为独立性问题,却引发了这样一个疑问:如若不承认物权行为的独立性、不承认负担行为与处分行为的区分,而认为买卖交易中仅存在一项法律行为,该项法律行为中既有发生债之关系的意思表示,又包含物权变动的意思表示,则何以前者立刻生效,而后者却因等待其他条件(如交付或登记)的完备“引而不发”?[②] 且一项法律行为,时而生效,时而未生效,在逻辑上难以自圆。

---

① 参见原《最高人民法院关于适用〈中华人民共和国合同法〉若干问题的解释(二)》(法释〔2009〕5号)第15条规定、《最高人民法院关于审理买卖合同纠纷案件适用法律问题的解释》(2020年修正)第6条和第7条规定、《最高人民法院关于审理商品房买卖合同纠纷案件适用法律若干问题的解释》(法释〔2003〕7号)第8条、《最高人民法院关于审理涉及国有土地使用权合同纠纷案件适用法律问题的解释》(法释〔2005〕5号)第10条、《最高人民法院关于审理涉及农村土地承包纠纷案件适用法律问题的解释》(法释〔2005〕6号)第20条规定。

② 刘家安:《物权法论》,中国政法大学出版社2015年版,第80页。

如果承认负担行为与处分行为的区分,则前述问题将迎刃而解。法律行为区分说认为,买卖合同在性质上属于负担行为,而负担行为具有兼容性,故而多重买卖之数份合同只要其内容符合法律规定的生效要件,均不应被认定为无效。而合同之履行(所有权之转让)属于处分行为,而处分行为不具有兼容性,出卖人一旦做出有效的处分,嗣后则无权再次处分。因此,出卖人以一物卖与多人的,其最终只能对其中的一个买受人履行。出卖人对其他买受人的履行不能,不影响买卖合同的效力。其他买受人可基于各自合同,追究出卖人的违约责任。

(四)法律行为区分说有助于解释附条件买卖的法律问题

所谓附条件买卖,就是指买卖合同当事人对所有权转移附加了延缓条件,使得动产所有权的移转时间与交付时间相区隔。正常情况下的买卖,标的物(动产)交付时,所有权就发生转移了,但在所有权保留情形,交付标的物还不足以发生所有权的转移,买受人须依约支付了价款或者完成合同约定的其他条件,才能取得所有权。《民法典》第641条规定了附条件买卖制度,[①]国内学者又称为"所有权保留制度"。法律行为附条件,即当事人约定以将来客观上不确定事实的成就或不成就,来决定法律行为效力的发生或者消灭。[②] 附条件买卖,但就其文义上看,似乎应解读为买卖契约附条件。申言之,依其字面意思,条件成就与否(买受人是否依约付款)将决定着买卖契约的效力是否发生。如此解读,实将合同的效力系于买受人单方意志,有悖常理。

就附条件买卖之本意而言,法律行为区分说更具有解释力。附条件的买卖,实质是所有权保留的特别约款,它是对所有权转移附加了延缓条件,出卖人藉此实现了债权担保的目的。而附条件买卖中的延缓条件,只能理解为是关于所有权转移的约定,即系对处分行为(所有权让与行为)附加的条件,而不能理解为针对买卖合同效力本身。只有认识到这是一个"无条件的买卖合同"与"有条件的所有权转让",才能真正理解附条件买卖的真意。如果否认法律行为区分说,而将买卖合同与所有权转移的约定理解为一个法律行为,那

---

① 原《合同法》第134条规定:"当事人可以在买卖合同中约定买受人不履行支付价款或者其他义务的,标的物所有权属于出卖人。"《民法典》第641条规定:"当事人可以在买卖合同中约定买受人未履行支付价款或者其他义务的,标的物的所有权属于出卖人。出卖人对标的物保留的所有权,未经登记,不得对抗善意第三人。"

② 参见施启扬:《民法总则》,中国法制出版社2010年版,第260页。

么所谓附条件,则只能解释为买卖合同附加延缓条件,那么就会出现“将合同的效力系于买受人单方意志”这种错误解释结论,且产生以下的逻辑谬论:买受人价款未支付,则条件不成就;而条件不成就,合同则未生效;合同未生效,买受人即便未依约付款也不构成违约。

在法律行为区分说的路径之下,所有权保留的三种情形可作如下解释:第一种情形,买卖合同订立之际便已约定所有权保留的,在交付标的物之际虽未再为所有权保留之约定,但在解释上应认为物权行为(移转所有权的行为)附有停止条件。第二种情形,买卖合同订立时没有约定所有权保留,而出卖人在履行之际发出所有权保留之意思表示的,则该项表示存在两方面意思:一是出卖人欲改变买卖合同内容。二是出卖人希望对所有权转移附停止条件。如果买受人同意了,就债权而言,意味着同意改变买卖合同的内容,就物权而言,意味着同意对物权行为附停止条件。如果买受人不同意,则意味着一方面物权行为不成立;另一方面出卖人在履行之际的片面主张构成债务不履行,应承担相应法律责任。第三种情形,买卖合同订立之时没有约定所有权保留,出卖人在履行时也没有附条件之意思表示的,则买受人受领标的物即取得其所有权,尔后出卖人再提出所有权保留之表示的,其单方面的表示不生法律效力。倘若买受人为避免一次付款或因其他事由,又同意了出卖人的所有权保留意思表示的,则意味着买卖关系又恢复到合同履行前的状态,即买受人虽已占有标的物,但在未依约付款或完成其他条件前,仍不能取得标的物所有权。①

(五)法律行为区分说有助于解释未来物、购备物和种类物买卖

在未来物、购备物和种类物买卖中,仅仅订立买卖合同还不足以发生所有权的变动。就未来物买卖而言,买卖合同生效之时,标的物在客观上尚未存在;就购备物而言,买卖合同生效之时,出卖人尚未取得标的物所有权和处分权;就种类物买卖而言,即便买卖合同已生效,但在标的物特定化之前,无法判定债权人(买受人)究竟对种类物中的“何一物”享有权利;故而无论是在未来物买卖,还是在购备物买卖或者种类物买卖当中,单就买卖合同本身,是不会发生物权变动的法律效果。因此,在此三种买卖情形,除了买卖合同外,当事人还需要通过另一个行为,才能使债务人的财产处分发生效力,而独立的处分

① 参见王泽鉴:《民法学说与判例研究》(第七册),北京大学出版社2009年版,第183~184页。

行为的主张(法律行为区分说)可以很好地对此情形进行解释。①

在法律行为区分说的解释路径当中,负担行为不要求标的物特定化,也不要求义务人(出卖人、转让人等)对标的物享有所有权或处分权,甚至不要求标的物的现实存在,故而在种类物、购备物和未来物买卖情形中,负担行为(买卖合同)在依法成立之时便已生效。但是,处分行为不仅要求标的物的现实存在,而且还要求行为人(出卖人、转让人等)对标的物拥有处分权,甚至还要求处分的客体(标的物)特定化,故而在标的物尚未现实存在前、行为人尚未取得所有权或处分权前,或者在种类物尚未特定化之前,虽然买卖合同已生效,但买受人尚不能取得标的物的所有权。

本章小结

国内学者对于区分原则的认识,是一个渐进的过程。20世纪末,民事立法和司法解释因未能正确理解区分原则,曾误将物权变动要件作为债权合同的生效要件。2007年颁行的《物权法》,其第15条将物权登记与合同效力相区隔,法律界人士对区分原则的认识因此得到了巨大的提升。然而,在原《物权法》颁行之初,学界的主流观点是否认物权行为概念的法律事实区分说。由于物权行为是最典型的处分行为,故而否认物权行为,自然意味着不认可负担行为与处分行为的区分。以最高人民法院为代表的司法机关,最初也持法律事实区分说,但其后观点转向法律行为区分说。这不仅体现在《买卖合同解释》(法释〔2012〕8号)确立了“无处分权不影响债权合同效力”“多重买卖合同有效”的规则,②而且最高人民法院的“理解与适用”丛书以及相关裁判文书已正式使用了“负担行为”与“处分行为”、“债权行为”与“物权行为”的概念。

---

① 参见[德]迪特尔·梅迪库斯:《德国民法总论》,邵建东译,法律出版社2013年版,第175~176页。

② 除了《买卖合同解释》(法释〔2012〕8号)确立了“无处分权不影响债权合同效力”“多重买卖合同有效”规则外,最高人民法院发布的《关于适用〈中华人民共和国合同法〉若干问题的解释(二)》(法释〔2009〕5号)第15条、《关于审理涉及国有土地使用权合同纠纷案件适用法律问题的解释》(法释〔2005〕5号)第10条、《关于审理涉及农村土地承包纠纷案件适用法律问题的解释》(法释〔2005〕6号)第20条,以及《第八次全国法院民事商事审判工作会议(民事部分)纪要》(法〔2016〕399号)第14条、第15条,都存在类似的规定。十三届全国人大三次会议于2020年5月28日审议通过的《民法典》第597条也从立法层面确立了“无处分权不影响债权合同效力”的规则。

对区分原则的认识,不能仅限于“未经物权登记,不影响合同效力”这个层面,原《物权法》第15条通过立法层面将区分原则落实到具体规则,意在纠正以往的立法(如原《担保法》第41条)和司法实践(如法发〔1996〕2号第14~16条规定》)曾将物权登记混淆为债权合同生效要件的错误认识,但绝不能因此认为区分原则只存在于物权交易领域。对区分原则的认识,也不能仅限于“出卖人无处分权,不影响合同的效力”这个层面,虽然这一规则正是负担行为与处分行为区分说的内核。区分原则的真正实益,在于区隔财产交易中的负担行为(基础合同)与处分行为(履行行为)各自的法律依据和效力要件,既要避免“误将本属处分行为的效力规定混淆为负担行为的法律要件,而使基础合同的效力受到无辜牵连”的现象出现,又要避免“误将本属负担行为的效力规定混淆为处分行为的法律要件,而使基础合同‘逍遥法外’”的现象发生。从当前审判实践来看,前一种不正常的现象更为常见。本书赞同法律行为区分说,并非意在推崇“负担行为”“处分行为”概念本身,而是因为在我国民事立法继受了德国物债二分立法体例和法律行为制度这一背景下,法律行为区分说相较于法律事实区分说更具有解释力,在分析财产交易的法律关系、解决合同案件的法律纠纷中,更有助于法官寻找法律依据、认定合同效力要件。

学者关于负担行为的界定,有认为是“产生请求权的行为”“使债权发生的行为”的,有认为是“设定给付义务的行为”“产生处分义务的行为”的,还有认为是“发生债权债务关系的行为”的,其意相同,仅是观察的角度不同而已。处分行为是以直接促成某项权利的变动为目的,并因其有效成立而使该项权利发生变动的法律行为,其外延包括既存权利的让与,既存权利的废止,既存权利的内容变更,既存权利的负担设定等。负担行为与处分行为的具体区分表现在:(1)在法律效果上,负担行为增加了行为人的义务(消极财产),处分行为减少了行为人的权益(积极财产);负担行为使相对人原始取得一项给付请求权,处分行为使相对人继受取得处分人的原有权益;负担行为只涉及债,处分行为不止于此;生效的负担行为有待于继续履行,而处分行为不复有履行问题。(2)在行为性质上,负担行为具有兼容性,而处分行为奉行次序原则;负担行为具有相对性,而处分行为具有绝对性。(3)在生效要件上,处分行为适用特定原则,而负担行为则否;处分行为适用确定原则,负担行为对客体确定性要求较弱;处分行为以物的现实存在为生效要件,而负担行为则否;处分行为以行为人具有处分权为生效要件,而负担行为则否。

法律行为区分说的实益,从宏观层面来看:(1)该说更契合民法典编纂之理念与体例。我国《民法典·总则编》民事法律行为制度之构建与物债概念之区隔,契合负担行为与处分行为区分之逻辑基础。《民法典》物债并列的立法体例,构成负担行为与处分行为区分之正当性基础。(2)该说更有助于法官明晰不同法律关系。成文法的一项主要功能是指引法官裁判案件,因此在制度设计方面,要更多地考虑如何指引法官明晰法律关系进而正确适用法律,而概念是否通俗易懂则非首要考虑因素。有关财产交易纠纷的法律关系中,一般均涉及基础合同与履行行为,借助负担行为与处分行为的概念工具,有助于明晰两种行为各自的法律依据和效力要件,从而指引法官正确地适用法律。(3)该说更能兼顾交易安全与契约严守两项原则。摒弃无因性理论的法律行为区分说,给交易行为上了两道"安全阀",第一道针对基础合同,其为一项负担行为,由于负担行为仅具相对性,故而其生效条件较为宽松。第二道针对权利变动,其为一项处分行为,由于处分行为具有绝对性,故而其生效不仅要满足基础合同的要件,还要满足其自身的要件,即其生效条件更为严格。两道"安全阀"不仅保证了交易上的安全,而且避免了公权过度干预,保障了意思自治空间,从而充分地兼顾了契约自由与契约严守两项原则。(4)该说更加符合比较法解释的选择。就当前法律的解释而言,之所以选择法律行为区分说,乃是因为我国民事立法的参考模式所决定的。就物权变动模式而言,瑞士民法与我国法最为相近,两国民法均建立在物债二分基础之上、遵循形式主义的物权变动模式、采纳物权行为的有因性理论。日本民法在物债二分的体例之下,构建了意思主义的物权变动模式,由此导致物权行为存在与否的长期争论。以我妻荣教授为代表的日本学者之所以持物权行为否定说,并非否认法律行为区分说的优越性,而是因为日本民法不以交付/登记等形式作为物权变动的生效要件,故而其认为从现行法框架下难以得出物权行为的解释。日本法的意思主义模式与学者的物权行为之争,对于我国法框架下法律行为区分说的证成也具有启示意义。

法律行为区分说的实益,从具体制度来看:(1)该说有助于驯服无权处分这个"小精灵"。当前的司法解释与通说均认为"无处分权不影响债权合同的效力”,若根据(否定物权行为独立性的)法律事实区分说的观点“只要债权合同有效,在此基础上完成了交付/登记,即可发生物权的变动”,如此将得出“无处分权人完成了交付/登记,将发生物权变动”的结论,很显然这一结论有悖于社会通念。而若采纳法律行为区分说,则不会得出如前述那样“不靠谱”的结论。法律行为区分说认为,处分权之具备是所有处分行为的一般生效要件,动产交付/不动产登记是物权行为(物权领域之处分行为)的生效要件,它们均与债权行为的效力要件无关。故而,无处分权虽不影响债权合同的效力,但会影响处分行为的效力,即便无处分权人与交易相对人完成了交付/登记,物权也不发生变动。(2)该说有助于解释善意取得的合同效力问题。关于善意取得情形中基础合同的效力,国内学者存在“无效或效力待定说”“合同效力无谓说”“合同有效说”三种观点。从我国有因性立法的现实基础来看,基础合同的有效性是物权变动的前提,基础合同不生效,物权就不会变动,故而应采合同有效的观点。从法律行为区分说的角度来看,善意取得虽属无权处分之序列,但当事人无处分权不影响债权合同的效力,故而该说在解释善意取得这一问题方面更为契合我国立法现实基础。(3)该说有助于解释多重买卖的合同效力问题。我国当前的司法解释已经确立了多重买卖合同的有效性。对此,法律行为区分说更具有解释力,该说认为,负担行为具有兼容性,出卖人就同一标的物与多人达成同样内容的合同,数份债权合同的有效性均不受影响。(4)该说有助于解释附条件买卖制度。法律行为区分说合理地解释了,附条件买卖中,并非买卖合同(负担行为)附条件,而是处分行为附延缓条件。故而,条件是否成就(如买受人付款与否)不影响买卖合同的效力,而只事关所有权变动与否。(5)该说有助于解释未来物、购备物和种类物买卖。未来物买卖中,标的物尚未现实存在;购备物买卖中,出卖人对标的物尚不具有所有权或处分权;种类物买卖中,标的物未特定化。此三种买卖中的合同效力如何、物权何时变动,法律行为区分说给出了合理的解释。该说认为,标的物的现实存在、出卖人拥有处分权、标的物之特定化,是处分行为(物权变动)的生效要件,而负担行为(基础合同)则无此要求。

第二章　股权转让中区分原则适用的可行性

自原《物权法》第 15 条确立了“物权登记与合同效力无涉”的观点之后，区分原则开始被高度关注。与此同时，区分原则也被贴上了“物权法的标签”，被国内一些学者认为是物权法领域的基本原则。关于物权交易中的区分原则，国内学者的研究较为成熟。在审判实践中，最高人民法院通过《合同法解释（二）》、《国有土地使用权合同解释》、《农村土地承包解释》、《买卖合同解释》以及《第八次全国法院民事商事审判工作会议（民事部分）纪要》等司法解释和法院会议纪要，确立了“多重买卖（转让）合同有效”“无权处分不影响合同效力”的规则。① 在这些规则指引之下，各级法院的法官在审理物权交易纠纷时，也一般能够正确应用区分原则。

相比之下，国内关于“股权转让中的区分原则”这一问题

---

① 参见《最高人民法院关于适用〈中华人民共和国合同法〉若干问题的解释（二）》（法释〔2009〕5 号）第 15 条；《最高人民法院关于审理涉及国有土地使用权合同纠纷案件适用法律问题的解释》（法释〔2005〕5 号）第 10 条；《最高人民法院关于审理涉及农村土地承包纠纷案件适用法律问题的解释》（法释〔2005〕6 号）第 20 条；《最高人民法院关于审理买卖合同纠纷案件适用法律问题的解释》（法释〔2012〕8 号）第 3 条、第 9 条、第 10 条；《第八次全国法院民事商事审判工作会议（民事部分）纪要》（法〔2016〕399 号）第 15 条。

的专题研究相对较少。[①] 国内关于股权转让纠纷的案件不可谓不多，以“股权转让纠纷”为案由，截至 2019 年 11 月 13 日，在中国裁判文书网即可查询 108,172 篇裁判文书，而且从 2016 年起，数量增长迅猛，裁判年份和文书数量的数据表现为：2015 年（5757 篇）、2016 年（15,842 篇）、2017 年（25,763 篇）、2018 年（35,343 篇）、2019 年 1～11 月（19,685 篇）。股权转让纠纷的案件，还涉及“股东资格确认纠纷”“股东名册记载纠纷”“请求变更公司登记纠纷”等案由，如果将其统计在内，与股权转让纠纷有关的裁判文书的数量远不止前述数据。那么，“股权转让中的区分原则”之研究遭遇冷落，莫非是因为区分原则在股权转让中“无英雄用武之地”？对此，笔者给出的答案是否定的。鉴于有限责任公司和股份有限公司的股权表彰载体在性质上存在差异，下文将分别对此二类公司股权转让区分原则适用的可行性展开剖析。

第一节　有限公司股权转让中区分原则适用的可行性

有限责任公司股权转让中是否存在区分原则的适用？对于这一问题，首先要探讨其股权转让的变动模式。如果股权转让遵循形式主义，那么就意味着其可以类推适用《民法典》物权编第 215 条的规定，区分原则在其中的适用基本上不存在论证方面的障碍。但如果股权转让遵循意思主义，其是否存在区分原则的适用，学者间争议较大。因此，笔者在下文先就有限公司股权转让的模式进行剖析，在此基础上进一步探讨区分原则在其中适用的可行性。鉴于股权转让存在多样形态，股权的内部转让与对外转让、一般股权的转让与特

---

① 2019 年 11 月 13 日，笔者以“股权转让”“区分原则”作为并列关键词，在中国知网上检索的文献只有 4 篇，分别是：刘贵祥：《论行政审批与合同效力——以外商投资企业股权转让为线索》，载《中国法学》2011 年第 2 期；徐媛：《无处分权人所订股权转让合同效力探析》，华东政法大学 2014 年硕士学位论文；丁国民、连浩琼：《区分原则下损害股东优先购买权合同效力问题研究》，载《北京化工大学学报（社会科学版）》2018 年第 3 期；刘惠芹：《一方名下夫妻共有股权若干法律问题研究》，载《黑龙江省政法管理干部学院学报》2018 年第 5 期。当然，关于股权转让区分原则的研究，绝对不止前述检索的文献，有关这方面的研究，有些体现在学者著作中，有些发表在集刊上而没有被中国知网收录。但前述检索数据在一定程度上可以反映出有关这一专题的研究相对较少。

殊股权的转让在变动要件方面均有差异,下文仅探讨它们的共同性。[①]

一、有限公司股权转让模式之争

股权转让模式,即股权转让以何为生效要件、股权归属何时在转让双方间发生变动。关于有限责任公司股权转让的生效要件和变动时点,我国现行《公司法》未有明确的规定,审判实践与学者观点争议较大,其核心争点如下:(1)我国现行立法关于有限公司的股权变动模式,究竟采纳意思主义还是形式主义?(2)倘若认定为形式主义,那么,导致股权变动的形式为何?是出资证明书的交付、股东名册的修改抑或工商登记的变更?(3)倘若认定为意思主义,那么,引起股权变动的意思究竟是谁的意思?是合同当事人的股权让与合意还是公司的认可意思?最高人民法院于2019年11月发布的《九民会议纪要》第8条规定采纳了内部登记生效说,该条规定虽然在审判层面上有助于统一裁判思路,但其内容的合理性仍有商榷的余地。[②]

(一)形式主义及其商榷

1. 形式主义的观点。

形式主义认为,股权转让应参考物权变动模式,当事人的股权让与合意不足以引发权利的变动,必须要结合某种公示方式,才能产生股权的变动。持形

---

① 现行法框架下,不仅法律对股权转让的要件有直接的规定,而且法律还允许公司章程对股权转让的要件另行规定。就法律规制而言,现行《公司法》第71条规定,有限公司的股东之间可以自由转让其股权;股东向股东以外的人转让股权的,应当经其他股东过半数同意,而且其他股东有优先购买权。《企业国有资产法》第53条规定,履行出资人职责的机构决定转让全部国有资产的,或者转让部分国有资产致使国家对该企业不再具有控股地位的,应当报本级人民政府批准。就公司章程规制而言,现行《公司法》第71条第4款规定,公司章程可以对股权转让作另行规定。由此可见,影响股权变动的因素是多样的,股权的性质不同或者转让方式不同,其权利变动的要件也有所差异。本节研究的样本为普通股权(不包括金融企业股权、外资企业股权和国有股权等),前提假设为股权转让已经满足了法律和公司章程规定的程序要求,也就是说,涉及外部转让的,假定已经履行了征求同意手续且其他股东已放弃优先购买权。

② 《九民会议纪要》(法〔2019〕254号)第8条规定:"当事人之间转让有限责任公司股权,受让人以其姓名或名称已记载于股东名册为由主张其已经取得股权的,人民法院依法予以支持,但法律、行政法规规定应当办理批准手续生效的股权转让除外。未向公司登记机关办理股权变更登记的,不得对抗善意相对人。"对此,《全国法院民商事审判工作会议纪要理解与适用》一书中指出:"受让人取得股权是股权转让合同与股东名册变更共同作用的结果,而股东名册的变更是受让人取得股权的标志。"参见最高人民法院民事审判第二庭编著:《全国法院民商事审判工作会议纪要理解与适用》,人民法院出版社2019年版,第135页。

式主义观点的论者之共识为股权变动须以“某种形式”为生效要件；其意见分歧是股权变动应以“何种形式”为生效要件？即该形式究竟是出资证明书的交付还是股东名册的名义变更，抑或是国家机关的商事登记？详述如下：

（1）出资凭证交付说。这种学说认为，股权变动以股权交付为生效要件，所谓的“股权交付”一般是指交付出资证明书；股权交付即可发生股权变动的法律效果，内部登记和外部登记分别是对抗公司和外部第三人的要件。[①] 持此论者严格区分了股权转让合同和股权变动之要件和时点，认为合同生效只会产生债的效力，欲发生股权变动，还需要有一定的公示方式，而无论是基于解释论还是从比较法视角，内部登记和外部登记均不能作为股权变动的生效要件，故而应以交付出资证明书作为股权变动生效要件。

（2）内部登记生效说。这种学说认为，股东名册的名义变更是股权变动的生效要件，股东名册变更记载之时，即为股权变动之时。[②] 有学者从功能角度指出，内部登记生效制与外部登记对抗制相结合的股权变动模式，既有利于受让方取得和行使股权，又有利于对善意第三人的保护。[③] 有学者从实证法解释的角度指出，由于现行公司法规定了股权的原始取得和继受取得均须记载于股东名册，故而股东名册的变更记载为股权变动的生效要件，而工商变更登记则为股权变动的对抗要件。[④] 还有的从行为性质的角度指出，股权转让协议是引起股权变动的原因行为（负担行为），股权变动的处分行为存在一定的公示方式，有限责任公司的股权转让即以股东名册的记载为公示方式。[⑤]《九民会议纪要》第8条规定亦采内部登记生效说，最高人民法院民二庭释义认为，股东名册的登记具有设权性，只有完成了股东名册的名义变更，受让人

---

① 参见周海博：《股权转让论——以有限责任公司为视角》，吉林大学法学院2009年博士学位论文，第72~73页。

② 参见陈立斌主编：《股权转让纠纷》，法律出版社2015年版，第53页；刘俊海：《现代公司法》，法律出版社2015年版，第470页；马莲：《股权变动法律问题研究》，吉林大学法学院2014年博士学位论文，第84页；胡田野：《公司法律裁判》，法律出版社2012年版，第271页；王涌：《股权如何善意取得？——关于〈公司法〉司法解释三第28条的疑问》，载《暨南学报（哲学社会科学版）》2012年第12期。

③ 参见刘俊海：《现代公司法》，法律出版社2015年版，第470页。

④ 参见马莲：《股权变动法律问题研究》，吉林大学法学院2014年博士学位论文，第84~93页。

⑤ 参见胡田野：《公司法律裁判》，法律出版社2012年版，第264~271页。

才能向公司主张股东权利,此时才采取得股权。[①]

(3)外部登记生效说。这种学说认为,股权转让合同生效并不足以发生股权变动;只有办理了股权变更登记,股权才发生变动;未办理股权过户登记的,转让人仍然是股权合法持有人。[②] 持此种学说的学者认为,股权具有接近物权性质的对世效力,其权利变动应当采取一定的方式予以公示,以使相关利益人知晓;出资证明书只是用以证明股东业已履行出资义务的凭证,股东名册只能起到内部证明与对抗效力,不具有对抗外部第三人的效力,故而此二者均不足以作为股权变动的形式要件;工商登记系国家机关所为,其内容可以为公众所查阅,故而可以作为股权变动的公示手段,且此种公示手段具有较强的公信力,因为工商登记兼具对抗第三人与对抗公司和股东以及所有利益相关方的效力,故而应将工商变更登记作为股权变动的生效要件。[③]

2. 形式主义观点的商榷。

出资凭证交付说的商榷。出资凭证交付说认识到了股权转让合同和股权变动的要件差异,应值得肯定。但交付需要一定的载体,在物权交易中,有物作为交付的载体,而在有限责任公司的股权交易中,则缺乏相应的载体。诚然,股票作为一种有价证券,可以使抽象的权利形体化,并因此可以作为股权的载体,通过记名股票的背书或无记名股票的交付,股权随之发生变动,但是股票只存在于股份有限公司之中,有限责任公司则缺乏股票这样的权利证券载体。

有限公司的出资证明书与股份公司的股票存在本质上的差异,出资证明书的交付并非股权转让的生效要件。首先,股份公司中的股票是一种有价证券,而有限公司中的出资证明书只是一种书证、一种证明股权的文件,它的作用在于"(股东用以)证明自己已经履行对公司出资义务的凭证",[④]"书证只

---

① 参见最高人民法院民事审判第二庭编著:《全国法院民商事审判工作会议纪要理解与适用》,人民法院出版社 2019 年版,135 页。

② 参见梁慧星:《民事解答录》,人民法院出版社 2015 年版,第 102 页;刘凯湘:《股东资格认定规则的反思与重构》,载《国家检察官学院学报》2019 年第 1 期。

③ 参见刘凯湘:《股东资格认定规则的反思与重构》,载《国家检察官学院学报》2019 年第 1 期;刘凯湘:《以工商登记作为判断股东资格的法定依据》,载《法律适用》2018 年第 22 期。

④ 最高人民法院民事审判第二庭编著:《最高人民法院关于公司法解释(三)、清算纪要理解与适用》,人民法院出版社 2016 年版,第 360 页。

有证明作用,与权利本身没有关系"[①]。其次,股份公司中的股票具有流通性,可以通过背书或交付予以转让,而有限公司中的出资证明书则不具有流通性。最后,股份公司的股票通过背书或交付转让后,受让人即取得了股票,公司无须对新股东(受让人)另行签发股票,而有限公司的出资证明书无法背书,受让人对原股东出资证明书的占有亦无多大意义,因为在股权转让后,原股东的出资证明书须交由目标公司注销,新股东(受让人)的出资证明书将由目标公司另行签发。也就是说,有限公司股权受让人最终持有的出资证明书,并不是转让人交付的原有证明书,而是公司另行签发的新的证明书。

内部登记生效说的商榷。内部登记生效说认识到股权转让协议和股权让与行为这两种行为的法律性质与生效要件存在差异,并认识到出资证明书的交付不足以作为股权变动的生效要件、外部登记(工商变更登记)并非股权变动生效要件而是对抗第三人之要件;这些认识应值得肯定。但是,内部登记生效说认为,处分行为必然存在公示方式,进而将内部登记作为股权变动处分行为的生效要件;此种见解值得商榷。

并非所有的处分行为都有公示方式,股权在性质方面不同于物权,有限公司的股权转让不宜套用物权变动模式。处分行为是以变动某项既存权利为目的,并将产生权利变动效果的法律行为。物权行为是处分行为的典型却不是唯一,债权让与、股权让与等亦属于处分行为。公示原则并不是所有处分行为的共同要件,某一处分行为是否以公示为要件,应视处分对象(被处分的权利)的性质而定。"公示原则(Publizitätsprinzip)仅仅适用于物权法上(des Sachenrechts)的处分行为"[②],债权让与亦为处分行为,但其仅需让与人与受让人达成合意即可,而无公示要件之要求。[③] 因此,仅以股权让与行为是一项处分行为,而得出股权变动须以公示为要件,此种论断未免偏颇。

持内部登记生效说的学者亦有通过对现行《公司法》相关条文规定的解

---

① 谢怀栻:《票据法概论》,法律出版社2017年版,第5页。

② [德]迪特尔·梅迪库斯:《德国民法总论》,邵建东译,法律出版社2013年版,第168页。

③ 参见[德]哈里·韦斯特曼、[德]哈尔姆·彼得·韦斯特曼:《德国民法基本概念》,张定军、葛平亮、唐晓琳译,中国人民大学出版社2014年版,第56页;[德]鲍尔、[德]施蒂尔纳:《德国物权法》(上册),张双根译,法律出版社2004年版,第61~62页;[德]本德·吕特斯、[德]阿斯特丽德·施塔德勒:《德国民法总论》,于馨淼、张姝译,法律出版社2017年版,第135页;郑玉波:《民法债编总论》,中国政法大学出版社2004年版,第434页;王洪亮:《债法总论》,北京大学出版社2016年版,第451页。

释来证成其结论的，其核心论点有二：一是现行《公司法》第 32 条第 2 款规定："记载于股东名册的股东，可以依股东名册主张行使股东权利。"有学者据此认为，受让人未被记载于股东名册之前，并未取得股权。① 二是有学者认为现行《公司法》第 73 条②中的"转让股权后"是指"股权转让合同生效后"，并认为在股权转让合同生效后，公司负有修改股东名册的义务，而在公司修改股东名册之后，股权才发生转让。③ 此种解释亦值得商榷。理由如下：

就前一论点而言，现行《公司法》第 32 条第 2 款并非股权变动生效要件的规定，而是股东名册权利推定的规定，难以得出股权变动以股东名册变更记载为生效要件的结论。通说认为，股东名册具有权利推定的作用，凭借股东名册之记载，股东即可向公司主张行使权利，而不必另行提示出资证明书或股票；股东名册上的名义股东，没有义务证明自己是否具备股东资格，公司无权要求其做出这样的证明。④ 现行《公司法》第 32 条第 2 款正是上述法理在我国立法中的表述，它与股权转让的生效要件无涉。如果立法有意将内部登记作为股权转让的生效要件，那么其在立法上恰当的表达应为"未记载于股东名册的股东，不得主张股东权利"或者"只有记载于股东名册的股东，才能行使股东权利"。但是，现行公司立法并没有表达这样的含义。⑤

就后一论点而言，将现行《公司法》第 73 条中的"转让股权后"理解为"股权转让合同生效后"，进而证成内部登记生效说的解释方法，不仅超越了该条

---

① 《九民会议纪要》第 8 条规定的解释思路与此相同。最高人民法院民事审判第二庭在《全国法院民商事审判工作会议纪要理解与适用》一书中指出："受让人只有在公司股东名册上记载了自己的姓名或者名称后，才能以股东身份对公司主张行使股东的权利，此时才取得了股权。"依其观点，未完成股东名称的名义变更，受让人不能向公司主张行使股权，从而也就不能取得股权。参见最高人民法院民事审判第二庭编著：《全国法院民商事审判工作会议纪要理解与适用》，人民法院出版社 2019 年版，第 135 页。

② 现行《公司法》第 73 条规定："依照本法第七十一条、第七十二条转让股权后，公司应当注销原股东的出资证明书，向新股东签发出资证明书，并相应修改公司章程和股东名册中有关股东及其出资额的记载。对公司章程的该项修改不需再由股东会表决。"

③ 参见刘俊海：《现代公司法》（上册），法律出版社 2015 年版，第 470 页。

④ 参见刘凯湘：《股东资格认定规则的反思与重构》，载《国家检察官学院学报》2019 年第 1 期；谢怀栻：《外国民商法精要》，法律出版社 2014 年版，第 317 页；施天涛：《公司法论》，法律出版社 2018 年版，第 249 页；最高人民法院民事审判第二庭编著：《最高人民法院关于公司法解释（三）、清算纪要理解与适用》，人民法院出版社 2016 年版，第 361 页；[韩]李哲松：《韩国公司法》，吴日焕译，中国政法大学出版社 2000 年版，第 243 页；[日]三本为三郎：《日本公司法精解》，朱大明译，法律出版社 2015 年版，第 97 页。

⑤ 参见刘凯湘：《股东资格认定规则的反思与重构》，载《国家检察官学院学报》2019 年第 1 期。

规定的文义射程，有违“论理解释不得超越文义或立法旨趣之预测可能性”①之方法论，而且在逻辑上存在问题，在实践操作上也行不通。从逻辑层面上讲，内部登记生效说认为，公司股东名册未修改前，股权未变动，当事人间的股权让与合意只产生债的效力。② 但是需注意的是，该项合意的当事人是转让人和受让人，而不包括目标公司。根据债的相对性，该项合意只对转让人和受让人才有效力，而对合同外部之主体（包括目标公司）不发生效力。既然目标公司不受当事人股权让与合意的约束，那么其理应没有修改股东名册的合同义务，转让股东或受让人也就因此无权请求公司修改股东名册。如此一来，受让人能否取得股权，完全取决于目标公司的意志，而目标公司拒绝受让人的请求，不需要承担任何责任，受让人也没有权利救济途径。从实践层面来看，合同生效不等同于合同履行，股权转让合同生效后，转让人和受让人还有可能解除合同，或者发生一些导致合同无法履行的障碍。内部生效说认为，股权转让合同只产生债的效力，而不包含股权让与的合意。但如果仅有债的合意而无股权让与的合意，转让股东尚且没有履行合同的意向，公司擅自进行了股东名册的名义变更，则存在喧宾夺主之嫌。

因此，目标公司修改股东名册，不是基于转让人与受让人之间的“股权转让合同”的债权意思，而是基于他们之间的“股权让与”这一处分意思。目标公司不是因为转让人负有转让股权的义务而修改股东名册，而是因为转让人履行了转让股权的义务，应当事人（转让人或受让人）之请求，修改股东名册以对当事人之间的股权变动进行确认。目标公司修改股东名册的义务发生时点，不是在“股权转让合同生效后”，而是在“股权转让后”。

在探讨修改股东名册与股权转让之间的关系时，我们应当明确修改股东名册究竟是目标公司的权利还是其义务。如果是其权利，那么，目标公司就有权决定是否修改股东名册，修改股东名册则为股权转让生效要件之一。如果是其义务，那么，目标公司在得到转让股东或受让人的通知时，就必须修改股东名册，而修改股东名册则非股权转让的生效要件。③ 如前所述，现行《公司法》第 73 条明确将修改股东名册和公司章程定为目标公司的一项义务，因

① 杨仁寿：《法学方法论》，中国政法大学出版社 2013 年版，第 142 页。

② 参见刘俊海：《现代公司法》（上册），法律出版社 2015 年版，第 459～460 页。

③ 参见王东光：《股东退出法律制度研究》，北京大学出版社 2010 年版，第 84 页。

此,内部登记生效说的观点难以成立。此外,内部登记生效说也不符合我国公司实务。据一些学者和法官统计研究表明,我国绝大多数有限公司没有置备股东名册,或者虽然置备但流于形式。①

外部登记生效说的商榷。外部登记生效说将工商登记变更作为股权变动的生效要件,此种做法实为仿效我国原《物权法》关于不动产物权变动模式。在我国,有限责任公司的股东信息属于应登记事项,公司应当就股东信息向登记机关申请登记。工商登记具有公示效果,公众可以查阅,工商登记又具有公信力,可以对抗善意第三人,"(工商登记)可以作为证明股东资格并对抗第三人的表面证据"②。故而,基于上述事由,将工商登记作为股权变动的生效要件,有一定合理之处。然而,外部登记生效说亦存在商榷之处,分述如下:

首先,股权与物权的性质存在差异,故而物权变动模式能否套用于股权转让之中,值得商榷。物权是绝对权,具有对世性的效力,故而应遵循公示公信原则。但股权是股东对公司所得主张的权利,其为相对权、对人权。权利性质的迥异,决定了交易模式上的差异。通过对所有权转让与债权让与的比较,可以证成前述论点。所有权是绝对权,具有排他性特征,而债权是相对权,不具有排他性特征。正是由于二者性质上的差异,我国民事立法对这两种权利的交易采用了不同做法,即所有权转让遵循形式主义,而债权让与遵循意思主义。

其次,物权登记与工商登记的申请权利人不同,登记申请的目的和意义也因此不同。以不动产所有权交易来说,不动产登记应由买卖双方当事人共同提出申请,③当事人办理登记的目的在于转移不动产权属,他们提交申请材料意味着双方达成了所有权让与合意。在股权转让的工商登记中,有权向登记机关提出变更登记申请的主体,既不是转让人,也不是受让人,而是目标公司。④"公司才是工商变更登记的请求权人、变更登记义务人"⑤,但其并非股

---

① 参见刘凯湘:《股东资格认定规则的反思与重构》,载《国家检察官学院学报》2019年第1期;李建伟:《公司法学》,中国人民大学出版社2018年版,第241页;张双根:《股权善意取得之质疑——基于解释论的分析》,载《法学家》2016年第1期;王涌:《股权如何善意取得?——关于〈公司法〉司法解释三第28条的疑问》,载《暨南学报(哲学社会科学版)》2012年第12期。

② 最高人民法院民事审判第二庭编著:《最高人民法院关于公司法解释(三)、清算纪要理解与适用》,人民法院出版社2016年版,第362页。

③ 参见《不动产登记暂行条例》(2015年)第14条。

④ 参见《公司法》第32条第3款。

⑤ 徐浩:《公司法股权转让与股东资格取得关系探讨——以(2009)皖民二终字第0011号判决为素材》,载《北方法学》2013年第2期。

权转让合同的当事人。公司提交申请材料，其意是通过商事登记对股权变动这一事实进行公示，以取得外部对抗的效力。

再次，更为重要的是，外部登记生效说缺乏解释论基础。现行《公司法》第32条第3款有两句内容，第一句规定股东信息属于应登记事项，登记事项发生变化的，应办理变更登记。第二句规定未经变更登记，不得对抗第三人。通过对该款文义进行分析，很显然，现行《公司法》并没有将变更工商登记作为股权变动的生效要件，而只是作为“对抗第三人”的要件。如果现行《公司法》有意采外部登记生效说，那么第32条第3款的第2句规定就显得“画蛇添足”了。此外，根据国务院颁布的《公司登记管理条例》第34条之规定，亦可以得出“变更工商登记并非股权变动的生效要件”这一论断。根据该条规定，因股权转让而变更股东的，公司应当在变更之日起30日内申请变更登记，提交相关材料。也就是说，工商登记的变更是发生在股东变更（股权变动）之后，登记变更并非股权变动的生效要件。在司法实践中，最高人民法院也持此种见解。在毛光随与焦秀成等人股权转让合同纠纷一案中，最高人民法院判决认为：“法律并未明确规定未经登记的股东不具备股东资格……（受让人）股东资格不因未工商登记而被否定。”①

最后，外部登记生效说也不符合股权转让实践状况。股权转让后，受让人已参与公司事务，但公司没有及时申请办理工商变更登记，此种情形在实务中并不少见。在此情形下，如果仅因缺乏登记变更手续，而否认受让人已取得股权的事实，那么受让人之前参与公司事务的行为，尤其是表决行为，则缺乏正当基础。如果否认受让人参与公司的行为效力，势必导致交易秩序的混乱。此外，变更工商登记的申请手续，是由公司管理层负责。如果公司管理层拒不提出申请，外部登记生效说恐将受让人置于不利境地。因为根据外部登记生效说，未变更登记前，受让人并未取得股权，公司对受让人也不负有何种义务。

（二）公司认可主义及其商榷

1. 公司认可主义的观点。公司认可主义，又称“公司意思主义”“修正的意思主义”，这种观点认为，有限公司股权转让不以某种外在的公示方式为生效要件，但转让双方的股权让与合意尚不足以引起股权的变动，必须要得到公

① 参见最高人民法院民事判决书，（2016）最高法民终18号。

司的认可后，股权归属方可变动。公司认可主义与后文的（当事人）意思主义，均属广义上的意思主义，二者相同之处在于：二者均认为股权不同于物权，有限公司的股权转让不能参照物权变动模式，不以某种外在的公示方式为生效要件。二者不同之处在于：当事人意思主义认为，股权何时变动以转让双方的让与合意为准；而公司认可主义认为，股权的变动除了转让双方的让与合意外，还须得到公司的认可。

持此种学说的学者认为，股权转让协议仅是转让双方间的合意，而股权反映着股东与公司之间的权义关系，只有公司接纳了受让人，股权才会发生变动，因此，公司的认可具有设权性效力。[①] 股权转让涉及交易法与组织法，从交易法来看，股权在性质上类似于债权，均为相对权、请求权，故而应参照债权让与；而从组织法来看，股权对应之义务主体是公司，股权转让应尊重公司的意思，转让当事人不仅要通知公司，而且还要得到公司的许可，而公司的认可方式多样，包括修改股东名册、修改公司章程、签发新的出资证明书、变更工商登记、通知受让人开会、对受让人分配股利等，只要具备上述之一，即可认定得到公司许可。[②]

2. 公司认可主义的商榷。公司认可主义认识到股权在性质上近似债权，均为相对权、请求权，并主张股权转让应参照债权让与的模式，该项认识抓住了破解股权转让疑难问题的要害。然而，公司认可主义又指出，股权转让必须要得到目标公司的认可，只有得到了公司的认可，股权归属才会变动，此种认识又值得商榷。

公司认可主义的核心论点是，股权反映着股东与公司的权义关系，故而股权的变动须得到公司的认可。然而，我们须注意到，股权法律关系当中，无论是股利分配请求权、剩余财产分配请求权还是参会权、投票权，都是股东向公司所得主张的权利。易言之，股权所反映的法律关系中，股东是权利受享者，公司是义务承担人，这与债权的结构近似。[③] 债权虽然反映着债权人与债务

---

① 参见白慧林：《股权转让热点问题规则与实践的考量》，法律出版社2014年版，第76~78页。

② 参见李建伟：《公司法学》，中国人民大学出版社2018年版，第242~243页。

③ 通说认为，股东对公司只负有履行出资的义务。但在那些实行严格法定资本制的立法例中（比如我国1993年制定的《公司法》），只有当全部的注册资本实际到位后，公司才能注册成立，在此情形下，股东出资发生在公司成立之前（也就是出资人取得股权、成为股东之前），股东在公司成立后对公司只享有权利，而不负有义务。因此，我国学者谢怀栻教授认为，公司的股东对公司不负任何义务。参见谢怀栻：《外国民商法精要》，法律出版社2014年版，第314页。

人之间的关系，但是债权的让与却不以债务人的认可为要件，其根本原因在于，债权人有处分其财产权益的自由。股权同样如此，股权法律关系中，股东是权利人，公司是义务人，股权是股东的个人财产，股东自当有处分之自由。股权转让的当事人为转让股东和受让人，公司在股权转让中的角色，如同债务人在债权让与中的地位一样，只不过是具有一定利害关系的“第三人”，对当事人间的权利转让并无“审批权”。因此，除非公司章程另有规定，否则，股权的转让不需要目标公司的认可。

（三）意思主义及其展开

1. 意思主义的观点。广义上的意思主义包括公司意思主义（公司认可主义）和当事人意思主义。本书中的意思主义是指狭义上的意思主义，即当事人意思主义。这种观点认为，有限责任公司的股权变动以转让双方的真实意思表示为准，依当事人的股权让与合意来认定。股权变动是股权转让合同的履行结果，合同当事人是转让人与受让人，故而在满足法律和公司章程规定这一前提下，股权变动何时变动应依照双方的真实意思表示来判定。[①] 浙江省、江西省、山东省、北京市等地方高级人民法院发布的司法文件采此观点。[②] 当事人意思主义认识到股权与物权的差异，股权让与不应遵循形式主义模式；认识到权属变动与对抗的区别，区分了股权权属变动、内部对抗、外部对抗的要件，故而本书认同此种学说。

2. 意思主义的展开。当事人意思主义的具体内容包括如下：(1)股权归属何时变动，以转让双方的股权让与合意为准，与外在公示无关。有限公司股权转让，受让人何时取得股权，应取决于合同当事人的股权让与合意。如果股权转让合同表达了“股权即时变动”的意向，那么，合同生效之时便是受让人取得股权之时。反之，如果合同对受让人取得股权附加了义务或条件，那么应

---

① 最高人民法院民事审判第二庭编著：《最高人民法院关于公司法解释（三）、清算纪要理解与适用》，人民法院出版社 2016 年版，第 423～424 页；陈立斌主编：《股权转让纠纷》，法律出版社 2015 年版，第 136 页；张双根：《股权善意取得之质疑——基于解释论的分析》，载《法学家》2016 年第 1 期。

② 参见《浙江省高级人民法院民事审判第二庭关于商事审判若干疑难问题解答》（浙法民二〔2010〕15 号）；《江西省高级人民法院关于审理公司纠纷案件若干问题的指导意见》（赣高法〔2008〕4 号）第 23 条；《山东省高级人民法院关于审理公司纠纷案件若干问题的意见（试行）》（鲁高法发〔2007〕3 号）第 26 条；《北京市高级人民法院关于审理公司纠纷案件若干问题的指导意见（试行）》（京高法发〔2004〕50 号）第 11 条；《北京市高级人民法院关于审理公司纠纷案件若干问题的指导意见》（2008 年 2 月 25 日通过）第 4 条。

该是在受让人完成该项附加义务或者在附加条件成就时，股权方才变动。依合同自由原则，当事人亦可约定，股权变动的时点为出资证明书交付之时或者股东名册变更之时、工商变更登记之时。但如果约定股权变动为工商变更登记之时，股权转让已变更股东名册记载而未变更工商登记的，则公司可以股东名册之记载，对抗真实的股东（转让人）。（2）出资证明书是公司向股东签发的股权证明文件，其并非股权转让的生效要件或对抗要件。有限责任公司的出资证明书，有别于股份有限公司中的股票，前者只是普通的股权证明文件而非证券，不能作为股权变动的公示手段。股权转让合同订立后，转让人向受让人交付出资证明书的，固然可以此判定转让双方达成股权让与合意，进而认定股权归属已发生变动，但股权变动却不以此为要件。即便双方没有交付出资证明书，但如果有其他证据证明转让双方已达成股权让与合意的（比如双方共同向公司提交了股东名册名义变更申请的），股权仍可发生变动。（3）股东名册的名义变更（内部登记），只是股权转让的内部对抗要件，而非股权转让的生效要件。股东名册的名义变更是目标公司对股权变动结果所进行的确认，也就是说，在名义变更之前，股权归属已发生变动，故而股东名册的名义变更并非股权变动的生效要件。意思主义认为，正常情形下，股权转让得以对抗公司的要件为“股东名册的名义变更”。但是，如果公司无正当理由拒绝名义变更、恶意拖延名义变更或因过失而未进行名义变更，以及公司未依法置备股东名册的，受让人提出名义变更申请即可产生对抗公司的效果。（4）工商变更登记（外部登记）并非股权变动的生效要件，而只是对抗公司外部第三人的要件。根据目的和功能，登记分为“设权登记”和“宣示登记”。不经登记就不能产生权利取得效果的即为设权登记，登记与否不影响权利取得而只影响对抗善意第三人效果的为宣示登记。一般的不动产物权登记属于设权登记，非经登记，不发生物权的变动。与之不同的是，股权转让中的工商登记是一种宣示登记，其公示公信的效力体现在保障外部第三人的权益方面，而无关乎受让人何时取得股权以及能否对抗公司。①

---

① 参见最高人民法院民事审判第二庭编著：《最高人民法院关于公司法解释（三）、清算纪要理解与适用》，人民法院出版社 2016 年版，第 367～368 页；陈立斌主编：《股权转让纠纷》，法律出版社 2015 年版，第 135 页；任先行：《商法原论》（下册），知识产权出版社 2015 年版，第 753～755 页。

二、意思主义的合理性分析

(一)意思主义契合股权之性质

1. 股权具有财产权属性。股权是综合性权利,股权的内容概而言之包括两方面:一是从公司获得经济利益的权利(资产收益权);二是参与公司经营管理的权利。股东的资产收益权集中体现为:股利分配请求权(dividend claims)、剩余财产分配请求权(residual claims)、新股认购优先权(preemptive rights)、异议股东的评估权(appraisal rights)、有限公司的股东优先购买权。[①]股东的参与管理权主要表现为:表决权(voting rights),知情权(imformation rights),股东诉权,包括提起直接诉讼(shareholder direct litigation)和股东派生诉讼(shareholder indirect litigation)的权利。[②]

"股权源于财产而终于财产",[③]股权虽然既含经济因素又含非经济因素,但其本质仍为财产权。在股权的两大核心内容中,资产收益权是根本性的、目的性的权利,参与管理权是辅助性的、手段性的权利。股东投资公司的根本目的在于,从中获取经济收益。股东参与公司经营管理,无论是就选举董事、监事等行使投票权,还是对公司重大事项决策行使表决权,也无论是通过查阅或复制公司内部资料、质询"董监高"等方式行使知情权,还是以自己权益受侵害为由提起直接诉讼或为公司利益而提起派生诉讼,其根本目的都是在于维护其经济利益。因此,股权的本质属性是财产权。

2. 股权具有相对权属性。财产权存在相对权与绝对权之分,股权属于财产权中的相对权。财产权是由物权、债权、知识产权、股权等多种权利共同构成,这些权利的共性是,它们根本上都是为了满足权利人的经济利益,但它们还存在效力上的差异,有的具有对世性,而有的则否。至于股权,学界存在不同的认识:一种观点认为,股权跟物权、知识产权一样,都是绝对权、支配权、对

---

① 参见[德]托马斯·赖泽尔:《股份有限公司中的股东诉讼》,张学哲译,载王洪亮、朱庆育、张双根等主编:《中德私法研究》(第6卷),北京大学出版社2010年版,第111~112页。

② 参见王欣新:《公司法》,中国人民大学出版社2016年版,第44~65页;施天涛:《公司法论》,法律出版社2018年版,第262~272页;李建伟:《公司法学》,中国人民大学出版社2018年版,第236~237页。

③ 赵威:《股权转让研究》,中国政法大学出版社2017年版,第96页。

世权。[①] 另一种观点认为，股权的性质更接近于债权，属于相对权、请求权。[②] 笔者认为，第二种观点更契合股权的实质。绝对权是"以一般不特定人为义务人，而要求其不为一定行为的权利"，而相对权"仅得对抗特定人，即仅以特定人为义务人，而要求其为一定行为的权利"。[③] 绝对权与相对权的区别核心：一是义务人的范围；二是义务的性质。就义务人的范围而言，绝对权是以一般不特定人为义务人，而相对权是以特定人为义务人。就义务的性质而言，绝对权对应之义务人通常只负有消极义务，即"不得为一定行为"，只要义务人"不为一定行为"，绝对权一般能够自动实现；而相对权对应之义务人不仅负有不得侵害对方权益的消极义务，更为重要的是其负有"应为一定行为"的积极义务，只有义务人"为一定的行为"，相对权人的利益才能够满足。[④]

股权是股东基于其股东身份而对公司所享有的权利，在性质上更接近于相对权，股权的主要权能是请求权，部分权能具有支配权的性质。理由如下：

从义务人的范围来看，股权对应的义务人是特定的。股权对应的义务人主要是公司，个别场合延伸至公司管理层或其他股东。股东的权利概而言之包括资产收益权和参与管理权两方面内容。股东的资产收益权包括股利分配请求权、剩余财产分配请求权、股份回购请求权、新股认购优先权等，直接指向公司，股东的这些权利都是向公司主张的，并通过公司的给付而得到实现。股东的参与管理权包括表决权、知情权等，其义务主体也是公司，故而股东表决权或知情权受侵害时，一般是以公司作为被告。[⑤] 在个别场合，股权所应对的义务人延伸至公司管理层人员或其他股东。公司管理层人员原则上只对公司负有受信义务，但是在个别情形下也可能对股东直接承担受信义务。[⑥] 公司

---

① 参见刘凯湘：《以工商登记作为判断股东资格的法定依据》，载《法律适用》2018年第22期；郭富青：《论股权善意取得的依据与法律适用》，载《甘肃政法学院学报》2013年第4期。

② 参见李建伟：《公司法学》，中国人民大学出版社2018年版，第242页；张双根：《股权善意取得之质疑——基于解释论的分析》，载《法学家》2016年第1期；张双根：《论股权让与的意思主义构成》，载《中外法学》2019年第6期。

③ 王泽鉴：《民法总则》，北京大学出版社2009年版，第71页。

④ 参见马俊驹、余延满：《民法原论》，法律出版社2010年版，第61页；王利明：《民法总论》，中国人民大学出版社2017年版，第249页；崔建远等：《民法总论》，清华大学出版社2013年版，第67页；谭启平主编：《中国民法学》，法律出版社2015年版，第72~73页。

⑤ 参见《最高人民法院关于适用〈中华人民共和国公司法〉若干问题的规定（四）》（法释〔2017〕16号）第3条第1款、第7条之规定。

⑥ 参见施天涛：《公司法论》，法律出版社2018年版，第405页。

董事、高级管理人员未依法制作或保存公司文件材料，侵害了股东知情权、给其造成了损失的，相关义务人应承担承担民事责任。[①] 股东也只在个别情形对其他股东负有义务，例如，有限公司股东对外转让股权时，负有征求其他股东意见的义务。

从义务的性质来看，股权中的义务人负有积极作为的义务。公司对股东负有积极的作为义务，不仅是股东的股利分配请求权、剩余财产分配请求权、股份回购请求权、新股认购优先权等资产收益权需要公司的积极给付才能够实现，而且股东的参会权、知情权等参与管理权也需借助公司的积极作为才能得以实现。由此可见，股权的义务人是特定的，一般而言是公司，而公司对股东应承担的义务通常是“作为的义务”。此外，在个别场合，股权的义务人也包括公司管理层人员或公司其他股东，这些人员所承担的也是“作为的义务”。比如，为保障股东的知情权，公司管理层人员（包括董事、高级管理人员等）负有制作和保存公司文件材料的义务。再如，为保障有限公司的股东优先购买权，转让股东负有征求其他股东意见的义务。这些义务都属于“作为的义务”。

经登记之股权具有对抗一般人的效力，并非因为股权本身拥有如此强大的效力，而是因为登记产生的公示效力使然。对外公示（即经工商登记）的股权，具有对抗所有人的效力，任何人负有不得侵害的义务。[②] 这是否可以得出“经工商登记的股权属于绝对权”这样的结论呢？笔者认为，不宜这样理解。所谓“性质”，汉语词典解义为“人或事物的本身所具有的能力、作用等”。事物的性质是指该事物原本固有的特征，它具有稳定性。股权经工商登记后，取得了对抗第三人的效力，这个对世效力是工商登记这个公示手段使其“功力”变强，而不是股权本身就拥有如此的效力。这如同债权的证券化使当事人的权利得以公示，证券持有人（债权人）因此得对抗第三人，不是因为债权本身拥有如此的效力，而是证券化产生的法律效果。

股权的主要权能是请求权，其部分权能具有支配权性质。以权利的作用

---

① 参见《最高人民法院关于适用〈中华人民共和国公司法〉若干问题的规定（四）》（法释〔2017〕16号）第12条。

② 参见刘凯湘：《股东资格认定规则的反思与重构》，载《国家检察官学院学报》2019年第1期。

为标准,民事权利可划分为支配权、请求权、形成权、抗辩权。[①] 第一,股权在性质上主要是请求权。请求权即权利人请求他人为特定行为的权利,须有相对人的协力(或法院的强制执行)才能实现。请求权的目的分为两种情形:一类请求权在其基础权利产生时便已存在,请求权的目的旨在实现基础权利的内容(如债权请求权);另一类请求权则是在基础权利受侵害后才会发生,该类请求权旨在恢复基础权利被侵害前的状态(如物权请求权)。[②] 债权请求权不同于物权请求权等其他请求权在于:债权请求权从债权成立时当然发生,而物权请求权等其他请求权一般是因为其基础权利受侵害时方才发生。故而常有"债权是请求权"一说,而一般认为物权、知识产权等不是请求权而是支配权。与债权请求权相同的是,股权请求权也是从股权取得时当然发生的,任何股东所持有的股权无论源于原始取得抑或继受取得,都包含股利分配请求权、剩余财产分配请求权等权能,这些请求权权能是股东取得股权之际便已存在,并且均为旨在实现股权的内容。与债权请求权所不同的是,债权请求权一般在债权成立时即可行使,但股权请求权虽然在股东取得股权时即已存在,但需具备相应条件才能行使。譬如,公司成立之际,股东取得的股权当然包含股利分配请求权、剩余财产分配请求权等权能,但股利分配请求权的行使条件必须是公司运营产生了盈利,而剩余财产分配请求权则必须要等公司清算之时,且必须是在公司清偿了全部债务之后仍有余产的前提下才能行使。第二,股权兼具支配权属性。支配权的特征表现为:权利人依其个人意志便可实现权利内容,而无须以他人的行为做媒介。[③] 股东享有的股东会议表决权(股权内容之一)是一种典型的支配权,[④]股东依其个人意志就可行使表决权,而无须他人的同意或借助他人的行为。

3. 股权的法律性质决定了有限公司股权转让遵循意思主义模式。股权的相对权性质,决定了有限公司股权转让不以外观公示为要件。股权在性质上

---

① 国内一般教材或著作认为,以权利的作用为标准,民事权利可划分为支配权、请求权、形成权、抗辩权。梁慧星教授将形成权与抗辩权统归于变动权,并认为可能权也属于变动权。参见梁慧星:《民法总论》,法律出版社 2011 年版,第 74 页。

② 参见王泽鉴:《民法总则》,北京大学出版社 2009 年版,第 82 页。

③ 参见[日]近江幸治:《民法讲义Ⅱ · 物权法》,王茵译,北京大学出版社 2006 年版,第 5 页。

④ 参见[德]哈里 · 韦斯特曼、[德]哈尔姆 · 彼得 · 韦斯特曼:《德国民法基本概念》,张定军、葛平亮、唐晓琳译,中国人民大学出版社 2014 年版,第 30 页。

接近于相对权，就这一点而言，其与债权相近，故而，有限公司股权的变动模式不应仿效物权变动模式，而应该参考债权让与的规定。有限责任公司的股权转让中，股权归属何时在当事人间发生变动，应着眼于转让人与受让人间的股权让与合意，而不应拘泥于外在的形式。出资证明书的交付、股东名册的名义变更、有权机关的变更登记，虽然都可以作为股权让与合意的证据材料，但是当事人达成这一合意通常在上述这些“形式”履行之前就已经完成。

股权的财产权属性，决定了股权何时变动应取决于转让双方的让与合意。股权何时在转让人与受让人之间发生变动，应取决于合同当事人的意思，而非公司的意思。理由如下：(1)股权是股东的权利，股权的行使与处分应由股东自主。德国学者萨维尼和温德夏特将私法上的权利界定为“个人意思自由活动或个人意思所能支配的范围”①。依此观点，权利蕴含自由的基因，并遵循当事人自主原则。私法自治是近代民法所确立的最为重要的一项基本原则，而权利自主属于该项原则的构成因子。如果权利不能自主，私法自治必将沦为空谈。股权是私法上的权利，其权利主体为股东，股东有权依其意志自主行使和处分股权。(2)股权在本质上属于财产权，得自由转让。股权作为一项财产权，是不言而喻的，其不仅可以转让，还可用于质押。作为股东个人财产，除非法律或公司章程有特别规定，股权何时在转让人与受让人之间发生变动，应取决于合同当事人的意思。(3)股权转让不会改变目标公司的义务内容、不影响其利益，故而，股权转让无须公司的许可。② 在股权关系结构中，公司处于义务方。股权转让将改变股权的归属关系，但其不会改变股权的内容，受让人取得的股权与转让人原有的股权在内容上是一致的。也就是说，股权变动后，公司对新股东(股权受让人)的义务，与公司对原股东(股权转让人)的义务，二者在内容上是一致的。股权转让不会造成公司义务的“增量”，不会影响公司的实质利益。因此，股权转让无须公司的许可。

需要指出的是，依当事人股权让与合意判定股权变动时点，以股权转让符合法律规定的条件和程序为前提。如果股权转让违反法律或公司章程的规定，譬如没有履行征求同意程序或侵犯其他股东优先购买权的，那么股权转让不因转让双方的合意而生效。

---

① 参见王泽鉴：《民法总则》，北京大学出版社 2009 年版，第 68 页。

② 参见张双根：《论股权让与的意思主义构成》，载《中外法学》2019 年第 6 期。

(二)意思主义符合比较法之通例

从比较法上看,我国的有限责任公司制度与德国、瑞士的有限责任公司规定、韩国的有限公司规定[①]以及日本的不发行股票的股份公司之规定[②]近似,而这些国家关于有限责任公司(有限公司、不发行股票的股份公司)股权转让遵循的皆为意思主义模式,均不以股权外观形式(出资证明书的交付、股东名册之名义变更、商事变更登记)作为股权变动之生效要件。[③] 现就德国的有限责任公司股权转让规定介绍如下。

1. 德国法 2008 年修订前的规定:意思主义模式。德国公司立法与我国也较为相近。[④]《德国有限责任公司法》关于有限公司股权让与的规范基础主要是第 15 条与第 16 条。第 15 条规定了股权转让的生效要件,第 16 条规定了

---

① 韩国公司立法规定在商法典中,现行《韩国商法典》规定了五种类型的公司,包括合名公司、合资公司、有限责任公司、股份公司、有限公司。其中,合名公司与合资公司分别类似于我国的普通合伙企业和有限合伙企业。《韩国商法典》在 2011 年 4 月 14 日修订的时候,新增了"有限责任公司"的规定。这种"有限责任公司"继受的是美国法中的"Limited Liability Company:LLC",与《韩国商法典》原有(现仍保留)的"有限公司"不同。韩国法中的股份公司与有限公司类似于我国《公司法》中的股份有限公司和有限责任公司。参见王延川、刘卫锋编译:《最新韩国公司法及施行令》,法律出版社 2014 年版。

② 现行《日本公司法》规定了两类公司,一类是第二编规定的股份有限公司;另一类是第三编规定的持分公司,持分公司又包括无限公司、两合公司与合同公司三种公司。日本法中的无限公司与两合公司类似于我国的普通合伙企业和有限合伙企业,日本法中的合同公司又称"有限公司""有限责任公司",这种公司仿效的是美国的有限责任公司(Limited Liability Company),组织机构由公司章程自治,不设董事会与监事,入股、退股和股份的转让等规定与其他持分公司的规定一样,这些内容与我国有限责任公司立法规定存在明显的不同。日本法中的股份有限公司分为不发行股票的公司与发行股票的公司,其中,不发行股票的公司与我国有限责任公司存在近似之处。参见吴建斌编译:《日本公司法附经典判例》,法律出版社 2017 年版。

③ 英美公司立法也存在类似的规定。英国公司法区分了"shareholder"(股东)和"member"(成员)。股权转让中,在股东名册名义变更前,受让人只是"shareholder",只有经过名义变更,受让人被记载于股东名册,其才能成为"member"。"member"享有完整的股东权利,"shareholder"虽不能享有完整的股东权利(不享有参会权和表决权),但已取得股权中的财产权(如分红权)。美国标准公司法(Model Business Corporation Act)也区分了在册股东(record shareholders)和受益所有人(beneficial owners),已经取得股份所有权但尚未办理变更股东名册记载的受让人即为"受益所有人",受让人被记载于股东名册后即成为"在册股东"。股权转让中,受让人成为受益所有人后,虽然尚不是完整意义上的股东,但其有权要求公司变更股东名册记载从而使自己成为在册股东。参见[英]丹尼斯·吉南:《公司法》,朱羿锟译,法律出版社 2005 年版,第 220 页;[英]阿历克斯·亚当斯:《商法》,罗晓强译,中国人民大学出版社 2014 年版,第 382 页;《英国 2006 年公司法》,葛伟军译,法律出版社 2017 年版,第 84~85 页;施天涛:《公司法论》,法律出版社 2018 年版,第 250 页;沈四宝编译:《最新美国标准公司法》,法律出版社 2007 年版,第 67~68 页。

④ 德国商事公司框架下,人合公司包括无限公司和两合公司,资合公司包括有限责任公司、股份有限公司、股份两合公司和登记合作社。

股权转让的对抗要件。2008 年修法对第 16 条作较大修正，但对第 15 条未作修改。第 15 条确立了股权让与自由原则，但同时规定，公司章程可以设置股权让与的限制条件。有限公司股权让与遵循德国《民法典》关于权利让与的一般规则，采用的是意思主义，即在满足公司章程规定的限制条件前提下，基于转让人与受让人之间有效的股权让与合意，即可发生股权权属变动的法律效果。① 股权何时变动，由当事人自由约定，法律对此不作规定。② 但是，如果受让人欲向公司主张股东资格、行使股东权利，则须向公司申报，并附具证据材料(《德国有限责任公司法》第 16 条第 1 款)。③

依照德国法的立场，"股权让与之构成，就其本质而言，所遵循的是以债权让与所建构的权利让与一般规则"。④ 之所以如此规定，是因为德国通说认为，股权是相对权，股东与公司之间的关系属于"相对性法律关系"，在结构上类似于债权关系的构造。⑤ 股东名册与股权权属变动不存在效力上的关联。当事人间的股权变动，以股权让与合意为要件。在德国，2008 年修法前，受让人向公司主张行使股权，系以向公司申报为要件。这就意味着，在修法前，股东名册的记载既非股权变动的生效要件，也非其对抗公司和外部第三人的要件。修法前的股东名册，对股权交易中的受让人来说，其意义微不足道，当事人没有动力去关心股东名册记载是否真实。⑥ 由于股权转让缺乏外观公示手段，修订前的德国公司法没有股权善意取得的规定。

2. 德国法 2008 年修订后的新规：改造股东名册，但未改变意思主义模式。2008 年修法对原有的股东名册进行了改造，不仅对其记载内容提出新的要求(主要是要求编制股权序号)，而且还规定，股东名册记载事项发生任何变更

---

① Vgl. Brandes, Gutgl äubiger Erwerb bei bedingter Abtrelung von GmbH-Gesch äftsanteilen-Konsequenzen aus der Entscheidung des BGH vom 20. 9. 2011-Ⅱ ZB 17/10, GmbHR 2012, S. 545. 转引自张双根：《德国法上股权善意取得制度之评析》，载《环球法律评论》2014 年第 2 期。

② See Christian Altgen, The Acquisition of GmbH Shares in Good Faith, German Law Journal, Vol. 09, No. 09, 2008, p. 1143.

③ 参见胡晓静：《股权转让中的股东资格确认——基于股权权属与股东资格的区分》，载《当代法学》2016 年第 2 期；张双根：《德国法上的股权善意取得制度——背景、构造与不足》，载王洪亮、朱庆育、张双根等主编：《中德私法研究》2015 年第 11 卷。

④ 张双根：《德国法上股权善意取得制度之评析》，载《环球法律评论》2014 年第 2 期。

⑤ 这种通说，并没有因法律的修订而改变。参见 Wilhelm, Kapitalgesellschaftsrecht, 3. Aufl. 2008, S. 232 f。转引自张双根：《德国法上股权善意取得制度之评析》，载《环球法律评论》2014 年第 2 期。

⑥ 参见张双根：《德国法上的股权善意取得制度——背景、构造与不足》，载王洪亮、朱庆育、张双根等主编：《中德私法研究》2015 年第 11 卷。

(包括股权让与),均须向商事登记法院提交修改后的股东名册(第40条)。根据新法第16条之规定,只有以股东身份被登记在存储于商事登记法院之股东名册中的人,才被视为股东。[①] 但这并不意味着,新法将股东名册之记载或者股东信息的商事登记作为股权权属变动的生效要件。“成员身份的取得应该与相对于公司的合法性证明相区别。”[②]股权的有效转让,并不以股东名册的名义变更为前提条件,名义变更只是向公司表明进行合法性转让的根据。[③]“在实体法上股权之取得,包括基于股权让与而取得股权,完全取决于其股权变动基础关系的要件是否充足,股东名册之记载并非其生效要件。”[④]

2008年修法后的新规定,关于股权转让模式未作改变,仍然坚持意思主义立场。也就是说,在满足公司章程的限制条件前提下,当事人间何时股权变动,取决于他们之间有效的股权让与合意,而与外在公示无关。[⑤] 无论是股东名册的名义变更,还是股东名册之呈交、储存于商事登记法院,均非股权变动的生效要件。[⑥] 当事人间的股权变动,没有完成股东名册的名义变更的,影响的是股东与公司间的相对性法律关系,即公司可以拒绝承认受让人的股东资格从而拒绝对其履行义务;但不影响股东与第三人间的关系,即股权受让人(而非股东名册记载之名义股东)可以有效地让与股权或将股权出质,其债权人可以申请扣押该股权,该股权也只属于实体法权利人(而非名义股东)的破产财产。[⑦]

---

① 参见《德国商事公司法》,胡晓静、杨代雄译,法律出版社2014年版,第32、42页。

② [德]格茨·怀克、[德]克里斯蒂娜·温德比西勒:《德国公司法》,殷盛译,法律出版社2010年版,第342页。

③ 参见[德]托马斯·莱塞尔、[德]吕迪格·法伊尔:《德国资合公司法》,高旭军、单晓光、方晓敏等译,法律出版社2005年版,第498~499页。

④ Vgl. Bayer in Lutter/Hommelhoff, § 16 Rn. 22; Schüßler, S. 64. 转引自张双根:《德国法上股权善意取得制度之评析》,载《环球法律评论》2014年第2期。

⑤ 参见 Vgl. Müller, GmbHR 2006, S. 953, 955; Brandes, GmbHR 2012, S. 545。转引自张双根:《德国法上股权善意取得制度之评析》,载《环球法律评论》2014年第2期。

⑥ 参见 Vgl. Grunewald, ZIP 2006, S. 685, 687; Bayer in Lutter/Hommelhoff, § 16 Rn. 22; Schüßler, S. 64; Kort, Offene Fragen zu Gesellschafterliste, Gesellschafterstellung und gutgläubigem Anteilserwerb (§ § 40 und 16 GmbHG n. F.), GmbHR 2009, S. 169, 173。转引自张双根:《德国法上股权善意取得制度之评析》,载《环球法律评论》2014年第2期。

⑦ 参见 Vgl. Bayer in Lutter/Hommelhoff, 17. A., § 16 Rn. 23。转引自张双根:《德国法上的股权善意取得制度——背景、构造与不足》,载王洪亮、朱庆育、张双根等主编:《中德私法研究》2015年第11卷,第258页。

（三）意思主义切合中国法之现况

1. 意思主义观点符合现行法之文义解释。我国现行《公司法》第 31 条、第 32 条和第 73 条规定了出资证明书、股东名册和工商登记，其中第 31 条是关于出资证明书记载事项的规定，第 32 条第 1 款是关于股东名册记载事项的规定，第 32 条第 2 款是关于股东名册权利推定的规定，与股权转让有关的主要是第 32 条第 3 款和第 73 条的规定。现行《公司法》第 32 条第 3 款首先规定了股东信息属于应登记事项，该类登记事项发生变化的，应办理变更登记，在此基础上，该条进一步规定："未经登记或者变更登记的，不得对抗第三人。"从其字面之义可以看出，现行《公司法》只是将工商登记作为对抗公司外部第三人的要件。也就是说，现行法既没有将工商登记作为股权原始取得的生效要件，更没有将工商登记作为股权继受取得（股权转让）的生效要件。只是由于没有登记，不能对抗公司外部第三人，第三人将有善意取得的可能。①

现行《公司法》第 73 条②之基本文义可归纳为以下内容：（1）在股权转让活动中，目标公司负有注销原股东的出资证明书、向新股东签发出资证明书、修改公司章程和股东名册的义务，这是一项法定义务，具有强制性。股权转让后，如果转让人或受让人已将股权转让这一事实通知了公司，目标公司如果没有法定的抗辩事由，则无权拒绝受让人的履行请求。③ 如果目标公司无正当理由而拒绝当事人之请求的，受让人可向法院诉请目标公司履行该项义务。④

---

① 《最高人民法院关于适用〈中华人民共和国公司法〉若干问题的规定（三）》（法释〔2014〕2 号）第 25 条第 1 款规定："名义股东将登记于其名下的股权转让、质押或者以其他方式处分，实际出资人以其对于股权享有实际权利为由，请求认定处分股权行为无效的，人民法院可以参照物权法第一百零六条的规定处理。"第 27 条第 1 款规定："股权转让后尚未向公司登记机关办理变更登记，原股东将仍登记于其名下的股权转让、质押或者以其他方式处分，受让股东以其对于股权享有实际权利为由，请求认定处分股权行为无效的，人民法院可以参照物权法第一百零六条的规定处理。"从这两个条款的规定可以看出最高人民法院持这样的见解：工商登记并非股东资格原始取得和继受取得的生效要件，工商登记事项与实际股权状态不一致的，善意第三人如已付对价，将因此善意取得股权。

② 现行《公司法》第 73 条规定："依照本法第七十一条、第七十二条转让股权后，公司应当注销原股东的出资证明书，向新股东签发出资证明书，并相应修改公司章程和股东名册中有关股东及其出资额的记载。对公司章程的该项修改不需要再由股东会表决。"

③ 目标公司的法定抗辩事由，例如股东向公司外部之人转让股权，但未征求其他股东同意或者侵害其他股东优先购买权的；再如，特殊股权（如国有股权）转让依法应履行审批程序的，但当事人未履行报批义务或者被有权机关拒绝批准的。

④ 参见《最高人民法院关于适用〈中华人民共和国公司法〉若干问题的规定（三）》（法释〔2014〕2 号）第 23 条之规定。

(2)换发出资证明书和修改股东名册,是目标公司对“股权转让”这一法律效果的确认,而非系公司对“股权转让合同”的履行。公司应该在“股权转让后”而换发出资证明书和修改股东名册。[①] 易言之,股权变动在先,公司换发出资证明书和修改股东名册的义务在后,前者为因,后者为果。只有在当事人间的股权发生变动后,公司才有义务(并且才有权利)换发出资证明书和修改股东名册。(3)原股东的出资证明书不能作为受让人的股东资格证明。股权转让后,公司将注销原股东的出资证明书,并向新股东签发出资证明书。也就是说,受让人用以证明股东资格的凭证,是公司向其新签发的出资证明书,而非原股东的出资证明书。

文义解释既是法律解释的起点,又是法律解释的终点,原则上,对具体条文的解释不能超过该项规定文义之射程。[②] 现行《公司法》第 32 条第 3 款和第 73 条之文义表明,当事人的股权转让之后,公司才负有换发出资证明、修改股东名册和申请工商登记的义务,也就是说,当事人的股权转让在先,公司办理相关手续义务在后,二者为因果关系。形式主义的观点倒因为果,已超越了现行《公司法》第 32 条第 3 款和第 73 条的文义射程。

2. 意思主义符合当前司法实践的多数观点。在当事人间股权变动要件判断这一问题上,“重合意(实质)、轻形式”的观点符合司法实践的做法。北京市、江西省、山东省等地方高级人民法院的关于审理公司纠纷案件的指导意见中均指出,法院应充分考虑当事人实施民事法律行为的真实意思表示,综合对股东资格作出认定。[③]《浙江省高级人民法院民事审判第二庭关于商事审判若干疑难问题解答》更是指出了,在确认股东资格时,应遵循意思主义原则,坚持实质要件优于形式要件,以股权转让当事人的意思表示和实际履约行为

① 参见张彬:《有限责任公司权转让效力研究——以协议转让为视角》,吉林大学法学院 2010 年博士学位论文,第 38 页。

② 参见侯国跃、陈圣利:《〈民法总则〉的“正确打开方式”》,载《甘肃社会科学》2018 年第 1 期。

③ 参见《江西省高级人民法院关于审理公司纠纷案件若干问题的指导意见》(赣高法〔2008〕4 号)第 23 条规定,《山东省高级人民法院关于审理公司纠纷案件若干问题的意见(试行)》(鲁高法发〔2007〕3 号)第 26 条规定,《北京市高级人民法院关于审理公司纠纷案件若干问题的指导意见(试行)》(京高法发〔2004〕50 号)第 11 条规定。此外特别指出的是,北京市后来于 2008 年 2 月 25 日通过的《北京市高级人民法院关于审理公司纠纷案件若干问题的指导意见》虽然删除了“试行”第 11 条的规定,对股权变动判断标准没有明确规定,但其第 4 条规定明确了,股权变动不以变更工商登记为要件。

作为确认股东资格的依据。[①]

此外,《最高人民法院关于适用〈中华人民共和国公司法〉若干问题的规定(三)》(以下简称《公司法解释(三)》)第23条也表明了"股权变动与形式要件无涉"的观点。[②] 该条规定正确区分了股权转让的生效要件与公司应履行的法定义务。依照该条解释规定之精神,目标公司在受让人继受取得股权后,有义务为受让人签发出资证明书、修改股东名册并办理工商登记,股权受让人有权要求目标公司履行前述义务。最高人民法院工作人员针对《公司法解释(三)》编著的《最高人民法院关于公司法解释(三)、清算纪要理解与适用》一书释义道:"当公司不履行上述法定义务时,构成不作为侵权,应承担相应的民事责任。"[③]也就是说,前述规定并没有将出资证明书的交付、股东名册的修改和工商登记的变更作为股权转让的生效要件。由此可见,关于有限公司的股权转让,《公司法解释(三)》也是倾向于意思主义的观点。

综上所述,形式主义和公司认可主义的观点,均超越了现行《公司法》相关规定的文义射程。相较而言,意思主义的观点更为可取。意思主义的合理性,可从三点展开:(1)股权性质方面。股权关系的结构,与债权关系更为接近,都是相对性的法律关系,故而,股权转让应参考债权让与的模式。(2)比较法考察。就有限责任公司而言,《德国有限责任公司法》的相关规定与我国法较为相近,而德国的当前通说认为有限公司的股权转让遵循意思主义模式。(3)国内法现况。意思主义符合现行法之文义解释,符合《公司法解释(三)》第23条之精神,而且北京、浙江、江西、山东等多地的高级人民法院近年来发布的指导意见也采纳了意思主义的观点。此外,在我国当前,存在有限责任公司未依法置备股东名册的现象,故而,在解释股权转让这一问题上,应当要考虑到这个实际情况。

---

① 参见《浙江省高级人民法院民事审判第二庭关于商事审判若干疑难问题解答》(浙法民二〔2010〕15号)。

② 《公司法解释(三)》(法释〔2014〕2号)第23条规定:"当事人依法履行出资义务或者依法继受取得股权后,公司未根据公司法第三十一条、第三十二条的规定签发出资证明书、记载于股东名册并办理公司登记机关登记,当事人请求公司履行上述义务的,人民法院应予支持。"

③ 最高人民法院民事审判第二庭编著:《最高人民法院关于公司法解释(三)、清算纪要理解与适用》,人民法院出版社2016年版,第365页。

三、意思主义下区分原则适用的可行性分析

（一）意思主义下的股权转让能否适用区分原则之争论

如前所述，在解释有限责任公司的股权转让这一问题上，意思主义更为可取。在意思主义之下，股权变动的生效要件与外观公示无关，"股权让与的合意"与"设定让与义务的合意"通常体现在同一项合同当中，故而，二者不易被区分。正因为此，关于有限公司股权转让，存在一体把握与区分原则两条不同的解释路径。

1. 区分原则否定说。区分原则否定说，即一体把握的解释路径，其核心观点认为，有限公司股权转让中"股权让与合意"与"设定让与义务的合意"是一体的，对有限公司的股权转让不应作负担行为与处分行为的区分。一体把握的后果是，一旦股权转让不符合"股权变动"的要件，势必牵连"股权转让约定"的效力。[①] 一体把握解释路径的典型之例体现为：(1)将股东先买权规定与股权转让合同效力绑定的观点。该观点认为，有限公司的股东违反现行《公司法》第71条规定，未履行征求同意手续和先买权程序，而将股权转让给公司外部之人的，合同效力存在瑕疵。细分之，有认为合同无效的，有认为合同可撤销的，有认为是合同效力待定的。[②] (2)将审批规定与股权转让合同效力绑定的观点。该观点认为，当前法律关于金融企业股权转让、外资企业股权转让与国有股权转让的审批规定，属于强制性规定，当事人转让股权未履行报批义务的，合同效力存在瑕疵。详言之，在《最高人民法院关于适用〈中华人民共和国合同法〉若干问题的解释(一)》(以下简称《合同法解释(一)》)(法释〔1999〕19号)颁行前的主流观点认为合同无效，当前司法实践的主流观点认为合同未生效。(3)将公司章程限制股权转让之规定与股权转让合同效力绑定的观点。现行《公司法》第71条规定了有限公司章程可以对股权转让设

---

① 参见韩世远：《股权转让与审批》，载崔建远、申卫星主编：《民法九人行》(第6卷)，法律出版社2012年版，第165~166页。

② 关于违反现行《公司法》第71条规定的股权转让合同效力问题，认为合同无效的，如"山东省高级人民法院民事判决书，(2012)鲁商终字第65号(济南诺能生物工程有限公司与上海高龙生物科技有限公司等股权转让纠纷案)"；认为合同可撤销的，如"四川省高级人民法院民事判决书，(2013)川民终字第733号(乐碧某因与李瑞某等股权转让纠纷案)"；认为合同效力待定的，如"湖北省高级人民法院民事判决书，(2015)鄂民终字第00042号(武汉桥都物资贸易有限公司、陈某股权转让纠纷案)"。

置限制性条件，一体把握解释路径认为，当事人间的股权转让违反公司章程之限制规定的，其订立之股权转让合同无效。

2. 区分原则肯定说。区分原则肯定说，一方面认同有限公司的股权转让合同包括两类效果意思［"在当事人间发生股权让与请求权（债权）的效果意思"和"在当事人间发生股权变动的效果意思"］的观点；另一方面就股权转让法律纠纷坚持区分原则的解释路径，认为应注意区分股权变动和原因行为各自的效力要件。[①] 根据"股权、债权区分原则"，原因行为只能约束当事人，只会产生债法上的效果（仅产生"受让方的请求权"和"转让方让与股权的义务"），真正使股权变动的是股权让与行为，其性质为处分行为。[②] 作为股权转让中的原因行为，股权转让合同的生效要件通常遵循《民法典》总则编关于民事法律行为的生效要件规定。现行《公司法》以及其他相关法律关于股权转让的限制性规定，通常系股权处分行为的效力要件规定。

（二）区分原则并非专属于绝对权交易或形式主义领域

笔者赞同区分原则肯定说，认为在意思主义下股权转让同样存在区分原则的适用。我国民事立法继受了德国的"物债二分"之私法体系，这个立法现实决定了，在审理有关权利交易的法律纠纷中，应当适用区分原则的解释路径。区分原则与绝对权或形式主义没有必然关系，只不过在形式主义（绝对权变动模式）中，由于原因行为的生效与权利的变动存在时间差，二者的区分更为直观。意思主义的权利变动模式中，仍应适用区分原则的解释路径，仍应区分基础合同与权利变动各自的效力要件。

负担行为与处分行为的区分，为区分原则的本质内涵。区分原则并非绝对权的"专利"，处分行为除过物权行为（绝对权的处分行为）外，还包括债权让与、股权转让（相对权的处分行为）等。区分原则也非形式主义的"专利"，物权是绝对权，其存在须有法定的公示方式，故而物权的处分行为应遵循形式主义，但是并非所有的处分行为都适用公示原则，债权让与等处分行为并不适

① 参见韩世远：《股权转让与审批》，载崔建远、申卫星主编：《民法九人行》（第6卷），法律出版社2012年版，第165~166页。

② 参见张双根：《股权善意取得之质疑——基于解释论的分析》，载《法学家》2016年第1期；王涌：《股权如何善意取得？——关于〈公司法〉司法解释三第28条的疑问》，载《暨南学报（哲学社会科学版）》2012年第12期；胡田野：《公司法律裁判》，法律出版社2012年版，第264~265页；李建伟：《公司法学》，中国人民大学出版社2018年版，第240页。

用公示原则，与形式主义无关。①

(三)股权转让中两种合意的法律效果差异决定了区分原则的适用

有限责任公司的股权转让中，“股权让与的合意”与“设定让与义务的合意”虽然在形式上是一体的，但二者在实质方面不同：(1)“设定让与义务的合意”产生的法律效果是债权债务关系，也就是说，因为该项合意的生效，转让人负有让与股权的义务，受让人享有相应的请求权。这种合意所产生的法律效果，具有相对性，只在转让双方之间产生效力。(2)“股权让与的合意”产生的法律效果是股权权属的变动，也就是说，因为该项合意的生效，标的股权现实地从转让人处移转至受让人处。这种合意所产生的法律效果，具有绝对性，不仅在转让双方间产生效力，而且任何人均须尊重权利变动的效果。

“股权让与的合意”与“设定让与义务的合意”在法律效果上的差异，决定了二者在生效要件方面应作区分。具体而言：(1)“设定让与义务的合意”的生效要件方面。由于“设定让与义务的合意”产生的是相对性的法律效果，只会在转让双方之间产生债权债务关系，不会现实地影响他人的利益，故而，此种合意是否有效，关键应看当事人是否具备相应的意思能力(行为能力)、当事人的意思是否真实、合意的内容是否有悖公益。至于股权是否真实存在、转让人有无处分权、转让人能否履行，均不影响此种合意的有效性。(2)“股权让与的合意”的生效要件方面。由于“股权让与的合意”产生的是绝对性的法律效果，其一旦生效，受让人将取得股权，而且他人亦须尊重股权变动之结果，故而，股权是否真实存在、转让人有无处分权，是此种合意有效的前提。

在意思主义之下，“股权让与的合意”与“设定让与义务的合意”，虽然同时包含在同一项股权转让合同当中，但由于二者在法律效果上存在差异，故而，二者的生效要件也存在不同。因此，意思主义下的股权转让，也应当对“股权让与的合意”与“设定让与义务的合意”的生效要件作区分。此两种合意为因果关系，“设定让与义务的合意”为因，“股权让与的合意”为果。如果前者效力有瑕疵，后者的命运步趋之，但如果是后者效力有瑕疵，前者则未必

---

① 参见[德]迪特尔·梅迪库斯：《德国民法总论》，邵建东译，法律出版社2013年版，第169页；[德]本德·吕特斯、[德]阿斯特丽德·施塔德勒：《德国民法总论》，于馨淼、张姝译，法律出版社2017年版，第151页；[德]汉斯·布洛克斯、[德]沃尔夫·迪特里希·瓦尔克：《德国民法总论》，张艳、冯楚奇译，中国人民大学出版社2019年版，第55页。

有问题。申言之,如果是“设定让与义务的合意”方面存在要件欠缺的,“设定让与义务的合意”和“股权让与的合意”的效力均受影响,即股权转让合同的效力存在瑕疵。但如果“设定让与义务的合意”方面的要件并无欠缺,而只是“股权让与的合意”方面的要件存在欠缺的,则股权转让合同的效力(缔约行为的效力)不受影响,而只是合同不能履行或履行不生效力(履约行为受影响)。

(四)意思主义下的股权转让区分原则存在比较法范例

从比较法上看,德国、瑞士等国立法,就有限公司的股权变动方面遵循着意思主义模式,同时通过相关规定明确区分了股权转让中的负担行为与处分行为。就瑞士法中的有限责任公司的股权转让而言,《瑞士债务法》第 785 条区分了“股份的转让”(处分行为)与“转让股份的义务”(负担行为),并且要求此两种行为均须采用书面形式。“股份的转让”这一处分行为的“形式”(书面)与物权变动形式主义中的“形式”不同,后者即物权变动的公示方式,其效果是公众因此得以获悉物权变动情况,前者是股权让与合意的确认方式,不产生公开效力。《瑞士债务法》第 784 条规定了有限公司股权的载体“股份证书”、第 790 条规定了公司置备股份登记簿和内部记载的义务、第 791 条规定了商事登记和公司的申请登记义务,但是这些“形式”(股份证书、内部记载、外部登记)均不是有限公司股权变动的生效要件。也就是说,根据瑞士法的规定,公示不是有限公司股权变动的生效要件,它只是对抗公司或对抗公司外部第三人的要件。简言之,瑞士法在有限公司股权转让的规定方面,一方面认为股权转让遵循意思主义;另一方面严格区分了“股份的转让”(处分行为)与“转让股份的义务”(负担行为)。

德国法关于有限公司的股权转让,也是在意思主义这一框架下,区分了负担行为与处分行为。

1. 股权转让区分原则的立法表述。《德国有限责任公司法》第 15 条规定了“股东转让营业份额(股权)的行为”与“使股东负担转让营业份额(股权)义务的协议”,均须采用公证形式。[①] 公证形式要求,在一定程度上限制了有

---

① See Enno W. Jr. Ercklentz, *The GmbH Law Amendments of* 1980, International Lawyer (ABA) 15, No. 4 (Fall 1981): 647. 另参见[挪威]马德斯·安登斯、[英]弗兰克·伍尔德里奇:《欧洲比较公司法》,汪丽丽、汪晨、胡曦彦译,法律出版社 2014 年版,第 154 页。

限公司的股权转让。[1] 德国学者将“使股东负担转让营业份额义务的协议”解释为“义务性的要因行为”,将“股东转让营业份额的行为”解释为“物权性的履行行为”。[2] “前者是一项债法性的负担行为即股权买卖合同,其构成股权让与的基础性行为;后者为物权性或处分行为性的股权让与行为,其构成前者的履行行为。”[3]如果转让股东与受让人所签订的股权转让协议(负担行为)没有采用公证形式,但是在后来的合同履行(处分行为)中采用了公证形式的,那么该项负担行为依然有效。也就是说,“形式上的瑕疵将被符合形式要求的履行所治愈”[4]。

2. 股权转让区分原则的实务操作。实务中通常的做法是,在签订并公证债法性的股权买卖合同之时,即在其中包含或作成(物权性的)股权让与合意条款,因此也就不必在股权让与时(合同履行时),对股权让与行为另行公证。[5] 由上分析可知,在意思主义模式下,导致股权变动的“合意”应是“物权性的股权让与合意”,此种合意不同于“债法性的产生股权让与义务之合意”;逻辑上讲,应该先有“产生股权让与义务之合意”,后有“股权让与合意”;但实务中,“产生股权让与义务之合意”的载体即股权买卖(转让)合同,通常包含了“股权让与合意”,因此,在意思主义之下,两种合意(或者说“负担行为”与“处分行为”)之区分,不易被人所发现。

3. 股权转让区分原则在所有权保留情形中的呈现。由于有限公司股权让与遵循意思主义模式,股权变动与基础原因一般是同时生效、同步进行。但在实务中,股权让与人为避免“钱权两空”,在订立股权转让合同之际,可能要求加入类似于“所有权保留条款”的约定,以此控制股权让与的生效时间。如此一来,股权变动与基础原因出现了“时差”,股权变动之前,基础原因即股权转

---

① See Susanne Kalss, *The Transfer of Shares of Private Companies*, European Company and Financial Law Review (ECFR) 1 (2004): 354.

② [德]托马斯·来塞尔、[德]迪格·法伊尔:《德国资合公司法》,高旭军、单晓光、方晓敏等译,法律出版社2005年版,第495~496页。

③ 张双根:《德国法上的股权善意取得制度——背景、构造与不足》,载王洪亮、朱庆育、张双根等主编:《中德私法研究》2015年第11卷,第279页。

④ [德]格茨·怀克、[德]克里斯蒂娜·温德比西勒:《德国公司法》,殷盛译,法律出版社2010年版,第340页。

⑤ See Bohrer, DStR 2010, S. 1892, 1895; Omlor/Spies, MittBayNot 2011, S. 353, 361 f.; Brandes, GmbHR 2012, S. 545, 546. 转引自张双根:《德国法上的股权善意取得制度——背景、构造与不足》,载王洪亮、朱庆育、张双根等主编:《中德私法研究》2015年第11卷,北京大学出版社,第279页。

让合同即已生效，受让人支付了全部款项或者合同中约定的其他条件成就时，物权性的股权让与行为方才生效。①

4. 股权转让区分原则在违反章程限制规定情形中的适用。根据《德国有限责任公司法》第 15 条第 5 款之规定，公司章程可以对股东的营业份额的转让规定“需经过公司的同意”或者设置其他限制条件（比如规定其他股东有先买权）。② 在此情形下，如果股东转让营业份额遭遇公司反对，或者违反了其他限制性条件的，该项转让无效，并且发生履行不能的后果，交易相对人不得主张善意取得。③ 营业份额的转让行为（处分行为）无效，并不意味着使转让人负担转让营业份额义务的协议（负担行为）也因此无效，所以“这种限制可能引起德国《民法典》第 440 条和第 325 条规定的损害赔偿请求权”④。也就是说，股东转让营业份额遭遇公司拒绝或违反公司章程设定的其他限制性条件的，由于转让行为无效并且发生了合同履行不能的结果，受让人可依据德国《民法典》第 440 条和第 325 条⑤之规定，向转让股东主张解除合同并请求损害赔偿。简言之，根据德国法规定，公司章程限制股权转让的规定，与股权转让合同的效力无涉。

---

① See Vgl. Brandes, GmbHR 2012, S. 545, 546. 转引自张双根：《德国法上的股权善意取得制度——背景、构造与不足》，载王洪亮、朱庆育、张双根等主编：《中德私法研究》2015 年第 11 卷，北京大学出版社，第 280 页。

② 参见胡晓静、杨代雄译：《德国商事公司法》，法律出版社 2014 年版，第 32 页；［德］格茨·怀克、［德］克里斯蒂娜·温德比西勒：《德国公司法》，殷盛译，法律出版社 2010 年版，第 341 页。

③ 参见［德］托马斯·来塞尔、［德］吕迪格·法伊尔：《德国资合公司法》，高旭军、单晓光、方晓敏等译，法律出版社 2005 年版，第 497 页；［德］格茨·怀克、［德］克里斯蒂娜·温德比西勒：《德国公司法》，殷盛译，法律出版社 2010 年版，第 341 页。

④ ［德］托马斯·来塞尔、［德］吕迪格·法伊尔：《德国资合公司法》，高旭军、单晓光、方晓敏等译，法律出版社 2005 年版，第 497 页。

⑤ 德国《民法典》第 325 条是关于“损害赔偿与解除”的规定，其内容为：“双务契约之损害赔偿请求权，不因契约解除而排除。”第 440 条是关于“解除契约及损害赔偿”的特别规定，该条规定了当事人单方解除合同而无须指定限制的情形，其具体内容为：“在第二百八十一条第二款及第三百二十三条第二款规定之情形外，出卖人依第四百三十九条第三款规定拒绝两种嗣后履行之方式，或买卖人的请求嗣后履行方式失败，或其对于买受人为不可期待者，亦毋庸定期限。嗣后补正经二次尝试而无效果时，除特别依物或瑕疵之种类或其他情形，有不同之情事者外，视为失败。”

第二节　股份公司股权转让中区分原则适用的可行性

一、公司已发行股票情形的股权转让模式

（一）股票已发行情形中的股权转让遵循形式主义

关于股份公司股权变动模式，有些学者指出存在意思主义和形式主义的争议。[①] 持形式主义观点的学者中，有的认为，股票交付或背书的公示方式已经落后于时代要求，提出股东名册变更登记是一元化、统一化的公示方式的观点，并进一步阐释，股东名册变更登记不仅是股份公司股权变动的生效要件，也是对抗公司和对抗第三人的效力。[②] 笔者认为，从解释论上讲（1）在我国现行《公司法》框架下，若目标公司已发行股票，则股份公司的股权转让遵循的是形式主义。（2）根据现行《公司法》第139条第1款、第140条之规定，股份公司的股权变动是以记名股票的背书或无记名股票的交付作为生效要件，并非以股东名册的变更登记作为股权变动之生效要件。

形式主义的观点，为当前的通说。学界分歧较大的是，股份转让中是否存在“处分行为”。受现行物权立法之启发，国内一些学者指出，我国股份公司的股权变动遵循债权形式主义的观点。其基本见解是，我国原《物权法》不承认“物权行为”的概念，而物权行为是典型的处分行为，立法不承认物权行为，当然也就不承认处分行为，股份转让中也同样不存在所谓的处分行为。[③] 笔者认为，前述观点有待于商榷。一方面，从实证法上看，我国《民法典》是否承认物权行为，学界对此问题尚有争议。通过梳理最高人民法院近年来的会议讲话、裁判文书和“理解与适用”丛书，可以发现以最高人民法院为代表的司

---

① 参见刘涛：《股份有限公司股权转让之研究》，武汉大学法学院2012年博士学位论文，第74页；朱庆：《股权变动模式的再梳理》，载《法学杂志》2009年第12期。

② 参见傅曦林：《股份有限公司股权变动公示制度研究——以股东名册登记为中心》，法律出版社2010年版，第2~3页。

③ 参见李建伟：《公司法学》，中国人民大学出版社2018年版，第243页；刘涛：《股份有限公司股权转让之研究》，武汉大学法学院2012年博士学位论文，第76页。

法机关,已然接受并使用了"物权行为""处分行为"的概念;[①]另一方面,从比较法上看,日本物权立法关于物权变动遵循意思主义,未以公示作为物权变动之生效要件,故而,日本学者对本国法是否承认独立的物权行为长期争论不休。[②] 但在公司立法方面则不同,在转让股票发行公司的股份之情形,日本学者一般认为,"股票的交付行为是一种准物权行为……准物权行为发生后并不残留旨在权利变动本身的履行行为。"[③]

(二)形式主义在无记名股转让中的体现

1. 无记名股以股票交付为形式要件。根据现行《公司法》第140条[④]之规定,无记名股票的转让以股票的交付为形式要件,转让双方基于股权让与的合意而完成了股票的交付,即可发生无记名股票的权属变动。在无记名股的转让中,转让双方的股权让与合意是实质要件、主观要件,股票的交付是形式要件、客观要件。转让双方存在股权让与合意,但未完成股票交付的,股权归属一般未生变动。当事人一方向另一方虽交付了股票,但并非基于股权让与合意,同样也不能发生股权的变动。交付即占有的转移,其背后的目的多样,既有可能是为了转移股权,但也可能出于其他目的,比如,委托保管、设定质权等。

股份公司的股权借助股票而证券化,股权通常与股票同命运,伴随股票交付而转让。股票作为证券,一方面是作为股权的表彰;另一方面其本身也属于"物"。故而,无记名股票的转让也可理解为,基于股票(这种"动产")所有权

---

① 参见最高人民法院民事判决书,(2008)民一终字第122号(重庆索特盐化股份有限公司与重庆新万基房地产开发有限公司土地使用权转让合同纠纷案),最高人民法院民事判决书,(2013)民提字第90号(成都讯捷通讯连锁有限公司与四川蜀都实业有限责任公司、四川友利投资控股股份有限公司房屋买卖合同纠纷案),最高人民法院民事裁定书,(2013)民申字第2329号(佛山华远房地产有限公司、赵某棠与深圳市富坤实业有限公司项目转让合同纠纷案),最高人民法院民事裁定书,(2015)民申字第1881号、第1882号、第1883号、第1884号、第1885号、第1886号(惠凤某与张树某、吕某、李建某、史殿某、杨某、陈秀某等案外人执行异议之诉、买卖合同纠纷系列案),最高人民法院民事判决书,(2016)最高法民再75号(王忠某、付维某等股权转让纠纷案),最高人民法院民事判决书,(2017)最高法民再87号(李佰某、刘光某房屋买卖合同纠纷案)。参见最高人民法院民事审判第二庭编著:《最高人民法院关于买卖合同司法解释理解与适用》,人民法院出版社2016年版,第69~80页。

② 参见[日]近江幸治:《民法讲义Ⅱ·物权法》,北京大学出版社2006年版,第39~41页。

③ [日]山本为三郎:《日本公司法精解》,朱大明等译,法律出版社2015年版,第89页。

④ 《公司法》(2018年)第140条规定:"无记名股票的转让,由股东将该股票交付给受让人后即发生转让的效力。"

的转让而转让。导致动产所有权变动的“交付”，不仅包括现实交付，也包括简易交付、指示交付、占有改定等。鉴于此，有学者指出，不仅无记名股票的现实交付可以发生股权的转让，而且简易交付、指示交付、占有改定等，均可以发生无记名股票的变动。[①]

笔者认为，无记名股票的转让一般要求股票的现实交付，简易交付、指示交付亦可以发生股份的变动，但应严格限制占有改定这种交付方式。也就是说，占有改定不能成为股票交付的常态，以免股份转让模式变异为意思主义。具体展开如下：(1)无记名股票的简易交付。股票的简易交付，即在转让双方达成股权转让协议前，受让方已经合法占有股票的，在双方达成股权让与合意之际，受让人即取得股票所有权以及股票所彰显的股权。(2)无记名股票的指示交付。股票的指示交付，即股票由第三人占有时，转让人得以对于第三人之返还请求权让与受让人，以此代替现实的交付。股票若因某种缘故由第三人占有时，股票之所有人得请求该第三人返还。在股权转让之际，倘若转让双方均同意以“返还请求权的让与”来代替“现实交付”的，则即便股票仍为第三人实际占有的，买受人依然取得股票的所有权以及股票所彰显的股权。(3)无记名股票的占有改定。占有改定是指，在动产物权转让之时，转让双方所约定的一项由受让人取得间接占有的法律关系以代替物的现实交付的协议。[②] 占有改定，“旨在解决让与人继续占有标的物之问题，以免除动产无谓之往返”。[③] 占有改定是观念上的占有转移，在事实上标的物仍由出卖人(转让人)占有，故而无记名股票的转让原则上不得以占有改定替代现实交付。如果占有改定能够成为股票交付的常态，将势必改变现行《公司法》第140条的规定，即无记名股的转让变相为意思主义。但是基于表决授权的占有改定则属例外。股份公司的股东一般需要凭股票行使表决权，股东可以委托他人出席股东大会行使表决权。[④] 在公司务实中，可能存在股份受让人授予转让人表决权而约定股票仍由后者占有的情形，此种情形的占有改定，应认可其效力。

---

① 参见刘俊海：《现代公司法》(上册)，法律出版社2015年版，第543页；[韩]李哲松：《韩国公司法》，吴日焕译，中国政法大学出版社2000年版，第253页；[日]前田庸：《公司法入门》，王作全译，北京大学出版社2012年版，第151页。

② 参见孙宪忠：《物权法》，社会科学文献出版社2011年版，第140页。

③ 谢在全：《民法物权论》，中国政法大学出版社2011年版，第91页。

④ 参见我国现行《公司法》第102条和第106条。

2. 无记名股票的交付兼具生效与对抗效力。在现行法框架下,“无记名股的转让是以股票的交付为生效要件”这一观点无太大争议,虽然有少数学者对此表示质疑。[①] 在股权转让中,除了要考察股权变动的生效要件外,还要探究股权变动的内部对抗要件(对抗公司的要件)与外部对抗要件(对抗公司外部之人的要件)。我国现行《公司法》就无记名股转让的对抗要件,没有特别规定。那么,在无记名股转让之情形,股票的交付能否产生对抗公司或第三人之要件呢?

当前国内之通说认为,无记名股转让之情形,股票的交付不仅发生股权之变动,而且股权转让亦可以对抗公司及其他第三人。[②] 笔者赞同通说,理由如下:(1)根据我国现行《公司法》第130条之规定,可以看出,股份公司置备股东名册系针对记名股而言的,公司对无记名股只需记载“股票数量”“股票编号”“发行日期”,而股东名册的记载事项包括股东的姓名(或名称)及住所、各自所持股份数、所持股票编号、取得股份日期。由于无记名股票不记载股东的信息(姓名、名称、住所),故而无记名股票的转让无法进行股东名册的名义变更。[③] (2)无记名股尚且不存在内部登记(股东名册记载),更无外部登记(工商登记)可言。(3)由于无记名股既不存在内部登记也不存在外部登记,故而股东名册的名义变更和工商变更登记均非无记名股转让对抗公司或公司外部第三人的要件。(4)除非法律另行规定了对抗要件,否则处分行为的生效即可产生对抗他人的效力。无记名股票之交付(无记名股之让与)在性质上属于处分行为,股票交付产生了股票所有权和股权的双重变动,并得以对抗公司以及公司外部第三人。

---

① 持质疑观点的学者比如傅曦林博士认为,“无记名股早已成为公司进化过程的‘阑尾’……股东名册变更登记是一元化统一的公示方式;股份公司股票的交付仅仅类似于不动产托伦斯登记主义下的权利证书的交付,没有发生股权变动的法律效力;股权变动的效力在股东名册进行变更登记后发生。”参见傅曦林:《股份有限公司股权变动公示制度研究——以股东名册登记为中心》,法律出版社2010年版,第2~3页。

② 参见施天涛:《公司法论》,法律出版社2018年版,第278页;李建伟:《公司法学》,中国人民大学出版社2018年版,第247~248页;王作全:《公司法学》,北京大学出版社2015年版,第158页;冯果:《公司法》,武汉大学出版社2017年版,第190页;王欣新:《公司法》,中国人民大学出版社2016年版,第213页;刘涛:《股份有限公司股权转让之研究》,武汉大学法学院2012年博士学位论文,第82页。

③ 参见王作全:《公司法学》,北京大学出版社2015年版,第158页。

(三)形式主义在记名股转让中的体现

1. 记名股转让以股票之背书为生效要件。国内多数学者认为,记名股转让以股票之背书为生效要件。但也有学者认为,记名股的转让以股东名册的过户登记为要件,只有在股东名册上办理了过户登记,才能取得公司的股份。[①] 笔者认同多数学者的观点。根据我国现行《公司法》第139条第1款之规定,记名股票由股东以背书方式转让,转让后由公司将受让人信息记载于股东名册。由此可以得出两个信息:(1)记名股之转让,需要通过股票背书的方式来完成。(2)股东名册不是记名股转让之生效要件,因为公司变更股东名册记载是在“(记名股)转让后”。由此可见,记名股的生效要件是股票的背书。

2. 记名股转让以股东名册的名义变更为内部对抗要件。如前文所述,记名股转让是以股票之背书为生效要件,在转让之后,公司有义务将受让人的信息记载于股东名册之中。那么,记名股转让若要对抗公司,应满足怎样的要件?国内当前的通说认为,记名股转让以股东名册的名义变更为内部对抗要件,股份转让未完成股东名册名义变更的,不得对抗公司。[②] 笔者赞同此说。转让双方间的记名股转让,虽然通过背书即可完成,但是转让双方须就股权转让一事通知公司,并向公司提出变更股东名册记载的申请,只有完成了股东名册的名义变更,才能对抗公司。由于股份公司的股东处于不断变动的状态,倘若没有股东名册或不发挥股东名册之功效,公司无法知悉股东之真实状况,无法进行各种通知,也无法保障股东权的正常行使。[③]

须注意的是,“未完成名义变更不得对抗公司”,指的是股权受让人不得以股东的身份请求公司分配股利或参加股东大会,公司也不负有相应的义务,公司根据股东名册之记载而进行了股利分配或会议通知的,对未完成名义变更的股权受让人不承担任何法律责任。但这并不是说股权转让无效,也不是

---

① 参见冯果:《公司法》,武汉大学出版社2017年版,第189页。

② 参见施天涛:《公司法论》,法律出版社2018年版,第278页;李建伟:《公司法学》,中国人民大学出版社2018年版,第244页;王作全:《公司法学》,北京大学出版社2015年版,第158页;王欣新:《公司法》,中国人民大学出版社2016年版,第217页;林秀芹主编:《公司法》,厦门大学出版社2010年版,第205页;刘涛:《股份有限公司股权转让之研究》,武汉大学法学院2012年博士学位论文,第81~82页。

③ 参见[日]神田秀树:《公司法的精神》,朱大明译,法律出版社2016年版,第147页。

说股权受让人不得请求公司进行名义变更。受让人取得股权后，只要向公司提示了股票，公司就须依法进行股东名册变更记载。公司绝不能以“未完成名义变更不得对抗公司”为由，对抗股权受让人的名义变更请求权。受让人向公司发出名义变更请求并依法提供了相应材料后，公司无正当理由怠于完成股东名册名义变更的，公司不得再以“未完成名义变更不得对抗公司”为由对抗受让人行使股权之请求。

3. 记名股转让以股权的背书为外部对抗要件。记名股转让的外部对抗要件是什么？即记名股的转让，需具备怎样的条件，才能对抗公司外部之人？根据我国现行《公司法》第 32 条第 3 款和《公司登记管理条例》第 9 条的规定，有限责任公司的股东信息属于工商登记之应登记事项，有限公司股权转让未经变更登记的，不得对抗第三人。与之不同的是，在股份有限公司中，只有发起人的信息才是工商登记之应登记事项，至于其他股东信息，法律不要求工商登记。[①] 因此，工商变更登记与记名股转让的外部对抗要件无涉。

那么，记名股转让的外部对抗要件，究竟是股票的背书还是股东名册之名义变更？从比较法的角度来看，日本法以“股东名册的名义变更”作为记名股转让的外部对抗要件。《日本公司法》第 130 条第 1 款规定，非在股东名册中记载股份取得人的信息的，股份转让不得对抗股份公司以及其他第三人。[②]根据该条规定之文义，日本法中的记名股转让以“股东名册名义变更”为对抗公司（内部对抗）与对抗公司之外第三人（外部对抗）的要件。但是，日本有些学者存在不同的理解，前田庸教授指出“对公司以外第三人的对抗要件，应该就是对股票本身的持有”。[③] 韩国法以“股票交付”作为记名股转让的外部对抗要件（与股东名册无涉的规则）。韩国法没有将股东名册的名义变更作为对抗公司之外第三人的效力，根据《韩国商法典》第 337 条第 1 款之规定，股东名册的名义变更仅是对抗公司的要件，[④]“即使未进行名义更换，也可以在与公司以外的第三人的关系中主张股东权”，[⑤]由于韩国立法不区分记名股和无记名股，一律将股票的交付作为股份转让要件，并且规定了“股票的占有人

① 参见我国现行《公司法》第 92 条以及《公司登记管理条例》第 9 条。
② 参见吴建斌编译：《日本公司法》，法律出版社 2017 年版，第 60 页。
③ ［日］前田庸：《公司法入门》，王作全译，北京大学出版社 2012 年版，第 151 页。
④ 参见王延川、刘卫锋编译：《最新韩国公司法及施行令》，法律出版社 2014 年版，第 46 页。
⑤ ［韩］李哲松：《韩国公司法》，吴日焕译，中国政法大学出版社 2000 年版，第 256 页。

为合法的持有人”,[①]因此,记名股转让对抗第三人的要件,与无记名股转让对抗公司和第三人的要件一样,都是受让人对股票的持有(或者说转让双方间的股票交付)。[②]

国内的多数公司法教材或著作对这一问题没有说明。有学者认为记名股转让的外部对抗要件是股东名册的变更记载,并指出股东名册的记载是一种宣示性登记,具有公示力和公信力;记名股转让后未进行股东名册变更记载的,若转让人再次转让股份,而第三人取得股权并及时变更了股东名册的,则原受让人不能取得股份而只能追究转让人的违约责任。[③] 笔者认为,此种观点有待于商榷。

首先,姑且不论我国实务中大多数公司没有备置股东名册这一事实,就股东名册的性质而言,其仅是公司内部备置的、用以处理公司与股东之间关系的一种簿册。我国公司立法显然未将“股东名册登记”与“工商登记”的效力等量齐观,这可以从现行《公司法》第 32 条关于股东名册和工商登记的效力规定可以看出。也就是说,股东名册记载不具有工商登记那样的公示力和公信力。

其次,从比较法上看,即便是日本这样“以股东名册名义变更为外部对抗要件”的立法,在股份善意取得方面,仍是以股票的占有作为权利外观。日本法将股票占有人推定为合法持有人,日本学者据此指出,基于股票占有之公示外观,买受人从无权利人处受让股票,只要其主观不存在恶意或重大过失,可因此善意取得股份。[④]

最后,“一女多嫁”“一股多卖”的善意取得在现实中难以操作。记名股的转让以股票背书为要件,即便未办理股东名册变更记载手续,根据股票背书的签章与记载,任何人均得了解记名股的真实权利状况。“一股二卖”中的第二买受人,绝不能对记名股票上的背书记载“视而不见”,而以股东名册之非真实记载为由,主张其主观为善意。

---

① 参见《韩国商法典》第 336 条。

② 参见[韩]郑燦亨:《韩国公司法》,崔文玉译,上海大学出版社 2011 年版,第 208 页。

③ 参见刘涛:《股份有限公司股权转让之研究》,武汉大学法学院 2012 年博士学位论文,第 81 页。

④ 参见[日]近藤光男:《最新日本公司法》,梁爽译,法律出版社 2016 年版,第 73~74 页;[日]前田庸:《公司法入门》,王作全译,北京大学出版社 2012 年版,第 151 页。

综上所述，笔者认为，在我国现行法框架下，记名股转让的外部对抗要件为“股票的背书”。现行《公司法》没有将股份公司的股东信息作为工商登记事项（除发起人外），没有规定记名股转让要变更工商登记，也没有规定未经股东名册变更登记不得对抗第三人，因此，记名股票的背书，不仅可以发生股权在转让双方间的变动，而且该项股权变动可以对抗公司外部第三人。

二、公司未发行股票情形的股权转让模式

股份公司只有在其成立后才能向股东交付股票，在其成立之前不得向股东交付股票。由此产生以下问题：(1)在公司成立前，认股人将其股权转让给他人，是否有效？若为有效，以何为生效要件？(2)在公司成立后、股票发行前，股东将其股权转让给他人的，又应当如何处理？

（一）公司成立前的股权转让

1. 公司成立前的股权性质。股权是股东基于其股东身份得向公司主张的权利。在公司成立之前，投资人只是发起人或认股人，还不具备股东资格或身份，尚不能称为“股东”。因此，公司成立前的投资人（认股人）还不享有实质的股权，认股人此时享有的“股权”在性质上属于“认股人地位（或资格）”。公司成立前，认股人所享有的“股权”，在《日本公司法》与《韩国商法典》中被称为“权利股”。①

2. 权利股转让的比较法考察。从比较法上看，(1)《日本公司法》（第35条、第50条第2款、第63条第2款以及第208条第4款）规定，权利股的让与，虽然不能对抗成立后的公司，但让与行为在当事人间是有效的。“不能对抗公司”是指，公司成立前股份认购人地位（权利股）的转让，在与公司的关系上不发生效力，所以，有权对公司主张股份认购人地位的只能是当初的股份认购人（权利股转让人），只有在公司成立后基于转让双方的共同申请办理了名义变更，受让人才能对公司主张自己为股东。② (2)《韩国商法典》第319条规定了权利股的转让，具体内容为：“因股份的认购而进行权利转让时，对公司

---

① 所谓权利股，是指通过认购股份而取得的权利，属于股份成立前阶段的权利，其存续到公司成立时或新股的缴纳日期。参见［日］前田庸：《公司法入门》，王作全译，北京大学出版社2012年版，第124页脚注处；［韩］郑燦亨：《韩国公司法》，崔文玉译，上海大学出版社2011年版，第194页。

② 参见［日］近藤光男：《最新日本公司法》，梁爽译，法律出版社2016年版，第70页；［日］前田庸：《公司法入门》，王作全译，北京大学出版社2012年版，第124页。

不产生效力。”[①]依其文义，权利股之转让，只是对公司不产生效力，并非谓对当事人不生效力。立法限制权利股的转让，一方面是因为权利股转让缺乏公示方式；另一方面更是为了遏制投机行为的发生，防止公司设立程序或新股发行程序变得更为复杂。“对公司法不产生效力”在解释上存在分歧，一种观点认为，即使公司承认了权利股的转让，也不发生效力，而对立的另一种观点认为，肯定权利股转让的效力更符合交易实际。[②]

3. 我国法框架下的权利股转让应作区别解释。我国现行《公司法》没有明文规定股份公司成立前的“股权”（权利股）能否转让。有学者基于现行《公司法》第132条“公司成立前不得向股东交付股票”之规定，认为现行法禁止公司成立前的股份转让。[③] 笔者认为，此种观点有待于商榷。第132条只是禁止公司在成立前向股东交付股票，并非禁止股东或认股人转让其股权或认股人地位。公司成立前的“股权”（权利股）能否转让，应对发起人和认购人区别对待。具体而言：

发起人的权利股不得转让。我国现行《公司法》第141条规定，发起人的股份自公司成立之日起1年内不得转让。举轻以明重，在公司成立之前，发起人的“权利股”自当亦不能转让。倘若发起人违反前述之规定擅自转让股份或“权利股”的，其股份（或权利股）让与之处分行为应认定无效。

募集设立中的认股人其权利股可以转让。股份公司在募集设立中，存在两类出资人：一类是发起人；另一类是认股人。两类出资人在公司创立中的实际作用和地位不可相提并论。立法对发起人的股份转让给予特别规制，目的在于防止其利用设立公司之便行投机牟利之实，维护公司设立的安定性。发起人以外的认股人，就个体而言，对公司的设立不产生实质性影响，故而立法除了禁止其抽回股本外，并不作其他限制。从股权转让的私法性来看，基于“法不禁止皆为允许”之精神，在解释上应认为认股人在公司成立前有权转让其“股权”（权利股）。从目的解释来看，普通认股人转让其权利股，不会影响公司设立的安定性，不违反现行法关于限制发起人股权转让之立法旨趣。

4. 权利股转让之变动模式：意思主义。根据我国现行《公司法》第85条

---

① 王延川、刘卫锋编译：《最新韩国公司法及施行令》，法律出版社2014年版，第41页。

② 参见［韩］郑燦亨：《韩国公司法》，崔文玉译，上海大学出版社2011年版，第194页。

③ 参见林娜：《权利股、股票发行前股份转让的效力》，载《法制与社会》2008年第2期。

的规定，在募集设立中，发起人要制作认股书，并将之交予认股人。也就是说，在公司设立阶段，认股人将持有认股书。认股书只是认股人认购股份的证明文件，在性质上不属于证券。因此，认股人在股份发行前的“股权”（权利股），不存在法定的公示方式，故而权利股的转让，也就不存所谓的形式要件。申言之，公司成立前的股权转让遵循意思主义，权利股归属何时变动，应取决于转让双方的让与合意。

（二）公司成立后发行股票前的股权转让

1. 出资人取得股权的时点：公司成立时而非股票发行时。股份公司成立后，应当不迟延地向股东交付股票，但是公司的成立与股票的发行仍然存在时间差。股票是证权证券而非设权证券，因此，发起人或认股人取得股东身份的时点，应该是公司成立之时，而非公司发行股票之时。也就是说，在股份公司成立后、股票发行前，股东已经取得股权。那么，在公司发行股票前，股东能否转让其股权呢？若承认其合法性，那么其股权转让的要件与变动模式又是什么呢？

2. 股票发行前股权转让的比较法考察：一般遵循意思主义模式。（1）日本法的立场：股票发行前的股权转让，在当事人间有效，其权利变动遵循意思主义。《日本公司法》第 128 条第 2 款规定：“股票发行前的股份转让，对股票发行公司而言没有效力。”①日本公司法学界认为，股票发行前的股份转让，只是对公司而言没有效力，但对转让双方当事人而言，股份转让是有效的。② 由于此时不存在股票而不能适用《日本公司法》第 128 条第 1 款之规定（以交付股票作为股份转让的生效要件），故而只要转让双方达成股权让与合意即可发生转让，此时的协议（合意）包含准物权性的效果意思。③ 对于公司而言，股票发行前的股份转让是无效的。然而，倘若公司无正当理由拖延股票发行的，则不应适用《日本公司法》第 128 条第 2 款之规定，此时转让双方达成股权让

---

① 吴建斌编译：《日本公司法》，法律出版社 2017 年版，第 60 页。

② 参见［日］前田庸：《公司法入门》，王作全译，北京大学出版社 2012 年版，第 124 页；［日］山本为三郎：《日本公司法精解》，朱大明译，法律出版社 2015 年版，第 109 页；［日］近藤光男：《最新日本公司法》，梁爽译，法律出版社 2016 年版，第 70 页。

③ 参见［日］山本为三郎：《日本公司法精解》，朱大明译，法律出版社 2015 年版，第 109 页。

与合意即可完成转让并能够对抗公司。① 如果不存在公司无正当理由拖延股票发行的，股票发行前的股份转让对公司而言没有效力。有权向公司主张股份认购人权利或股东权利的，只能是当初的股份认购人或股东（股权转让人），而受让人对公司不享有此权利。受让人如果想要对公司行使股权，则先要向转让人请求共同变更股东名册之名义，或者请求转让人交付其已接受的股票并通过呈示股票，向公司申请股东名册的名义变更。② （2）韩国法的见解：与日本法相近。《韩国商法典》第335条第3款规定："股票发行前而进行转让的，对公司不产生效力。但是，公司成立后或新股缴纳期满之日起六个月后转让的除外。"③韩国学者李哲松教授指出，此时由于不存在股票，故而不适用《韩国商法典》第336条第1款（股份转让应交付股票）之规定，只凭当事人之间的合意即可发生股份的转让。④ 郑燦亨教授持同样观点并指出，由于韩国商法对发行股票前的股份转让没有特别规定，故而关于此类股份转让应当按照债权转让的一般原则，即当事人意思表示一致即发生股份转让的效力，但为了对抗公司，转让人要通知公司（转让双方共同申报股份转让的事实或者由转让方呈交转让契约书）或者要得到公司的承认（董事代表公司承认股份转让），至于股金缴纳收据或者认股保证金收据的交付，则均非股份转让的要件。⑤

3. 我国法框架下的解释：股票发行前的股权转让遵循意思主义。除发起人与管理层股东外，普通股东在公司成立后即可转让其股权。我国现行《公司法》第141条规定，发起人在公司成立之日起一年内不得转让其股份。依

---

① 日本最高法院昭和47年（1972年）11月8日一则判决指出："对于在组织变更行为结束后四年多的时间里没有发行股票的行为，以日本旧商法第204条第2款（《日本公司法》第128条第2款之规定）的立法本意是以股份公司毫无迟延地发行股票为前提，为了使股票发行行为更加正确且顺畅地进行，从一般论上说，在对公司关系的层面上股票发行之前的股份让渡效力应该被否定。但是，在上述情况中一律否认股票发行前的股份让渡的效力也违反立法本意。因此，至少按照诚信原则，对于公司那些违反规定的立法本意的不当迟延股票发行的行为，而按照诚信原则还不至于达到否定其股份转让效力的程度的，法院认为该情形下，股东可以依据自由的意思表示，有效地让渡股份，而公司也无法再以'公司仍未发行股票'为由，否定上述让渡行为的效力。"参见［日］近藤光男：《最新日本公司法》，梁爽译，法律出版社2016年版，第71页。

② 参见［日］前田庸：《公司法入门》，王作全译，北京大学出版社2012年版，第124页。

③ 王延川、刘卫锋编译：《最新韩国公司法及施行令》，法律出版社2014年版，第44页。

④ 参见［韩］李哲松：《韩国公司法》，吴日焕译，中国政法大学出版社2000年版，第252页。

⑤ 参见［韩］郑燦亨：《韩国公司法》，崔文玉译，上海大学出版社2011年版，第208页。

该条规定之精神，股份公司成立之日起一年内，无论公司是否已发行股票，发起人均不得转让股权。公司的成立与股票的发行虽然存在时间差，但一般不至于间隔1年以上。倘若公司已成立1年以上或更长时间，股份公司还未发行股票的，发起人已不受现行《公司法》第141条之拘束，其转让股权应无法律上障碍。现行《公司法》第141条规制的对象是发起人与担任"董监高"的股东，与普通的股东无涉。因此，普通股东在公司成立后得自由转让其股份。

股票发行前，普通股东的股权转让遵循意思主义。公司成立后发行股票前，股东无法持有股票，自然也就无法通过股票交付或背书来转让其股权，但这不应成为禁止股份转让的正当理由。"股份的自由转让是股份公司的固有特征"①，这一自由不应被形式的欠缺所羁绊。股票存在的目的，是为了润滑股份转让之自由，从而促进股份的自由流通，而非意在绑架股份转让的自由。故而，在公司成立后股票发行前，不影响股份转让自由。只是由于此时不存在股票，故而股票发行前的股份转让应遵循意思主义，即股权何时发生变动以转让双方的股权让与合意为准。

股票发行前的股权转让，原则上不得对抗公司。在存在股票的情形中，无记名股转让对抗公司的要件为"股票的交付"，记名股转让对抗公司的要件为"股东名册的名义变更"。但在公司尚未发行股票的情形，不存在前述对抗公司的要件。因此，股票发行前的股权转让，原则上不得对抗公司，这一见解也符合比较法的观点。当然，如果公司无正当理由拖延股票的发行，公司成立后或新股缴纳期满后未发行股票的状态持续若干岁月的，依诚信原则之精神，应认定股权转让对公司亦生效力。至于持续时间之长短，韩国法规定为6个月，日本法则无规定而由法院判定，我国法更无规定，亦需法院根据具体之情事并依据诚信原则而为判断。

三、两种模式下区分原则适用的可行性分析

（一）意思主义下的区分原则

股份公司成立前认股人拥有的权利股，以及股份公司发行股票前股东拥有的股权，虽然存在认股出资凭证，但此种凭证不同于股票，不属于有价证券，

---

① 施天涛：《公司法论》，法律出版社2018年版，第275页。

而更像有限责任公司股东的出资证明书。因此，前述两种股权转让遵循意思主义模式。

如前所述，区分原则并非专属于绝对权交易或形式主义领域，意思主义下的股权转让也存在区分原则的适用。这一规则不仅适用于有限责任公司的股权转让，同样适用于股份公司的权利股转让以及股票发行前的股权转让。意思主义下的股权转让区分原则适用之理由，笔者已在前文说明，在此不予赘述，下文将着重剖析形式主义模式下的股权转让区分原则适用的理由。

（二）形式主义下的区分原则

形式主义之下的股权变动模式，必然推演出区分原则。[①] 区分原则在股份公司的股权转让中体现为：负担行为（股权转让合同）与处分行为（股权变动）之生效时间和生效要件之区分。

1. 在股份公司的股权转让中，合同的生效（负担行为）与股权的变动（处分行为）并非同步发生，而是存在时间差。先有合同生效，然后才有股权变动之可能。二者是因果关系，股权转让合同为因，股权的变动为果。由于原因在先、结果在后，故而结果行为（股权处分行为）的瑕疵不会“反射”到原因行为（股权转让合同）当中而使股权转让合同的效力受到影响。反之，原因行为的瑕疵一般影响着结果行为的效力，除非立法采用了无因性主义。司法机关务必要认识到“合同生效在先、股权变动在后”这一逻辑常识，绝不能以股权尚未变动（股票未背书或交付）为由而否定股权转让合同的效力。

2. 在股份公司的股权转让中，股权转让合同（负担行为）与股权变动（处分行为）在生效要件方面也不同。详述如下：

股权转让合同的生效要件一般由《民法典》（主要是《民法典》总则编第六章“民事法律行为”）规定。股权转让合同属于广义上的买卖合同。一些国家和地区法律中的“买卖”，其标的不限于物，而是包括一般的财产权，在此立法例中，买卖合同自然包括股权转让合同。通说认为，原《合同法》第130条（现行《民法典》第595条）规定的是狭义上的买卖合同，其中的“标的物”限于“动产和不动产”。[②] 在我国法框架下，股权转让合同虽非严格意义上的买卖合

---

① 参见刘涛：《股份有限公司股权转让之研究》，武汉大学法学院2012年博士学位论文，第77页。

② 王利明：《合同法研究》，中国人民大学出版社2015年版，第44页；崔建远：《合同法》，法律出版社2016年版，第299页；李永军：《合同法》，中国人民大学出版社2016年版，第256页。

同,但可归入准买卖合同的范畴,可以参照适用买卖合同之规定以及原《合同法》总则之规定。[①] 买卖在性质上属于债权契约、双务契约、有偿契约、不要式契约、不要物契约、要因契约,[②]股权转让合同均符合这些性质。

公司法关于股权转让的限制性规定主要是针对股权的变动,与股权转让合同的效力无涉。其一,现行《公司法》对股份转让合同并无特别规定。关于股份转让合同的成立和生效要件,我国现行《公司法》并无特别规制,对股份转让合同也不作书面要求。故而,我国法框架下的股权转让合同属于不要式合同。其二,公司法关于股权公示之规定,是关于股权变动要件的规定,与股权转让合同的效力无涉。现行《公司法》规定了股票的背书与交付、股东名册的记载等公示方式,均是股权变动要件的规定。只有在股权转让合同生效之后,才有可能进行股票的背书或交付以及股东名册的变更记载,因此这些"形式要件"并非合同生效要件,而是股权变动要件。其三,公司法关于股权转让限制的规定,是针对股权的变动,而非合同的效力。现行《公司法》第 141 条规定了发起人与担任"董监高"的股东在一定期间内不得转让股份,该条规定意在控制特殊身份的股东的股份转让期间,规制禁售期内的(这类股东的)股权变动,而非禁止这类股东与他人订立股份转让合同。

股权转让合同与股权变动,在性质上分属于"负担行为"与"处分行为"的范畴,应区隔各自的效力要件。首先,转让人拥有处分权,是股权变动的效力要件,与股权转让合同的效力无涉。处分行为发生效力,须行为人有处分权,而负担行为则不以行为人对标的物有处分权为必要。[③] 我国立法和司法实践曾在很长一段时间误将当事人具有处分权作为合同的生效要件,[④]但自 2012 年《买卖合同解释》颁行之后,[⑤]"合同效力与处分权无涉"这一观点已逐渐成为学界的共识。[⑥] 在股权转让中,股权转让合同属于负担行为,股权让与行为属于处分行为,因此转让人是否拥有股份的处分权,不影响股权转让合同的效

---

① 参见谭启平主编:《中国民法学》,法律出版社 2015 年版,第 567 页;崔建远:《合同法》,法律出版社 2016 年版,第 299 页。

② 参见林诚二:《民法债编各论》(上),中国人民大学出版社 2007 年版,第 64~67 页。

③ 参见[德]本德·吕特斯、[德]阿斯特丽德·施塔德勒:《德国民法总论》,于馨淼、张姝译,法律出版社 2017 年版,第 144 页。

④ 典型体现为原《合同法》第 51 条将无处分权人订立的合同规定为效力待定合同。

⑤ 参见《买卖合同解释》(法释〔2012〕8 号)第 3 条确立了"合同效力与处分权无涉"的观点。

⑥ 参见王利明主编:《民法学》,高等教育出版社 2019 年版,第 332 页。

力。其次,无权处分情形下的合同尚且有效,举重以明轻,禁售期内的股东并不丧失股份所有权与处分权,其与他人订立之合同理应有效。对禁售期内的股份转让,应区隔债权行为与准物权行为;违反股份禁售规定而无效者,应限于背书、交付、移转价金之准物权行为,而不宜将系争债权行为(买卖契约)亦解为无效。①

本章小结

关于股权转让模式,存在意思主义与形式主义之争。就有限责任公司的股权转让而言,《九民会议纪要》第 8 条采纳了股东名册登记生效说,此为形式主义观点之一。相较而言,意思主义说更为可取。这一方面是因为,从实证法的解释来看,无论是公司(向股权受让人)签发新的出资证明书、修改公司章程和股东名册还是其申请变更工商登记,均发生在"转让股权"之后。② 另一方面是因为,从股权关系的结构来看,股权的义务人范围特定(主要是公司,个别场合延伸至管理层或其他股东),且其义务人负有积极作为的义务,故而股权在性质上更接近于相对权,由此决定了股权的转让一般参照债权让与的模式。③ 就股份有限公司的股权转让而言,在一般情形中,由于股份公司的股权借助股票得以证券化,拥有法定的公示方式,故而股份变动遵循形式主义。但在公司尚未发行股票前,由于缺乏公示手段,故而此情形下的股权转让遵循意思主义模式。

无论是形式主义下还是意思主义下的股权转让,均存在区分原则的适用。形式主义下的股权转让,由于合同生效和股权变动存在时间差,二者的区分易于被捕捉。意思主义下的股权转让,在不考虑行政审批和股东先买权规定等特殊限制条件这一前提下,股权归属何时变动,应当以当事人的让与合意为

---

① 参见刘连煜:《现代公司法》,台北,新学林出版股份公司 2012 年版,第 300 页。

② 参见现行《公司法》第 32 条第 3 款、第 73 条之规定。

③ 当然,有限公司的股权转让模式与债权让与模式也存在不同之处,主要表现在:(1)债权让与"未经通知,该转让对债务人不发生效力",而有限公司的股权转让一般是"未经股东名册名义变更,不得对抗公司"。(2)债权让与由于缺乏公示手段,故而一般不存在善意取得的问题,而有限公司的股权转让经工商变更登记,将产生对抗善意第三人的法律效果,故而《公司法解释(三)》第 25 条和第 27 条确立了股权善意取得制度。

准,于此情形,合同生效与股权变动往往同步,故而二者的区分常被忽视。① 区分原则并非专属于绝对权交易或形式主义领域,相对权交易或意思主义当中也存在负担行为与处分行为的区分。并非所有的处分行为都要遵循公示原则,物权行为之所以遵循公示原则,乃是物权的绝对权性质所决定的,债权让与等准物权行为与公示原则(形式主义)无涉。② 有限责任公司的股权转让以及股份有限公司发行股票前的股权转让,与债权让与等一样,虽遵循意思主义模式,但也存在负担行为与处分行为之区分。

股权转让中的区分原则,首先呈现为:(1)无处分权不影响股权转让合同的效力。法律行为区分说的一个核心观点是,当事人对标的物拥有处分权,是处分行为的生效要件,而非负担行为的生效要件。区分原则解释路径认为,我国学界已经接受了负担行为与处分行为的概念,《民法典》第597条已经确立了"出卖人没有所有权或无处分权的,不影响买卖合同之效力"的规则,该项规则同样适用于股权转让之中,也就是说,股权转让合同的效力不因转让人没有股权或未取得处分股权的权利而受影响。③ (2)一股多卖情形中数份股权转让合同均有效。法律行为区分说的另一个核心观点是,负担行为具有兼容性,处分行为具有排他性。故而,在一物多卖中,虽然只有一项处分行为有效

---

① 有限公司股权转让遵循意思主义,股权转让合同生效,股权归属即通常同时发生变动。因此,区分原则在有限公司股权转让中的适用,通常并不体现为生效时间方面的区分,而只体现为生效要件方面的区分。当然,如果转让双方在订立合同时明确约定了"在受让方付清款项前,股权归属不发生变动",则此种所有权保留条款亦会产生生效时间方面的区分,即股权转让协议(负担行为)在转让双方达成合意时即生效,而股权变动(处分行为)则在受让人付清款项时生效。

② 参见[德]迪特尔·梅迪库斯:《德国民法总论》,邵建东译,法律出版社2013年版,第169页。

③ 相关判例参见最高人民法院民事判决书,(2010)民提字第153号(广东达宝物业有限公司与广东中岱集团有限公司、广东中岱电讯有限公司、广州中珊实业有限公司股权转让纠纷再审案),最高人民法院民事判决书,(2014)民四终字第51号(福州绿力健康产品有限公司、蒋某平与青海正远贸易有限公司、青海正远矿业有限公司股权转让纠纷案),最高人民法院民事判决书,(2015)民四终字第44号(香港源宏集团实业发展有限公司与鄂托克旗常洪口中山煤业有限公司股权转让纠纷案),最高人民法院民事裁定书,(2016)最高法民申1594号(钱某许与钱某龙、张某涛等股权转让合同纠纷申请再审案),最高人民法院民事判决书,(2016)最高法民再75号(王忠某、付维某与大连富业船舶工程有限公司股权转让纠纷案),最高人民法院民事裁定书,(2017)最高法民申2803号(刘某淅股权转让纠纷再审审查与审判监督案);相关著述参见江必新、何东宁:《最高人民法院指导性案例裁判规则理解与适用·公司卷二》,中国法制出版社2016年版,第137~140页;刘德权、俞宏雷主编:《最高人民法院司法观点集成商事卷Ⅴ》,中国法制出版社2017年版,第3025~3030页;刘德权、俞宏雷主编:《最高人民法院司法观点集成商事卷Ⅰ》,中国法制出版社2017年版,第372~373页;杜万华、王松、俞宏雷等主编:《最高人民法院司法观点集成民商事卷增补(2018)Ⅱ》,中国法制出版社2018年版,第994~995页。

(只有一个人取得标的物所有权),但出卖人与多个买受人所签订的合同均为有效,只要其满足合同的一般生效要件。关于"一股多卖"这一交易现象,区分原则的解释路径,虽然存在"有限公司股权能否善意取得"的争议,[①]但基本达成"数份股权转让合同均为有效"的共识。由于股权出卖人最终只能对其中的一个买受人实际履行,其他买受人不能取得股权,但可追究出卖人的违约责任。(3)股权转让审批规定与股权转让合同效力无涉。在我国当前法律中,银行、保险、证券等金融企业的股权转让以及国有股权的转让,依法均须审批。[②] 一体把握(区分原则否认说)的解释路径,用股权转让协议"这根绳子"拴住股权变动与债权债务约定"这两只蚂蚱",一旦审批环节出了问题,不仅不发生股权变动的效果,而且债权债务约定(合同效力本身)也受其牵连,而被认定无效或未生效。其带来的危害是,负有报批义务之人将可能相机而行,故意不报批却不用承担违约责任,此举将冲击民法上的诚信原则和公平原则。[③] 区分原则的解释路径认为,股权转让审批规定意在控制某一特殊股权的变动,该项规定并非针对股权转让合同(负担行为)的效力,而是针对股权

---

① 虽然《公司法解释(三)》第27条规定了"一股二卖"无权处分与善意取得,并且这一解释规定也成为我国法学界之通说,但仍有一些学者对有限公司股权的善意取得表示质疑。具有代表性的如张双根:《股权善意取得之质疑——基于解释论的分析》,载《法学家》2016年第1期;张双根:《德国法上股权善意取得制度之评析》,载《环球法律评论》2014年第2期;王涌:《股权如何善意取得?——关于〈公司法〉司法解释三第28条的疑问》,载《暨南学报(哲学社会科学版)》2012年第12期;郭富青:《论股权善意取得的依据及法律适用》,载《甘肃政法学院学报》2013年第4期;余佳楠:《我国有限公司股权善意取得制度的缺陷与构建》,载《清华法学》2015年第4期;李辉:《有限公司股权善意取得之否定》,载解亘主编:《南京大学法律评论》(2018年春季卷),南京大学出版社2018年版;陈彦晶:《有限责任公司股权善意取得质疑》,载《青海社会科学》2011年第3期;谭津龙:《中国有限公司股权善意取得的质疑——基于〈公司法解释(三)及其扩大适用〉》,载《重庆大学学报(社会科学版)》2019年第4期。

② 长期以来我国法律规定,外资企业、中外合资经营企业、中外合作经营企业的股权转让,须经有关机关的审批。2019年3月15日,第十三届全国人民代表大会第二次会议通过了《外商投资法》,该法最后一条(第42条)规定,这部法律将在2020年1月1日施行,届时"三资企业法"将同时废止。《外商投资法》没有关于股权转让审批的规定,因此,未来"三资企业"股权转让是否需要审批,有待于其他法律或法规明确。参见2014年《外资企业法实施细则》第22条、2014年《中外合资经营企业法实施条例》第20条、2017年《中外合作经营企业法》第10条、《外商投资法》第42条。

③ 参见韩世远:《股权转让与审批》,载崔建远、申卫星主编:《民法九人行》(第6卷),法律出版社2012年版,第165~168页;韩世远:《合同法》,法律出版社2018年版,第655页。

让与行为(处分行为)的效力,故而未经审批不会影响股权转让合同的效力。①在此解释路径中,由于股权转让合同被认定有效,故而义务人未履行报批义务的,应继续履行报批义务,如果其故意不履行报批义务的,合同相对人有权追究其违约责任。当然,如果义务人已经依约履行报批义务,但是有关机关依法作出不予批准的决定的,任何一方当事人均有权解除合同,而义务人若无过错则无须承担何种责任。

在有限责任公司股权转让中,区分原则还呈现为:(1)股东优先购买权规定意在控制股权变动,不影响股权转让合同的效力。现行《公司法》第71条规定,有限公司的股东将其股权转让给公司外部之人的,应征求其他股东的意见,其他股东享有优先购买权。区分原则否定说(一体把握的解释路径)认为,该规定属于影响合同效力的强制性规定,违反该条规定的合同效力存在瑕疵。而区分原则的解释路径认为,股东先买权规定意在控制股权的变动,系针对股权转让中的处分行为(或者说是"股权转让合同的履行行为"),与股权转让合同的效力无涉。② 股权转让违反先买权规定的,合同的有效性不受影响,但股权变动属于待定状态,其他股东(先买权人)在一定期间若没有提出反对意见,则受让人取得股权,反之,其他股东若在此期间内主张优先购买权的,则受让人不能取得股权。③ (2)章程限制规定与股权转让合同效力无涉。现行《公司法》第71条第4款规定,有限公司的章程可以对股权转让设定限制条件。区分原则解释路径认为,公司章程对股权转让的限制规定,是对股权处分权的限制,股东违反公司章程的限制条件转让其股权的,其处分行为归于无效或不生效力。④ 公司章程的股权转让限制规定,不是针对股权转让合同,不影响合同效力,合同的效力应依据《民法典》总则编关于"民事法律行为效力"以

---

① 参见江必新、何东宁:《最高人民法院指导性案例裁判规则理解与适用·公司卷二》,中国法制出版社2016年版,第135页;北京仲裁委员会、北京国际仲裁中心编:《股权转让案例精读》,商务印书馆2017年版,第72、79~81页;最高人民法院民事判决书,(2009)民二终字第00117号(梅雁公司与吉富公司股权转让纠纷二审案)。

② 参见张双根:《股权善意取得之质疑——基于解释论的分析》,载《法学家》2016年第1期;韩世远:《股权转让与审批》,载崔建远、申卫星主编:《民法九人行》(第6卷),法律出版社2012年版,第166~170页;徐志新主编:《公司设立与股权纠纷》,中国民主法制出版社2014年版,第246页。

③ 关于先买权的行使期间,现行《公司法》没有规定。《最高人民法院关于适用〈中华人民共和国公司法〉若干问题的解释(四)》(以下简称《公司法司法解释(四)》)(法释〔2017〕16号)规定为:"其他股东(先买权人)自知道或者应当知道行使优先购买权的同等条件之日起三十日内"或者"自股权变更登记之日起一年内"。

④ 参见张双根:《股权善意取得之质疑——基于解释论的分析》,载《法学家》2016年第1期。

及合同编关于“合同效力”的一般规定;公司章程的股权转让限制规定,应当理解为针对股权变动而言,只要公司章程相关规定本身不违反强制性法律规定和公序良俗,当事人转让股权就应遵守,否则,公司有权拒绝承认,不予办理股权变更手续;但是,合同的效力不因此而受影响,只是合同的履行可能因为公司的拒绝承认而受阻。[①] 当然,公司章程不得侵害股东的固有权,不得禁止股权转让。公司章程禁止股权转让,貌似吻合封闭式公司的人合性,实则侵犯了股东的固有权,违背了公序良俗。[②] 违反法律强制性规定和公序良俗的章程条款无效,股权转让自然不应受其羁绊。(3)是否完成股东名册的名义变更或工商登记变更,不影响股权转让合同的效力。关于有限公司的股权转让模式,虽有形式主义和意思主义之争,但司法实务已达这样的共识:股东名册的名义变更或工商登记之变更,均与股权转让合同的效力无涉。[③]

在股份有限公司股权转让中,区分原则还呈现为:(1)股票未背书或交付,不影响股份转让合同的效力。根据现行《公司法》第 139 条和第 140 条的规定,股份公司的股权转让以股票的背书(记名股票)和交付(无记名股票)为生效要件。区分原则的解释路径认为,股票的背书或交付仅是股份公司股权变动的生效要件,与股权转让合同的效力无涉。转让股东之所以向受让人交付股票或进行股票的背书,是为了履行当事人双方间的股权转让合同,也就是说,在二者的发生先后顺序与关系上,股权转让合同发生在先、股票的背书或交付发生在后,前者为因、后者为果。在股票交付或背书前,股权转让合同已经生效,故而股票的交付或背书与股权转让合同的效力要件无涉。(2)股份禁售期规定与股权转让合同的效力无涉。现行《公司法》第 141 条规定了发起人股东和管理层股东(担任“董、监、高”职务的股东)在一定期间内不得转让股份或者转让的股份不得超过若干比例。股东违反股份禁售期规定,擅自与他人订立之股份转让合同效力如何?当前司法判例存在有效和无效两种观点。区分原则的解释路径认为,股份禁售期规定意在控制发起人和管理层股东的股份在禁售期内的变动,只需否认禁售期内的股份变动效力即可,无须否认当事人间的合同效力。

---

① 参见白慧林:《股权转让热点问题规则与实践的考量》,法律出版社 2014 年版,第 161 页;胡晓静:《再析有限公司股权对外转让中的优先购买权》,载《求是学刊》2019 年第 5 期。

② 参见刘俊海:《现代公司法》,法律出版社 2015 年版,第 466 页。

③ 参见张双根:《论股权让与的意思主义构成》,载《中外法学》2019 年第 6 期。

第三章　需经审批的股权转让中区分原则的适用

市场交易遵循私法自治原则，股权转让本属个人自由，应由个人自主安排。但某些特殊企业或特殊股东的股权转让，事关国家在相关领域公共政策的安排，故而立法对这类股权的变动设有限制，并以行政审批作为管控手段。根据我国现行立法之规定，需要审批的股权转让大体包括以下三种类型：第一种是国有股权的转让。① 第二种是金融企业（或与金融有关的企业）的股权转让，具体包括（内资）商业银行、外资银行、保险公司、证券公司、基金管理公司、期货公司、征信机构等企业的股权转让。② 第三种是“三资企业”的股权转让，包括中外合资经营企业、中外合作经营企业和外商投资企业的股权转让。其中，根据《外商投资法》相关规定之精神，自

① 参见2008年《企业国有资产法》第53条规定。

② 参见《商业银行法》第24条、第28条，2014年《外资银行管理条例》第27条第1款，2015年《保险法》第84条，2014年《证券法》第129条第1款，2015年《证券投资基金法》第14条第2款，2017年《期货交易管理条例》第19条，2013年《征信业管理条例》第9条规定。其中，2019年12月28日第十三届全国人民代表大会常务委员会第十五次会议通过了《证券法》的第二次修订（新法自2020年3月1日起施行），废止了原先的第129条股权转让审批规定。新的《证券法》第36条第2款规定：“上市公司持有百分之五以上股份的股东……转让其持有的本公司股份的，不得违反法律、行政法规和国务院证券监督管理机构关于持有期限、卖出时间、卖出数量、卖出方式、信息披露等规定，并应当遵守证券交易所的业务规则。”

2020年1月1日起,"三资企业"的股权转让一般不再需要审批。[①]

股权转让依法应审批但未办理审批手续的,不能发生股权变动的法律效果,此为大家的共识。存在争议的是,在此情形下的股权转让合同的效力如何,以及报批义务的性质与不履行报批义务应承担怎样的法律责任。在前述争议中,最根本的症结就是合同效力问题,但后两个问题(报批义务的性质与义务不履行之后果)的研判,对第一个问题的解决起着实质性影响。易言之,合同效力状态与报批义务性质、义务不履行之责任这三个问题是内在一致的,解决了合同效力问题,也就明晰了报批义务性质与义务不履行之责任;反过来,报批义务性质与义务不履行之责任若得以确判,那么,合同效力问题就能迎刃而解。本章将对股权转让审批规定的两条解释路径进行比较研究,并围绕前述三个问题而展开论述。

第一节　一体把握路径的两种见解与解释困境

通过行政审批管控权利变动有两种进路:一是行政审批与合同(基础原因)效力绑定的进路;二是行政审批与合同(基础原因)效力区分的进路。[②] 前一种进路又被称为一体把握的解释路径,后一种进路又被称为区分原则的解释路径。一体把握的解释路径,存在"合同无效说"和"合同未生效说"两种见解。区分原则的解释路径认为,行政审批旨在控制权利变动(履行行为),未办理审批手续不影响合同效力,官方不批准将导致合同履行不能,即采取"合同有效说"的观点。本节将介绍股权转让审批的一体把握解释路径的基本观点,并尝试剖析此种路径存在的解释困境。

---

① 《中外合作经营企业法》(2017年修正)第10条、《中外合作经营企业法实施细则》(2017年修正)第23条、《中外合资经营企业法实施条例》(2014年修正)第20条、《外资企业法实施细则》(2014年修正)第22条和23条,规定了"三资企业"的股权转让需办理审批手续。2019年3月15日,第十三届全国人民代表大会第二次会议通过了《外商投资法》,该法第42条规定:"本法自2020年1月1日起施行,本法自2020年1月1日起施行。《中华人民共和国中外合资经营企业法》《中华人民共和国外资企业法》《中华人民共和国中外合作经营企业法》同时废止。……"这意味着的"外资三法"及与之对应的司法解释将不再适用。新的《外商投资法》并没有规定外资企业的股权转让须经审批,其第30条第1款规定了:"外国投资者在依法需要取得许可的行业、领域进行投资的,应当依法办理相关许可手续。"条文中的"许可"即行政审批。这意味着,新法对外资企业股权转让的审批不作一般规定,至于哪些行业或领域的股权转让(取得)需要审批,则由其他法律另行规定。

② 参见蔡立东:《行政审批与权利转让合同的效力》,载《中国法学》2013年第1期。

一、合同无效说及其解释困境

（一）合同无效说的基本见解

合同无效说认为，法律、行政法规关于行政审批之规定均为强制性规定，依法应办理审批手续但当事人未办理的，违反了法律、行政法规的强制性规定，而且根据原《合同法》第44条第2款（现行《民法典》第502条第2款）的规定，[①]在此情形之下，审批机关的批准是合同的生效要件，故而未经批准的股权转让合同无效。[②] 此种学说曾一度盛行，这一方面是因为受合同效力二分思维的影响；另一方面是因为原《合同法》所确立的可撤销合同与效力待定合同已经类型化，这两类合同都没有将未依法办理审批手续的合同纳入其中。自司法解释采纳了合同未生效说后，合同无效说已日渐式微。[③] 但实践中仍有不少法官在审理相关案件时，将未经审批的合同认定为无效。[④]

（二）合同无效说的解释困境

合同无效说在解释论上难以立足。首先，无效意味着法律行为自始、当然、确定地不发生效力，行为不仅在其成立时不生效力，而且在以后亦无发生效力的可能。[⑤] 然而，依法应审批但未办理审批手续的合同并非确定地不生

---

① 原《合同法》第44条规定："（第1款）依法成立的合同，自成立时生效。（第2款）法律、行政法规规定应当办理批准、登记等手续生效的，依照其规定。"《民法典》第502条第2款规定："依照法律、行政法规的规定，合同应当办理批准等手续的，依照其规定。未办理批准等手续影响合同生效的，不影响合同中履行报批等义务条款以及相关条款的效力。应当办理申请批准等手续的当事人未履行义务的，对方可以请求其承担违反该义务的责任。"

② 参见王玉飞、谢颖：《涉外股权转让合同效力认定》，载《人民司法》2009年第24期。

③ 《最高人民法院关于适用〈中华人民共和国合同法〉若干问题的解释（一）》（法释〔1999〕9号）第9条第1款规定："依照合同法第四十四条第二款的规定，法律、行政法规规定合同应当办理批准手续，或者办理批准、登记等手续才生效，在一审法庭辩论终结前当事人仍未办理批准手续的，或者仍未办理批准、登记等手续的，人民法院应当认定该合同未生效。"该司法解释将"未经审批的合同"定性为"未生效合同"，而非"无效合同"。此外，就外资企业股权转让纠纷问题，《最高人民法院第二次全国涉外商事海事审判工作会议纪要》第88条规定："外商投资企业的股权转让合同，应当报经有关审查批准机关审查批准，在一审法庭辩论终结前当事人未能办理批准手续的，人民法院应当认定该合同未生效。由于合同未生效造成的损失，应当判令有过错的一方向另一方承担损害赔偿责任；双方都有过错的，应当根据过错大小判令双方承担相应的民事责任。"这一规定亦明确了"未经审批的股权转让合同"，属于未生效合同。

④ 参见刘贵祥：《论行政审批与合同效力——以外商投资企业股权转让为线索》，载《中国法学》2011年第2期。

⑤ 参见王泽鉴：《民法总则》，北京大学出版社2009年版，第380页。

效力，在得到官方批准后，当事人应切实地履行合同义务。其次，无效的合同具有违法性，合同无效通常是因为违反了法律、行政法规的强制性规定，或有悖于公序良俗，故而遭遇效力上的否定评价。但依法应审批但未办理审批手续的合同，一方面，这类合同的内容不具有违法性，其效力不应也没有受到否定性评价；[①]另一方面，《民法典》第502条第2款（或原《合同法》第44条第2款）之规定也不是导致合同无效的强制性规定。[②] 最后，合同无效意味着合同自始没有法律约束力，双方当事人应该终止履行合同，已经履行的应该返还财产或折价补偿。[③] 若认定应审批但未办理审批手续的合同为无效合同，那么这就意味着"只要未报批，合同就无效"，而合同无效又意味着合同应终止、当事人不负有继续履行合同的义务，如此将使合同的效力完全系于报批义务人的单方意志。报批义务人因此得以待价而沽，视行情而作出是否报批的决定。此种解释不仅逻辑难以自洽，而且与被誉为私法帝王条款之诚信原则相悖。

二、合同未生效说及其解释困境

（一）原《合同法解释一》（1999年）关于未生效说的确立与定位上的困惑

1. 合同未生效说的确立。随着中国合同法理论研究日趋成熟与司法审判经验与日积累，合同效力二分思维对我国合同案件裁判的影响已逐渐消除。相较于以往的立法，1999年颁布的《合同法》在合同效力划分方面更为科学，特别是对效力待定合同作了类型化处理，将限制行为能力人订立的合同、无权代理人订立的合同、越权代表（且相对人为恶意时）的合同、无权处分人订立的合同，规定为效力待定合同。[④] 由于原《合同法》没有将依法应办理但未办理审批手续的合同归入效力待定的行列，并且由于无效说的观点在解释论上难以立足，最高人民法院颁布的《最高人民法院关于适用〈中华人民共和国合同法〉若干问题的解释（一）》（以下简称《合同法解释（一）》）（法释〔1999〕19

---

① 参见杨永清：《批准生效合同若干问题探讨》，载《中国法学》2013年第6期。

② 参见梁慧星：《读条文学民法》，人民法院出版社2017年版，第179页。

③ 参见原《民法总则》（现《民法典》总则编）第155条、第157条，以及原《合同法》第56条、第58条。

④ 1999年的《合同法》第51条将无权处分人订立的合同认定为"效力待定"，是一体把握思维的产物。随着民法学者的深入研究，特别是在《物权法》2007年颁布之后，区分原则逐渐为人们所了解和接受。最高人民法院于2012年颁布的《买卖合同解释》（法释〔2012〕8号）第3条明确了出卖人有无处分权与买卖合同的效力无涉的观点，改变了原《合同法》第51条之规定。

号)第 8 条将此类合同的效力认定为“未生效”,[①]后来颁布的《最高人民法院关于适用〈中华人民共和国合同法〉若干问题的解释(二)》(以下简称《合同法解释(二)》)(法释〔2009〕5 号)、《最高人民法院关于审理外商投资企业纠纷案件若干问题的规定(一)》(以下简称《外资企业解释(一)》)(法释〔2010〕9 号)以及新近的《九民会议纪要》(法〔2019〕254 号)延续了“未生效说”的规定。

2. 未生效说在定位上的困惑。原《合同法解释(一)》确立了“未生效合同”之后,关于这一概念的解释,争论不休。最高人民法院民二庭在《全国法院民商事审判工作会议纪要理解与适用》一书中指出,未生效合同“有别于有效合同”“又不同于无效合同”。[②] 依此观点,从效果上看,未生效与效力待定并无实质不同,二者均为既非有效又非无效,而处于浮动不定的状态,但最终的归宿均为有效或无效之一,而决定其最终效力走向的是第三人的意思,如果第三人同意(或官方批准)了,便为有效,否则为无效。因此,有学者认为,由于未生效与效力待定都处于效力不确定状态,都具有补正的可能性,应将二者等同视之。[③] 与之近似的观点是,有学者认为,未生效与效力待定虽存在一些区别,但从立法论角度看,将未生效合同归入效力待定并无不妥,法律对未生效缺乏规定的情况下,可以类推适用效力待定的规定。[④] 与之不同的观点是,有学者认为,未生效是与有效、无效、可撤销、效力待定并列的一种状态。[⑤] 与前述几种观点均为不同的是,有学者认为,生效与未生效是对有效合同的进一步分类,未生效合同是有效合同的下位概念。[⑥]

概言之,当前关于“未生效合同”的定位,至少存在三种观点:第一种认为,未生效合同的本质就是效力待定合同。第二种认为,未生效合同是有效合

① 《最高人民法院关于适用〈中华人民共和国合同法〉若干问题的解释(一)》(法释〔1999〕19 号)第 8 条规定:“依照合同法第四十四条第二款的规定,法律、行政法规规定合同应当办理批准手续,或者办理批准、登记等手续才生效,在一审法庭辩论终结前当事人仍未办理批准手续的,或者仍未办理批准、登记等手续的,人民法院应当认定该合同未生效;法律、行政法规规定合同应当办理登记手续,但未规定登记后生效的,当事人未办理登记手续不影响合同的效力,合同标的物所有权及其他物权不能转移。”

② 参见最高人民法院民事审判第二庭编著:《全国法院民商事审判工作会议纪要理解与适用》,人民法院出版社 2019 年版,第 277 页。

③ 参见苏永钦:《走进新世纪的私法自治》,中国政法大学出版社 2002 年版,第 25 页。

④ 参见刘贵祥:《合同效力研究》,人民法院出版社 2012 年版,第 186 页。

⑤ 参见王利明:《合同法研究(第一卷)》,中国人民大学出版社 2015 年版,第 570 页。

⑥ 参见蔡立东:《行政审批与权利转让合同的效力》,载《中国法学》2013 年第 1 期。

同的一种情形,“未生效”与“生效”均为“有效”的下位概念。第三种认为,未生效合同与有效合同、无效合同、效力待定合同、可撤销合同相并列,其为合同效力的第五种状态。由此可见,关于未生效合同,在概念体系上应如何定位,实为解释工作的一项难题。故而法学界也存在“反未生效说”的声音,认为《民法典》总则编已经确立了民事法律行为的四种效力状态(“有效”“无效”“效力待定”“可撤销”),“未生效”概念不仅给解释工作带来了困惑,而且将会冲击现有的概念体系。

(二)《合同法解释(二)》(2009 年)关于未生效说的发展与之带来的争议

1.《合同法解释(二)》关于未生效说的发展:报批义务与法律责任之规定。《合同法解释(一)》第 9 条规定了依法应审批但未办理审批手续的合同为未生效合同,但并未明确报批义务的性质以及不履行报批义务的法律后果。《合同法解释(二)》第 8 条对此作了规定,其内容归纳为三点:一是该条认定义务人没有履行报批义务,属于原《合同法》第 42 条规定的缔约过失。二是虽然合同未生效,根据相对人的请求,法院可判决相对人自己办理报批手续。三是义务人应赔偿相对人办理报批手续所需费用和其实际损失。

2.《合同法解释(二)》报批义务与法律责任之规定所带来的争议。对于上述解释之规定,最高人民法院法官之间也存在理解上的分歧。在深圳市标榜投资发展有限公司诉鞍山市财政局一案(下文简称标榜公司案)中,就报批义务的性质与未履行的责任方面,最高人民法院民事判决书(2016)最高法民终 802 号与“民事裁定书(2018)最高法民申 1609 号”均认为,报批义务属于先合同义务,鞍山财政局无正当理由不履行涉案合同报批义务,其行为已构成原《合同法》第 42 条规定的“其他违反诚实信用原则的行为”,存在缔约过失。在赔偿范围方面,上述判决书和裁定书均认为,鞍山财政局不仅应赔偿标榜公司在缔约过程中支付交易费及保证金利息等直接损失,而且还应当赔偿对方因遭受交易机会损失等间接损失(可得利益损失)。《合同法解释(二)》第 8 条规定的报批义务人应赔偿的范围,包括相对人的直接损失和间接损失(可得利益损失)。[①]

① 参见深圳市标榜投资发展有限公司诉鞍山市财政局案:(2016)最高法民事判决书,民终 802 号;(2018)最高法民事裁定书,民申 1609 号。

最高人民法院刘贵祥大法官的见解与上述最高法裁判观点不同。他认为,虽然应审批但未办理审批手续的合同属于未生效合同,但是当事人的报批义务在合同成立时已经存在;报批义务并非先合同义务,而是一项合同义务,属于能够独立诉请的附随义务,即合同义务中的从给付义务,该义务源于诚信原则,属于合同的默示条款;当事人一方不履行报批义务的,应承担违约责任。[①]

从报批义务人的赔偿责任范围来看,标榜公司案的裁判观点和刘贵祥大法官的看法一致,都认为怠于履行报批义务之人应赔偿相对人的可得利益损失。但从报批义务与法律责任的性质界定来看,标榜公司案的裁判观点认为,报批义务是先合同义务,怠于履行报批义务应承担缔约过失责任;而刘贵祥大法官认为,报批义务是合同义务(从给付义务),怠于履行报批义务应承担违约责任。自文义解释方面来看,将怠于履行报批义务的责任界定为违约责任(刘贵祥大法官的观点),似乎已超越了《合同法解释(二)》第8条的文义射程。而且,从给付义务本是辅助主给付义务,而在合同未生效之情形下,主给付义务尚不存在,又何来从给付义务呢?[②] 但从责任性质与赔偿范围的关系来看,通说认为,缔约过失责任对应的是信赖利益赔偿,其不具备履行利益(可得利益)赔偿的前提条件。[③] 因此,标榜公司案的终审判决与再审裁定中,一方面将报批义务界定为先合同义务,将该义务不履行之责任定性为缔约过失;另一方面又判定义务人应赔偿相对人可得利益损失,此种观点又有悖于通说。

(三)《外资企业解释(一)》关于未生效说的细化与解释上的困惑

1.《外资企业解释(一)》关于未生效说的细化[④]。2019年3月15日十三

---

① 参见刘贵祥:《论行政审批与合同效力——以外商投资企业股权转让为线索》,载《中国法学》2011年第2期。

② 参见戴孟勇:《权利转让与权利转让合同的区别》,载崔建远、申卫星主编:《民法九人行》,法律出版社2012年版,第155页;杨锐:《物权区分原则视域下未经审批的矿业权转让合同之效力研究》,载王利明主编:《判解研究》2018年第4期。

③ 参见梁慧星主编:《中国民法典草案建议稿附理由·合同编(上册)》,法律出版社2013年版,第102页;谭启平主编:《中国民法学》,法律出版社2015年版,第418页;王泽鉴:《债法原理》,北京大学出版社2013年版,第246~247页;王利明:《合同法》,中国人民大学出版社2015年版,第55页。

④ 《合同法解释(一)》《合同法解释(二)》对应批准但未办理审批手续的合同作了一般解释规定。2005年12月26日最高人民法院印发的《第二次全国涉外商事海事审判工作会议纪要》第88条规定:“外商投资企业的股权转让合同,应当报经审查批准机关审查批准,在一审法庭辩论终结前当事人未能办理批准手续的,人民法院应当认定该合同未生效。”这份司法会议纪要将未生效说具体运用到“股权转让合同”。2010年最高人民法院颁布的《外资企业解释(一)》也明确了,未经审批的外资企业股权转让合同未生效。

届全国人大二次会议通过的《外商投资法》对外资企业股权转让的审批不再作一般规定，根据该法第30条第1款规定之精神，哪些行业或领域的股权转让需要审批，将由其他法律规定。为了正确适用新法规定，2019年12月26日出台了《最高人民法院关于适用〈中华人民共和国外商投资法〉若干问题的解释》（以下简称《外商投资法解释》），对外资企业股权转让合同作了新的规定。根据新法和新的解释规定，外资企业的股权转让，一般不再需要审批，只要不属于外商投资准入负面清单所禁止或限制的领域，投资合同（包括股权转让合同）的有效性不受审批影响。[①] 在历史上，一方面《外资企业解释（一）》就股权转让审批规定的解释，延续了《合同法解释（一）》与《合同法解释（二）》所持的“合同未生效说”；另一方面该部解释的相关规定对后来的《九民会议纪要》乃至《民法典》产生了重大的影响。[②] 可以说，在合同未生效说这一解释路径方面，《外资企业解释（一）》起到了承上启下的作用。鉴于此，笔者认为，对这部解释的股权转让审批规定仍有研究的必要。

《外资企业解释（一）》与报批有关的核心内容包括：（1）待批准的合同，属于未生效合同，而非无效合同（第1条第1款）。（2）合同因未经批准而被认定未生效的，不影响报批条款效力（第1条第2款）。（3）未构成重大或实质性变更的补充协议，并非“未经批准不生效”合同（第2条第1款）。（4）股权转让等事项属于重大或实质性变更。（5）已经批准的合同，未必就有效，合同若存在效力瑕疵的，法院应依法认定其无效或可撤销（第3条）。（6）股权转让方和目标企业不履行报批义务的，受让方有权解除合同，转让方应返还其已收款，赔偿对方的实际损失（第5条）。（7）股权转让方和目标企业不履行报批义务的，受让方有权诉请义务人限期履行报批义务，并可同时主张自行报批（第6条第1款）。（8）义务人未在限期内履行报批义务的，受让方得解除合同，转让人赔偿的范围包括股权的差价损失、股权收益及其他合理损失（第6条第2款）。（9）股权转让合同约定受让方付款后转让方才办理报批手续，受让方未付款并经催告后在合理期限内仍未履行的，转让方有权解除合同，受让方应赔偿因迟延履行而给转让方造成的实际损失（第8条）。（10）未经审

---

① 参见《最高人民法院关于适用〈中华人民共和国外商投资法〉若干问题的解释》（法释〔2019〕20号）第2条至第5条规定。

② 参见《全国法院民商事审判工作会议纪要》（法〔2019〕254号）第37～40条规定，《中华人民共和国民法典》第502条第2款、第3款规定。

批,不影响股权质押合同的效力(第 13 条)。

2. 未生效说框架下违约责任的解释困惑。《外资企业解释(一)》第 1 条,一方面延续未生效说的立场;另一方面将报批义务条款从合同中剥离出来,认为应审批但未办理审批手续的合同未生效,但不影响报批条款的效力,该规定实际上报批义务认定为合同义务,而非先合同义务。将报批义务定性为合同义务,从逻辑上讲,转让人无正当理由不履行报批义务的,其行为构成违约。该解释第 5 条和第 6 条规定了,股权转让人未履行报批义务的赔偿范围为受让人的实际损失,包括股权的差价、股权收益和其他合理损失,实已将股权转让人的责任定性为违约责任。

前述规定在解释上存在以下困惑:(1)如何与《合同法解释(二)》衔接?《合同法解释(二)》第 8 条基于未生效说的逻辑起点,将义务人未履行报批义务的定性为原《合同法》第 42 条第 3 项规定的"其他违背诚信原则的行为"(缔约过失)。然而,《外资企业解释(一)》则将义务人未履行报批义务的定性为违约行为。缔约过失与违约虽然均与合同有关,但二者存在实质的区别:前者违反的是先合同义务,后者违反的是合同义务;先合同义务发生在缔约阶段,系基于诚信原则而产生的相互照顾义务,而合同义务发生在合同履行阶段,系基于当事人约定而产生的义务。前者的责任赔偿范围为信赖利益损失,而后者的责任赔偿范围为可得利益损失。① (2)如何与"未生效"对接?通说认为,违约责任的前提是当事人之间存在有效的合同。② 如果合同不成立、不生效或者无法判断其是否有效,那么也就不存在违约可言。按照司法解释的观点,未生效是一种悬而未定的效力状态,是一种独立于有效、无效、可撤销、效力待定四种形态之外的效力状态。也就是说,未生效与有效是两码事。③ 在未生效说框架下构建当事人的违约责任,与当前关于违约责任构成要件的通说不相符。

如何解释报批义务条款的实质意义?《外资企业解释(一)》第 1 条第 2

---

① 参见王利明:《合同法》,中国人民大学出版社 2015 年版,第 55 页。

② 参见梁慧星主编:《中国民法典草案建议稿附理由·合同编》(上册),法律出版社 2013 年版,第 202 页;王利明:《合同法》,中国人民大学出版社 2015 年版,第 215 页。

③ 最高人民法院民二庭针对《九民会议纪要》所编著的《〈全国法院民商事审判工作会议纪要〉理解与适用》一书同样也认为:"合同未生效属于欠缺生效要件的合同,有别于有效合同。"参见最高人民法院民事审判第二庭编著:《全国法院民商事审判工作会议纪要理解与适用》,人民法院出版社 2019 年版,第 277 页。

款为了在未生效说框架下构建当事人的违约责任，将报批义务条款从合同整体中剥离出来，以免受到合同未生效的“殃及”。问题的关键是，合同中的报批义务条款，无非就是将法律中的报批义务规定“抄写”到合同书上而已。合同中的报批义务，与其说是当事人合同的约定，倒不如说法律的要求。如果法律没有相关的报批规定，即便当事人在合同中约定了报批义务条款，这样的条款也是无效的。如果法律要求某种交易需要报批，即便当事人的合同没有约定报批义务条款，那么当事人也应该依法履行报批义务，否则交易无法正常履行。

倘若合同没有约定报批义务条款，又应如何解释报批义务性质，以及违反该义务的法律责任性质？对于这个问题，《外资企业解释(一)》没有明文规定。刘贵祥大法官于 2019 年 7 月 3 日在全国法院民商事审判工作会议上指出，报批义务若为合同所约定的，则为约定义务；合同若就报批义务约定违约责任的，相对人有权诉请报批义务人履行该特约项下的违约责任；合同若无约定报批违约责任条款的，报批义务人未履行报批义务的，相对人不得请求其承担违约责任。①

此种见解令人疑惑的是，报批义务本是法律规定的客观存在，当事人将法律规定之报批义务“抄到”到合同书当中，竟能改变其法律性质。如前所述，法律关于行政审批之规定属于强制性规定，何种事项需要行政审批，应由法律规定。法律规定了报批义务的，当事人不能通过合同约定来排除该义务，反之，法律若没有规定，当事人也不能通过合同“增设”报批义务。也就是说，报批义务是法律规定的客观存在，当事人的主观意志不能改变其存在。无论当事人有没有将报批法律规定“抄到”合同当中，都不会改变报批义务的存在。

---

① 刘贵祥法官在 2019 年 7 月 3 日的讲话原文为：“合同未生效，并不意味着没有任何效力，其效力主要表现在以下几个方面：一是具有形式拘束力。任何一方当事人都不得擅自变更合同。二是当事人负有报批义务。合同对报批义务有明确约定的，此时尽管整个合同未生效，但有关报批义务的约定独立生效。在此情况下，报批义务属于约定义务。报批义务人拒不履行报批义务，如果合同专门针对报批义务约定违约责任的，相对人有权请求不履行报批义务的一方承担该特别约定项下的违约责任。三是不具有实质拘束力。合同未生效毕竟属于欠缺生效要件的合同，有别于生效合同，当事人不能直接请求履行合同或者承担该合同约定的违约责任。当事人请求履行合同、承担违约责任的，人民法院应当向其释明，将诉讼请求变更为继续履行报批义务。经释明后当事人仍拒绝变更诉讼请求的，可以驳回其诉讼请求。”由上述讲话可以看出刘法官区分了两种情形，如果合同有约定报批义务的，则报批义务属于约定义务，反之则否；如果合同针对报批义务约定违约责任的，报批义务人怠于履行义务的，构成违约，反之，若无此约定，则相对人不能直接追究报批义务人的违约责任。

也不能因为当事人做了“抄写的功课”，而改变报批义务及义务不履行责任的法律性质。因此，报批义务的存否与性质，不因合同有无报批义务条款而受影响，也无须借助条款剥离的路径来解释。

3. 未生效说框架下合同解除的解释困惑。《外资企业解释(一)》在确立合同未生效框架之下，不仅规定了报批义务人的违约责任，而且还规定了相对人的合同解除权(该解释第5条、第6条与第8条)。也就是说，该解释认为未生效合同也可以作为解除的对象。对此，刘贵祥大法官解释道：“合同解除仅与合同成立有关，而与合同是否生效并无必然联系。”[①]然而，这一解释仍存在以下方面问题难以说明：

合同解除与合同效力无涉的观点，与中国当前通说不符。国内学者一般认为，合同的解除原则上应以有效成立并继续存在的合同为标的。[②] 合同解除发生在合同有效成立之后、履行完毕之前，其目的在于消灭已生效的合同，或者说是消灭合同双方当事人间的债权债务关系。[③]

现行法关于解除权之规定难以涵盖未生效合同。我国现行法关于合同法定解除条件的一般规定，体现在《民法典》第563条。[④] 除了第5项兜底条款外，该条规定了四种解除条件，分别是：不可抗力致使合同目的不能实现、预期违约、经催告后仍怠于履行主要债务、一方违约致使对方合同目的不能实现。这四种解除条件均与合同履行有关，都是在合同有效成立后履行过程中发生。

虽然《外资企业解释(一)》延续“未生效说”，并认为此类“未生效合同”可以成为解除的标的，但是从具体条款规定来看，实际上被解除的并非“未生效合同”，而是一个“有效成立并处于履行过程”的合同。《外资企业解释(一)》第5条规定，经催告后股权转让人仍怠于履行报批义务的，“受让方请求解除合同并由转让方返还其已支付的转让款、赔偿因未履行报批义务而造

---

① 刘贵祥：《论行政审批与合同效力——以外商投资企业股权转让为线索》，载《中国法学》2011年第2期。

② 参见韩世远：《合同法总论》，法律出版社2018年版，第653页；王利明：《合同法研究(第二卷)》，中国人民大学出版社2015年版，第317～318页；李永军：《合同法》，中国人民大学出版社2016年版，第239～249页；王家福主编：《民法债权》，中国社会科学出版社2015年版，第316页；谭启平主编：《中国民法学》，法律出版社2015年版，第461页。

③ 参见王家福主编：《民法债权》，中国社会科学出版社2015年版，第316页；谭启平主编：《中国民法学》，法律出版社2015年版，第461页；王利明：《合同法研究(第二卷)》，中国人民大学出版社2015年版，第317页。

④ 《民法典》第563条沿袭了原《合同法》第94条之规定，而未作改变。

成的实际损失的，人民法院应予支持”。由“转让方返还其(受让方)已支付的转让款”之规定可见，司法解释已经认识到，在股权转让人履行报批义务前，受让人实际已支付全部或部分的转让款，属于商事实践常见的现象。那么，受让人在何种情况下才会支付转让款呢？如果合同未生效，效力悬而未定，受让人尚无支付转让款的义务，作为理性经济人，一般也不会对这样的合同“提前”履行。因此，合理的解释应该是合同已经生效，受让人为取得股权而支付转让款，转让人本有义务办理报批手续以促成股权变动，但由于转让人怠于履行报批义务，受让人可以解除合同，并要求其返还转让款、赔偿实际损失。

合同未生效的观点，难以解释受让人迟延履行情形的合同解除问题。股权转让合同属于双务合同，转让方的主给付义务是转让股权，受让人的主给付义务是支付股权转让款。转让双方在合同中可能存在“先付款、后报批”的约定，在此情形下，受让人支付转让款后，转让人才有义务办理报批手续。如果根据合同未生效说的观点，未报批的合同是未生效合同，那么，前述情形下的受让人付款义务的法律性质不无疑问，因为合同未生效，何来的合同义务(主给付义务)？

针对“先付款、后报批”的交易情形，《外资企业解释(一)》第8条规定，受让人经催告后仍怠于支付转让款的，转让人可以解除合同，受让人应承担迟延履行责任。迟延履行属于违约之一种形态，它是指债务人能够履行但逾期仍未履行的现象，在构成要件上，其要求“有效债务的存在”“债务已届履行期限”“债务能够履行”“债务人未履行”。[①] 也就是说，迟延履行所针对的是“有效成立且逾期未得到履行”的合同。因此，《外资企业解释(一)》第 8 条之解释规定与未生效说的观点，在逻辑上存在冲突乃至对立。

4. 未生效说在解释路径方面遭遇的体系和谐困惑。法律规范系属有机整体，在解释方法上，应就整个体系构造加以阐释。[②] 法律解释，不能单就各个条文观之，应注意体系解释方法。[③] 我们在理解、解释和运用法律的时候需要体系思维，[④]而司法者在适用法律之时，更应自觉贯彻体系思维，运用科学的

---

① 崔建远:《合同法》,法律出版社 2016 年版,第 239 页。

② 参见杨仁寿:《法学方法论》,中国政法大学出版社 2013 年版,第 143 页。

③ 参见梁慧星:《民法解释学》,法律出版社 2015 年版,第 220 页。

④ 参见陈金钊:《体系思维的姿态及体系解释方法的运用》,载《山东大学学报(哲学社会科学版)》2018 年第 2 期。

法律方法消除评价矛盾，维持法律秩序的统一性。[①] “体系思维属于整体思维，是实现包括法律在内容的诸多因素的一致性、融贯性。”[②]体系思维要求通盘考虑法的整体，避免片断地理解、解释法律，要在前后条文规范、不同法律部门乃至整体法律规范秩序中探寻法律的确切意思，对相同或相似的事物，应采取相同或相近的解释路径。

行政审批与权利变动、合同（基础行为）效力的关系，存在“一体把握”和“区分原则”两种解释路径。一体把握将基础行为与权利变动“拴在一起”，行政审批既是针对权利变动，也是针对基础行为，即审批是合同的生效要件之一。区分原则即严格区分基础行为与权利变动，认为行政审批只控制权利变动，与基础行为（合同）效力无涉。

权利变动不仅包括权利的转让，也包括权利上负担之设定（如权利质押），故而股权让与和股权质权的设定同属权利变动范畴。股权质押合同与质权设定的关系，如同股权转让合同与股权让与一样，同属基础行为（原因行为、负担行为）与履行行为（结果行为、处分行为）的关系。相似的法律现象，应遵循相同之规则或相同之法理。“相同的血液流淌在整个有机体中”，理想的法秩序应是一个有机整体，法的解释“应避免那些有评价矛盾和目的性不一致的解释，应避免有损整个法秩序说服力和接受度的解释”。[③] 因此，行政审批和股权转让合同、股权之变动的关系，与行政审批和股权质押合同、股权质权之设定的关系，应遵循同样的规则、采取相同的解释路径。

然而，《外资企业解释（一）》就行政审批与股权转让、股权质押的关系上，分别采取了截然不同的解释路径。《外资企业解释（一）》就行政审批与股权转让的关系方面，采取的是一体把握原则，即将行政审批与股权转让合同效力捆绑，将审批作为合同效力要件之一。反观《外资企业解释（一）》第13条[④]就

---

① 参见梁迎修：《方法论视野中的法律体系与体系思维》，载《政法论坛》2008年第1期。

② 陈金钊：《体系思维的姿态及体系解释方法的运用》，载《山东大学学报（哲学社会科学版）》2018年第2期。

③ ［奥］恩斯特·A.克莱默：《法律方法论》，周万里译，法律出版社2019年版，第56页。

④ 《最高人民法院关于审理外商投资企业纠纷案件若干问题的规定（一）》（法释〔2010〕9号）第13条规定：“外商投资企业股东与债权人订立的股权质押合同，除法律、行政法规另有规定或者合同另有约定外，自成立时生效。未办理质权登记的，不影响股权质押合同的效力。当事人仅以股权质押合同未经外商投资企业审批机关批准为由主张合同无效或未生效的，人民法院不予支持。股权质押合同依照物权法的相关规定办理了出质登记的，股权质权自登记时设立。”

行政审批与股权质押的关系方面，采用了审批与合同效力“松绑”的区分原则解释路径，明确了行政审批与股权质押合同无涉的观点。在同一部解释中，审批的法律效力存在不同的评价，在体系上出现了“不和谐的声音”。

(四)《九民会议纪要》的未生效说新规与难以克服的解释障碍

1.《九民会议纪要》关于未生效合同的规定。最高人民法院于2019年11月发布的《九民会议纪要》第37条至第40条对未依法办理审批手续的合同效力、报批义务等内容作了进一步规定。其内容包括：(1)由于《商业银行法》等法律规定了转让商业银行等金融公司5%以上股权须经相关主管部门批准，《九民会议纪要》认为，前述股权转让未经批准的，股权转让合同未生效；(2)未生效合同与无效合同不同，后者欠缺合同的有效要件，而前者已经具备了合同的有效要件；(3)未生效合同欠缺法定或约定的特别生效条件，故而不能产生请求对方履行合同主要义务的法律效力；(4)报批义务条款和违反报批义务的责任条款独立生效，报批义务人不履行报批义务的，对方可请求解除合同并追究其违约责任；(5)未依法办理审批手续的，合同一方当事人不得诉请对方履行合同主要义务，而只能诉请对方履行报批义务；(6)法院判决一方履行报批义务后，报批义务人拒绝履行，经法院强制执行仍未履行的，对方有权诉请报批义务人承担违约责任；(7)前述报批义务判决作出后，报批义务人履行报批义务，相关主管机关予以批准的，合同生效，合同当事人有权诉请对方履行合同；(8)前述报批义务判决作出后，报批义务人履行了报批义务，但主管机关拒绝批准的，合同不具有可履行性，合同当事人有权解除合同。

2.《九民会议纪要》关于未生效合同的定性与新的解读可能。《九民会议纪要》第37条提出“未生效合同已具备合同的有效要件”，这一提法似乎已将未生效合同作为有效合同的下位概念。笔者认为，将未生效合同作为有效合同的下位概念，认为未生效合同是有效合同之一种情形，这种解释路径比前述三部司法解释更具有解释力。理由如下：

将“未生效”置于“有效”之下，符合现行法律关于民事法律行为效力状态的体系安排。《民法典》总则编第六章第三节“民事法律行为的效力”规定的民事法律行为的效力共有四种状态，分别是有效、无效、可撤销、效力待定，并没有把“未生效”作为与前述四种状态相并列的第五种状态。

将“未生效”置于“有效”之下，符合民事法律行为的长成逻辑。一般的民事法律行为在有效成立后，就立刻生效，但也存在一些民事法律行为在有效成立后，尚不能立即生效，典型之例就是附生效条件、附生效期限的民事法律行为。只有一项法律行为本身是有效的，才需进一步判断该行为生效与否。因此，一个未生效的法律行为演变为生效的法律行为，其长成逻辑应是"成立—有效—未生效—生效"。①

将"未生效"置于"有效"之下，可使待批准合同与附条件合同融洽镶嵌。待批准法律行为与附生效条件法律行为在构造方面极为相近：第一，待批准法律行为须经主管部门的批准才能生效，而法律行为成立之时，该项行为能否得到主管部门的批准并不确定，此与"条件"的不确定性特征相近。第二，待批准法律行为并非无效，其仍具有拘束力，任何一方不得单方撤回、撤销或解除，此与条件未成就前"当事人应受法律行为的拘束""享有期待权"的法律状态近似。② 待批准法律行为与附生效条件法律行为，在效力方面同样确定有效而非效力未定，"只是特定义务的履行效力系于某些事实，被推迟了而已"。③

将"未生效"置于"有效"之下，有助于解释待批准合同的解除与违约责任问题。如前所述，我国当前通说认为，合同的解除原则上应以有效成立并继续存在的合同为标的，而当事人承担违约责任的前提也是合同已经有效成立。将"未生效"置于"有效"之下，则未生效合同属于有效合同之一种，义务人不履行报批义务的，对方当事人解除合同并依约追究报批义务人的违约责任，在解释上就不存在何种障碍了。

3.《九民会议纪要》难以克服的解释障碍。如前所述，对于《九民会议纪要》第 37 条提出的"未生效合同已具备合同的有效要件"，如果将其解读为"未生效合同属于有效合同之一种情形"，则可以破解当前关于待批准合同的解释工作所遭遇的困境。但《九民会议纪要》没有明确表明"未生效合同属于有效合同"，故而仍存在其他解读的可能性。事实上，最高人民法院民二庭在《全国法院民商事审判工作会议纪要理解与适用》中释义道："合同未生效属

---

① 参见[日]山本敬三：《民法讲义Ⅰ：总则》，解亘译，北京大学出版社 2012 年版，第 81 页；蔡立东：《行政审批与权利转让合同的效力》，载《中国法学》2013 年第 1 期。

② 参见王泽鉴：《民法总则》，北京大学出版社 2009 年版，第 343 页。

③ 蔡立东：《行政审批与权利转让合同的效力》，载《中国法学》2013 年第 1 期。

于欠缺生效要件的合同,有别于有效合同。"[①]《九民会议纪要》第37条将待批准的股权转让合同定性为未生效合同,仍然采用的是一体把握的解释路径。虽然"未生效合同属于有效合同"的解读方法可以破解诸多问题,相比之前的三部司法解释有较大的进步,但是仍存在一些解释上的"别扭"。集中体现在以下三点:

第一,为何在一项未生效的合同中,报批义务条款及相关违约条款又能独立生效?原《合同法》第57条虽然规定了有关解决争议方法的条款不受合同无效、被撤销或者终止的影响,但原《合同法》并无报批义务条款与违约责任条款独立于合同其他条款之外而生效的规定。因此,报批义务条款及相关违约条款的独立生效观点,缺乏解释方面的法律依据。当然,由于2020年5月出台的《民法典》第502条新增规定了"未办理批准等手续影响合同生效的,不影响合同中履行报批等义务条款以及相关条款的效力",故而当《民法典》正式施行后,前述问题则基于此项新增规定而得以解释。但是,在《民法典》出台之前,司法解释与法院会议纪要采纳了报批义务条款(及相关违约条款)独立生效的观点,则存在"法官造法"之嫌。

第二,报批义务会不会因为合同约定与否而改变其性质与法律效果?根据《九民会议纪要》和《外资企业解释(一)》的相关规定,合同约定了报批义务条款,但当事人未履行此项义务的,应承担违约责任,这一规定显然将此情形下的报批义务定性为"合同义务"。但是令人疑问的是,合同没有约定报批义务的条款,那么,该项义务的性质又为何?违反该项义务又应承担何种责任呢?倘若认为在合同没有约定报批义务条款的情形,报批义务属于"先合同义务",违反该项义务应承担缔约过失责任,则难以面对以下的质疑:何种情形下的股权转让需要审批,并不是当事人说了算,报批义务系由法律所定,无论当事人约定与否,都不会改变该项义务的存在,而当事人的合同约定,也不具有改变其性质的功能。倘若认为在合同没有约定报批义务条款的情形,报批义务仍属于"合同义务",违反该项义务应承担违约责任,则又面临这样的质疑:此情形下的整部合同都是未生效的,既然整部合同未生效,又何来的"合同义务"呢?

---

① 最高人民法院民事审判第二庭编著:《全国法院民商事审判工作会议纪要理解与适用》,人民法院出版社2019年版,第277页。

第三，合同未生效说的观点，难以解释“先付款，后报批”的交易现象。在股权转让中，受让人的主给付义务是依约支付股权转让款，如果受让人逾期未付款的，则构成违约，此为大家的共识。合同当事人可以约定先后履行顺序，故而在股权转让依法须审批的情形，合同也可能约定“先由受让人付款，再由转让人报批”这样的条款。如有这样的约定，在受让人付款前，转让人可以拒绝履行报批义务。受让人逾期未付款的，将构成违约，经催告后在合理期限内仍未履行的，转让人可以单方解除合同，并可以追究受让人的迟延履行责任。① 然而，依据未生效说的观点，在转让人履行报批义务前，股权转让合同属于未生效的合同。既然合同未生效，那么当事人也就不负有何种合同义务，尤其是受让人不负有支付股权转让款的义务。因为付款义务属于受让人的主给付义务，而只有在合同生效的情形，当事人才须履行主给付义务。

综上所述，关于股权转让的行政审批这一问题，一体把握的解释路径存在“合同无效说”和“合同未生效说”两种观点，而当前的主流观点是“合同未生效说”。未生效说虽然相较于无效说更具有合理性，但在解释上仍存在多重困境。最高人民法院先后在《合同法解释（一）》《合同法解释（二）》《外资企业解释（一）》解释了“未生效合同”，可谓一波三折，但这三部解释的相关规定又存在不和谐之处。最高人民法院于 2019 年 11 月颁布的《九民会议纪要》再次对未生效合同进行了解释，但仍存在难以克服的解释障碍。这种将行政审批与合同效力相捆绑的一体把握路径，在解释股权转让审批这一问题上如此周折，以至于越来越多的学者质疑该条路径的科学性，就连一向持合同未生效说观点的刘贵祥大法官也曾认为，区分原则的应用更能圆满地解释行政审批与合同效力关系，区分原则的解释路径将减少诸多解释上的曲折，而且得出的结论和论证的理由也更容易为人接受。②

---

① 《最高人民法院关于审理外商投资企业纠纷案件若干问题的规定（一）》（法释〔2010〕9 号）第 8 条规定：“外商投资企业股权转让合同约定受让方支付转让款后转让方才办理报批手续，受让方未支付股权转让款，经转让方催告后在合理的期限内仍未履行，转让方请求解除合同并赔偿因迟延履行而造成的实际损失的，人民法院应予支持。”

② 刘贵祥大法官，一方面指出区分原则的解释路径将减少诸多解释上的曲折，而且得出的结论和论证的理由也更容易为人接受；另一方面认为这种解释路径将未依法办理审批手续的合同认定为有效合同，这种观点已经突破了原《合同法》第 44 条的文义射程，是一种立法论的思考方式。刘贵祥：《论行政审批与合同效力——以外商投资企业股权转让为线索》，载《中国法学》2011 年第 2 期。

第二节　股权转让审批规定的区分原则解释路径

一、区分原则解释路径关于股权转让审批的见解

（一）区分原则解释路径的基本见解

区分原则解释路径的基本见解是，股权转让中的行政审批意在控制股权权属的变动，而非控制股权转让合同的效力。此种解释的基本逻辑进路为：(1)区分原则解释路径认为，股权转让中存在两种行为，一种是设定股权让与义务的负担行为，另一种是产生股权权属变动的处分行为。(2)负担行为仅具相对性，只在特定的当事人间发生效力，而处分行为具有绝对性，一项有效的处分行为所产生的法律后果，任何人均须予以尊重。(3)由于设定股权让与义务的负担行为只在转让双方之间发生效力，而且只是产生债权债务关系（而不会发生股权权属变动）的法律后果，故而此种行为无须相关部门审批。(4)由于股权转让中的处分行为将产生股权权属变动的法律效果，且产生绝对性的效力，故而法律对此行为的生效要件另有要求。譬如，在一般情形，股权处分行为的生效要求转让人具有处分权，而在特殊情形（如商业银行、保险公司、证券公司5%以上股权的转让）还须经过主管部门的批准。

（二）区分原则解释路径的观点展开

股权转让审批的区分原则解释路径，其观点可作如下展开：

1. 未经主管机关审批的法律后果。股权转让依法应审批，但未经主管机关批准的，将产生下列法律后果：(1)未经主管机关批准，不影响股权转让合同的效力。股权转让中的行政审批，本意是为了控制股权权属的任意变动，而非控制他人之间的缔约行为，故而行政审批与股权转让合同的效力无涉，股权转让合同的效力不会因为未经主管机关批准而受影响。(2)未经主管机关批准，转让方不得将股权转让给受让方，受让方亦无相应的请求权。股权转让中的行政审批，意在管控特殊股权的权属变动，故而未经主管机关批准，转让方不得将股权转让给受让方，受让方不得请求转让方交付股权，也不得请求公司变更股东名册记载或办理工商变更登记手续。(3)未经主管机关批准，转让双方擅自移转股权的行为不生效力。股权转让审批规定乃强制性法律规定，

故而不得违反。转让双方违反股权转让审批规定，擅自转让股权的，违反了法律强制性规定，故而其股权处分行为不生效力。

2. 报批义务的性质与不履行责任。报批义务的性质与违反该项义务应承担的法律责任，可解析如下。(1)报批义务属于合同义务，当事人一方怠于履行报批义务的，应承担违约责任。报批义务是合同义务而非先合同义务，因为只有合同有效成立后，当事人才负有报批义务。(2)报批义务属于(合同义务中的)从给付义务。股权转让合同中转让人的主给付义务，毫无疑问就是向受让人移转股权。股权转让中的报批义务，乃法律所规定，其目的在于实现债权人的给付利益，故而属于从给付义务。① (3)报批义务属于法律规定的从给付义务(法定义务)。从给付义务既有基于法律规定的，又有基于当事人约定的。报批义务乃法定的义务，合同有无报批条款之约定，不能改变报批义务的性质，也不能改变违反报批义务的责任性质。(4)违反报批义务应承担违约责任。由于报批义务属于合同义务，属于法律规定的从给付义务，故而无论合同当中有无报批条款之约定，合同当事人一方怠于履行报批义务的，其行为均构成违约。在此情形下，对方当事人可以要求其继续履行报批义务，也可以解除合同并可要求其赔偿损失。

3. 主管机关作出批准或拒批决定的法律后果。主管机关作出批准或拒批决定的，影响的是合同能否履行问题，具体而言：(1)主管机关依法作出批准决定的，受让人有权请求转让人继续履行转让股权的义务。主管机关依法作出批准决定的，表明其同意转让人与受让人间的股权权属变更，故而股权转让合同在履行上不存在法律上的障碍。转让人有义务继续履行股权变更手续，协助受让人向公司申请股东名册的名义变更，督促公司办理工商变更登记申

---

① 关于报批义务的性质，存在“附随义务与从给付义务”之争。笔者认为，报批义务属于从给付义务而非附随义务。通说认为，从给付义务与附随义务存在以下几点区分：(1)前者在于实现债权人给付利益，后者在于确保债权人固有利益。(2)前者的内容在债之发生时通常可得确定绝大部分，后者则否。(3)前者有基于法律规定的、基于当事人约定的或者基于诚信原则及补充的契约解释，而后者系基于诚信原则。(4)前者得独立诉请履行，而后者则否。(5)前者若不履行，对方当事人得解除合同，而后者则否。(6)从给付义务人得因对方未为对待给付而主张同时履行抗辩权，而后者则否。(7)从给付义务之违反，若导致主给付义务无法履行的，则发生履行利益的赔偿问题；而附随义务之违反应赔偿的原则是固有利益的损害，但例外的是，按《德国新债法》之精神，附随义务之违反，亦可能导致履行利益的赔偿。依上述区分，将报批义务归入“从给付义务”之列，更为妥当。关于从给付义务与附随义务的区分，参见侯国跃：《契约附随义务研究》，法律出版社 2007 年版，第 79~83 页；王泽鉴：《债法原理》，北京大学出版社 2013 年版，第 80~83 页。

请手续。(2)主管机关依法作出拒绝批准决定的,合同属于履行不能,任何一方均可解除合同。行政审批并非指向合同效力,而是指向合同履行,故而主管机关依法作出拒绝批准决定的,合同的效力不因此变为无效或不生效,但合同出现了履行不能,故而当事人可以解除合同。

4.“先付款,后报批”之交易现象的解释。在区分原则解释路径之下,由于行政审批与基础合同的效力无涉,故而未办理报批手续的,不影响股权转让合同的效力。在当事人约定“先由受让人付款,再由转让人办理报批手续”的情形,股权转让合同订立之际便已有效成立,受让人因此而负有付款义务,该义务是受让人的合同义务、主给付义务。受让人无权要求转让人先办理报批手续,因为此情形下的合同已生效,而且根据合同约定,受让人负有先履行的义务。受让人迟延履行付款义务的,将构成违约,经催告后,其仍未在合理期限内履行该项义务的,转让人得单方解除合同,并追究其迟延履行之责任。

综上所述,区分原则的解释路径认为:(1)未经行政审批,不影响股权转让合同的效力,故而,合同当中的报批义务条款及相关责任条款的效力当然亦不受影响。(2)报批义务是法定的从给付义务,故而无论合同当中有无报批义务条款,转让人均负有此项义务。(3)报批义务是转让人的合同义务(从给付义务),故而,转让人怠于履行该项义务的,将构成违约,经催告后,其仍未在合理期限内履行的,受让人得单方解除合同。(4)付款义务是受让人的主给付义务(合同义务),故而,合同约定“先付款,后报批”的,受让人负有先履行义务,其未依约履行的,同样构成违约。(5)行政审批意在控制股权变动,故而,未经主管机关批准,转让人不得转让股权,受让人亦不得请求其履行,双方擅自履行的,股权变动不生效力。(6)主管机关的批准决定,将消除合同履行方面的法律障碍,故而,在股权转让得到批准之后,转让人应继续履行转让股权的义务,受让人亦因此享有相应的请求权。(7)主管机关的拒批决定,将使合同履行存在不能,任何一方均可解除合同。此种解释路径,不仅实现了通过行政审批来管控特殊企业股权任意变动的立法目的,而且在解释上前后逻辑一致,消除了一体把握路径难以克服的解释障碍,故而应值得肯定。

二、区分原则解释路径的可行性

股权转让中,区分原则解释路径(行政审批与基础合同效力解绑的路径)

是否可行，要从三个方面进行分析：一是是否满足效力解绑的前提条件，即区分原则能否适用于股权转让领域。二是有没有存在效力解绑的成功样例，即域外有无存在行政审批与合同效力解绑的立法例。三是是否存在效力解绑解读的可能，即"行政审批与股权转让合同无涉"的观点是否处在法律规定文义射程之内。其中，第一个问题即"区分原则能否适用于股权转让领域"，笔者已在前文论证过，在此不予赘述。以下仅就"行政审批与合同效力区分的域外立法"以及"区分原则解释结论是否处于现行法律文义射程内"这两个问题展开，并以后一个问题为重点。

（一）审批规定与合同效力的区分存在比较法范例

我国1999年制定的《合同法》采用了德国民法的概念体系，并在内容方面借鉴了《国际商事合同通则》（PICC）。[①] 鉴于此，笔者就合同审批规定的境外立法方面，将着重考察《国际商事合同通则》（PICC2010版）与德国民法的相关规定。

1.《国际商事合同通则》审批规定的考察。《国际商事合同通则》（PICC2010版）第6.1.14条至第6.1.17条规定了公共许可与合同的效力或履行的关系。通则中的"公共许可"即我国法上的行政审批。通则关于公共许可的规定，归而言之如下：（1）公共许可既有针对合同效力的，也有针对合同履行的，由各国立法而定。（2）报批义务人应采取必要措施，以获得官方的许可。（3）报批义务人若已采取所有的必要措施，但在合同约定之期间内或者合同订立后的合理期间内（合同无约定期间情形），许可既未获得批准又未遭到拒绝的，任何一方均可终止合同。（4）公共许可若系针对合同效力，则申请被拒将导致合同无效或部分条款无效。（5）公共许可若系针对合同履行，则申请被拒将导致合同全部或部分履行不能，适用有关不履行的规定。

由上可知，根据《国际商事合同通则》的相关规定，公共许可（审批规定）既有针对合同效力的，也有针对合同履行的，什么情况下针对合同或者合同履行，由各国立法自行确定。如果公共许可针对的是合同履行，报批义务人有义务采取必要措施，以获得官方的许可。报批义务人已经采取了必要措施，但许可申请被拒的，将适用履行不能的有关规定。此种规定即为行政审批与合同

① 参见梁慧星主编：《中国民法典草案建议稿附理由（合同编）》，法律出版社2013年版，序言第6页。

效力解绑的立法例，其严格区分了基础合同（负担行为）与合同履行（处分行为）。

2. 德国法审批规定的考察。德国法上也存在须经官方批准的法律行为，相关规定分散在土地交易、农业法、劳动法和经济法等领域中。德国学者在评注《德国民法典》总则编第三章“法律行为”的第六节“允许及承认”时，通常会附加评述批准生效行为。[①] 第六节规定了 4 个条文，第 182 条规定了“同意”、第 183 条规定了“允许（事前的同意）之撤回”、第 184 条规定了“承认（事后的同意）之溯及效力”、第 185 条规定了“无权利人之处分”。[②] 官方批准是一种行政行为（Verwaltungsakt），而非私法上的行为。因此，批准行为的要件与效果应适用公法相关规定，而不适用《德国民法典》第 182 条以下的规定。但是，须由官方批准方能生效的法律行为，可以类推适用《德国民法典》第 182 条以下各条，此为德国司法解释和学理的共同见解。[③]

德国学者和司法实践通说认为，此种批准生效行为，在行政机关决定给予同意或不同意之前，其法律效力为“未决的无效”（亦有译为“未定的无效”“未决的不生效”），[④]在我国习惯称为“效力未定”或“效力待定”。[⑤] 未决的无效，可通过“未决”和“无效”两个阶段进行观察。未决阶段是法律行为实施后至效力最终确定之前的阶段，在此阶段，法律行为的效力悬而未决，既非有效，

---

① 参见汤文平：《德国法上的批准生效合同研究》，载《清华法学》2010 年第 6 期。

② 德国《民法典》第 182 条规定：“Ⅰ. 契约或向相对人所为之单独行为，应经第三人同意，始生效力者，其同意或拒绝，得向当事人之一方表示之。Ⅱ. 同意无须依该法律行为所应具之方式为之。Ⅲ. 应经第三人同意始生效力之单独行为，系经第三人之允许而为之者，准用第一百一十一条第二段及第三段规定。”第 183 条规定：“事前之同意（允许），于未为法律行为前，得撤回之。但基于允许所生之法律关系发生其他效力者，不在此限。撤回得向当事人之一方表示。”第 184 条规定：“Ⅰ. 事后之同意（承认），除另有规定外，溯及于作成法律行为时发生效力。Ⅱ. 于承认前，承认之人就法律行为为标的物所为之处分、强制执行、假扣押或破产管理人之行为，不因承认之溯及既往而失其效力。”第 185 条规定：“Ⅰ. 无权利人就标的物所为之处分，如经权利人之允许而为者，应为有效。Ⅱ. 无权利人所为之处分，经权利人承认、为处分之人事后取得该标的物，或权利人继承无权处分之人，且就其遗产负无限责任者，该处分亦生效力。于后二者之情形，若就标的物曾为数处分而互相抵触时，仅最早之处分为有效。”

③ 参见［德］维尔纳·弗卢梅：《法律行为论》，迟颖译，法律出版社 2013 年版，第 1071 页。

④ 参见［德］卡尔·拉伦茨：《德国民法通论》（下册），王晓晔、邵建东、谢怀栻等译，法律出版社 2013 年版，第 673 页；朱庆育：《民法总论》，北京大学出版社 2016 年版，第 315 页；［德］维尔纳·弗卢梅：《法律行为论》，迟颖译，法律出版社 2013 年版，第 1071 页。

⑤ 韩世远：《合同法总论》，法律出版社 2018 年版，第 294 页；梁慧星：《民法总论》，法律出版社 2011 年版，第 210 页；崔建远等：《民法总论》，清华大学出版社 2010 年版，第 77 页。

也非无效。所谓非属有效，指当事人不得请求履行负担行为，不得基于处分行为而使权利变动。所谓非属无效，是指法律行为对当事人并非毫无拘束力。法律行为在未决期间能够产生某些预先效力，包括先期义务、先期拘束力以及为将来可能的履行做必要的准备。[①] 批准生效行为中的先期义务，主要指当事人应为必要的行为以促成官方的批准，或者不得为可能会使批准受阻的行为。先期拘束力，是指在未决阶段，当事人实已相互拘束，均应诚信行事，在官方未作出明确的审批意见前，不得任意撤销待审批之行为。[②] 未决阶段是暂时的过度，法律行为最终要么有效、要么无效。如果得到第三方的同意，法律行为将确定有效。如果被第三方拒绝（包括明示与默示），或者善意相对人在第三方同意前已撤销的，法律行为将确定无效。

德国法严格区分了负担行为（基础行为、原因行为）和处分行为（履行行为、结果行为）。批准生效行为，可能是指基础行为需批准，也能是指履行行为需批准，二者存在以下差异：(1)在批准前法律效果的差异。如果基础行为需批准，则在批准作出前，合同尚未生效。如果是履行行为需批准，在批准作出前，作为基础的合同（原因行为）是有效的，只是履行遇到了给付障碍，须待有权机关的审批。(2)在被拒批后法律效果的差异。如果是需批准的基础行为被拒绝批准的，则合同无效。如果是需批准的履行行为被拒绝批准的，则合同履行陷于给付不能。对于后者，一般按照德国《民法典》第275条、第326条之规定，排除当事人的给付义务，并得解除合同；例外的是，若债务人对被拒批具有可归责事由的，则应按照德国《民法典》第280条、第281条之规定，负损害赔偿之责。[③]

3. 境外审批规定立法的考察结论。基于对《国际商事合同通则》（PICC2010版）与德国立法和学说的考察，可以得出这样的结论：(1)境外立法审批规定，未必都是关于合同效力（负担行为）的规定，也可能是合同履行（处分行为）的规定。(2)如果审批规定指向合同履行（处分行为），则是否办理报批手续，不影响基础合同的效力，只是影响合同的履行问题。(3)如果审批规定指向合同履行，在主管机关拒批时，将发生履行不能问题，当事人可以解

---

① 参见朱庆育：《民法总论》，北京大学出版社2016年版，第315~316页。

② 参见汤文平：《德国法上的批准生效合同研究》，载《清华法学》2010年第6期；朱庆育：《民法总论》，北京大学出版社2016年版，第316页。

③ 参见汤文平：《德国法上的批准生效合同研究》，载《清华法学》2010年第6期。

除合同。

(二)区分原则的解释结论处于现行法文义射程内

1. 未生效合同的规范基础指向的对象是“合同”。认为未履行法定审批程序的合同为未生效的观点(一体把握的解释路径),其所援引的规范基础为《民法典》合同编第 502 条第 2 款。[①]《民法典》合同编第 502 条第 1 款规定了合同生效的一般情形,依此规定,通常情况下,合同在成立之时便已生效。原《合同法》第 44 条第 2 款作出了例外规定,其立法表述为“法律、行政法规规定应当办理批准、登记等手续生效的,依照其规定”。该规定曾引起理解上的分歧。《民法典》合同编第 502 条第 2 款在表述方面更为精准,其规定:“依照法律、行政法规的规定,合同应当办理批准等手续的,依照其规定。”该条款明确指向的对象是“合同”。

2. 股权转让审批规定指向的对象是“(股权)转让”或“(股权)变更”。通过对《企业国有资产法》第 53 条[②]、《中外合作经营企业法》第 10 条[③]、《中外合作经营企业法实施细则》第 23 条[④]、《中外合资经营企业法实施条例》第 20 条[⑤]、《外资企业法实施细则》第 22 条和第 23 条[⑥]、《商业银行法》第 24 条[⑦]、

① 原《合同法》第 44 条规定:“(第 1 款)依法成立的合同,自成立时生效。(第 2 款)法律、行政法规规定应当办理批准、登记等手续生效的,依照其规定。”

② 2008 年《企业国有资产法》第 53 条规定:“……履行出资人职责的机构决定转让全部国有资产的,或者转让部分国有资产致使国家对该企业不再具有控股地位的,应当报请本级人民政府批准。”(法条内容中文字下方的着重号为笔者所加,下同。)

③ 2017 年《中外合作经营企业法》第 10 条规定:“中外合作者的一方转让其在合作企业合同中的全部或者部分权利、义务的,必须经他方同意,并报审查批准机关批准。”

④ 2017 年《中外合作经营企业法实施细则》第 23 条规定:“合作各方之间相互转让或者合作一方向合作他方以外的他人转让属于其在合作企业合同中全部或者部分权利的,须经合作他方书面同意,并报审查批准机关批准。”

⑤ 2014 年《中外合资经营企业法实施条例》第 20 条规定:“合营一方向第三者转让其全部或者部分股权的,须经合营他方同意,并报审批机构批准……”

⑥ 2014 年《外资企业法实施细则》第 22 条规定:“外资企业注册资本的增加、转让,须经审批机关批准……”第 23 条规定:“外资企业将其财产或者权益对外抵押、转让,须经审批机关批准……”

⑦ 2015 年《商业银行法》第 24 条规定:“商业银行有下列变更事项之一的,应当经国务院银行业监督管理机构批准……(五)变更持有资本总额或者股份总额百分之五以上的股东。”

《外资银行管理条例》第27条[①]、《保险法》第84条[②]、《证券法》(2014年)第129条第1款(2019年12月28日修法时已废止)[③]、《证券投资基金法》第14条第2款[④]、《期货交易管理条例》第19条[⑤]、《征信业管理条例》第9条[⑥]的梳理,不难发现这些法律、行政法规虽然对"股权转让"或"股权变更"要求应当办理批准手续,但是均未明确要求"股权转让合同"经批准才生效。而在1997年当时的外经贸部颁布的《外商投资企业投资者股权变更的若干规定》第3条[⑦]明确了没有审批的后果是"股权变更无效",其基本文义显然系指未经审批不能发生股权变动的法律后果,该条规定并无否认合同效力的意图。

3. 股权转让审批规定存在区分原则解释路径适用的空间。如上分析,《民法典》合同编第502条第2款中的"批准"明确指向的对象是"合同"。[⑧]只有法律、行政法规明确规定合同需要批准的,才适用《民法典》第502条第2

---

① 2014年《外资银行管理条例》第27条规定:"外资银行有下列情形之一的,应当经国务院银行业监督管理机构批准(四)变更股东或者调整股东持股比例。"

② 2015年《保险法》第84条规定:"保险公司有下列情形之一的,应当经保险监督管理机构批准……(七)变更出资额占有限责任公司资本总额百分之五以上的股东,或者变更持有股份有限公司股份百分之五以上的股东。"

③ 2014年修订的《证券法》第129条第1款规定:"……变更持有百分之五以上股权的股东、实际控制人,……必须经国务院证券监督管理机构批准。"2019年12月28日第十三届全国人民代表大会常务委员会第十五次会议对《证券法》进行了较大的修订,废止了前述规定。

④ 2015年《证券投资基金法》第14条第2款规定:"基金管理公司变更持有百分之五以上股权的股东,……应当报经国务院证券监督管理机构批准。"

⑤ 2017年《期货交易管理条例》第19条规定:"期货公司办理下列事项,应当经国务院期货监督管理机构批准……(四)新增持有5%以上股权的股东或者控股股东发生变化。"

⑥ 2013年《征信业管理条例》第9条规定:"……变更出资额占公司资本总额5%以上或者持股占公司股份5%以上的股东的,应当经国务院征信业监督管理部门批准。"

⑦ 《外商投资企业投资者股权变更的若干规定》第3条规定:"企业投资者股权变更应遵守中国有关法律、法规,并按照本规定经审批机关批准和登记机关变更登记。未经审批机关批准的股权变更无效。"

⑧ 梁慧星教授、韩世远教授也认为,原《合同法》第44条第2款中的"批准/登记"指向的对象是"合同"。详见梁慧星:《读条文学民法》,人民法院出版社2017年版,第178页;韩世远:《合同法总论》,法律出版社2018年版,第197页。

款的规定。比如,《中外合资经营企业法》第3条①所规定的合营企业协议、合营企业合同,《中外合作经营企业法》第5条②规定的合作企业协议、合作企业合同,即为典型之例。如果法律、行政法规对某一经济行为虽然要求应当办理批准/登记手续,但未明确批准/登记的对象是"合同"的,则不属于《民法典》合同编第502条第2款所规范的事项。比如,《民法典》第209条、第214条规定,不动产物权的设立、变更、转让和消灭,应当依法登记。此处的登记并非指向"合同",因此,没有办理不动产登记的,不影响合同效力。

最高人民法院发布的司法解释(如原《合同法解释(一)》第9条)认识到了,法律、行政法规要求办理的登记,可能与合同生效有关,也可能与合同生效无关。这一点应值得肯定。但令人遗憾的是,该解释没有认识到,法律、行政法规关于批准的规定,同样可能与合同生效有关,也可能与合同生效无关。在一项财产权利交易中,既存在基础合同(负担行为),也存在权利变动(处分行为),基础合同只在当事人间产生债权债务关系,不会引发权利的变动,真正引发权利变动的是合同履行行为(处分行为)。因此,法律中的行政审批规定,未必都是针对债权合同,也可能是针对处分行为。如果行政审批规定针对的是处分行为(权利变动),那么,此种情形就不能适用《民法典》合同编第

---

① 2016年修订《中外合资经营企业法》第3条规定:"合营各方签订的合营协议、合同、章程,应报国家对外经济贸易主管部门审查批准。审查批准机关应在三个月内决定批准或不批准。合营企业经批准后,向国家工商行政管理主管部门登记,领取营业执照,开始营业。"《中外合资经营企业法》于1979年制定,并历经1990年、2001年、2016年三次修正。2016年修正案第3条,延续了原先的规定。此处"合营各方签订的合营协议、合同"中的"合同",特指"合营合同"。《中外合资经营企业法实施条例》(国务院,2014年第五次修订)第10条至第12条,对合营合同的概念、效力、主要内容和适用法律作了详细的规定。其中第10条规定:"(第1款)本条例所称合营企业协议,是指合营各方对设立合营企业的某些要点和原则达成一致意见而订立的文件;所称合营企业合同,是指合营各方为设立合营企业就相互权利、义务关系达成一致意见而订立的文件。(第2款)合营企业协议与合营企业合同有抵触时,以合营企业合同为准。(第3款)经合营各方同意,也可以不订立合营企业协议而只订立合营企业合同、章程。"

② 2017年《中外合作经营企业法》第5条规定:"申请设立合作企业,应当将中外合作者签订的协议、合同、章程等文件报国务院对外经济贸易主管部门或者国务院授权的部门和地方政府审查批准。审查批准机关应当自接到申请之日起四十五天内决定批准或者不批准。"此处的"协议""合同"是指"合作企业协议""合作企业合同"。《中外合作经营企业法实施细则》(国务院,2017年)第10条规定:"本实施细则所称合作企业协议,是指合作各方对设立合作企业的原则和主要事项达成一致意见后形成的书面文件。本实施细则所称合作企业合同,是指合作各方为设立合作企业就相互之间的权利、义务关系达成一致意见后形成的书面文件。……合作企业协议、章程的内容与合作企业合同不一致的,以合作企业合同为准。合作各方可以不订立合作企业协议。"

502条第2款的规定了。

基于前述分析可知,当前的股权转让审批规定指向的对象是“(股权)转让”或“(股权)变更”,并未明确指向“(股权转让)合同”,这就为区分原则解释路径的适用留下了相应的空间。任何财产权利的交易,包括股权转让在内,须经过合同订立(缔约行为)与合同履行(履约行为)两个阶段,才能完成交易活动。缔约行为是因、履约行为是果,有因才有果,但有因未必有果。故而,合同有效才会有合同履行的问题,但合同没履行或不能履行,不意味着合同效力必然有瑕疵。当前的股权转让审批规定,虽然规定了股权转让这一经济活动须审批,但并未规定股权转让合同(即缔约行为)须审批。也就是说,虽然法律没有明确规定“审批规定只是针对股权转让的履约行为”,但法律也没有规定“审批规定针对的是股权转让的缔约行为”。故而现行的股权转让审批规定,存在区分原则解释路径适用的空间。易言之,区分原则解释路径之结论,处于现行股权转让审批规定的文义射程之内。

4. 股权转让审批规定的区分原则解释路径已为实务所接受。在审判实践和仲裁实务中,已有人民法院和仲裁机构采纳了区分原则解释路径的观点。兹举二例加以说明:

《证券法》股权转让审批规定的区分原则解释路径之实例。在梅雁公司与吉富公司股权转让纠纷二审案中,最高人民法院判决认为,我国《证券法》(2014年)第129条虽然规定了5%以上股权的转让须经证券监督管理部门批准,但是其并没有规定未经批准的股权转让合同无效。梅雁公司与吉富公司之间转让广发证券8.4%的股权,没有办理报批手续,虽然违反了前述《证券法》(2014年)之规定,但是对合同效力不产生影响,梅雁公司与吉富公司之间订立的股权转让合同有效。①

《保险法》股权转让审批规定的区分原则解释路径之实例。在申请人X公司与被申请人Z保险公司关于股权转让协议的仲裁争议一案,双方诉争的焦点在于,未报经中国保监会批准的股权转让协议的效力认定。被申请人Z认为,依照《保险法》第82条第1款之规定,变更出资人或者持有公司股份10%以上的股东,须经保险监督管理机构批准,因此,在未得到保监会批准之前,诉争股权转让协议未生效。北京仲裁委员会裁决认为:第一,股权转让协

① 参见最高人民法院民事判决书,(2009)民二终字第00117号。

议和股权变动行为相互联系又相互区别，就生效条件而言，各自依据相关的法律而确定其是否生效。第二，原《合同法》第 44 条第 2 款所述"办理批准、登记手续"指向的对象为"合同"，就批准而言，只有法律、行政法规明确规定某种合同需要批准时，若未能办理批准手续，合同不能生效。第三，《保险法》第 82 条并未规定保险公司的股权转让合同须经保监会批准，此种规定约束的是保险公司的经营管理行为，当事人没有办理批准手续的，股权不发生变动，但不影响股权转让协议的效力。①

综上所述，(1) 从境外立法的考察上来看，境外立法的股权转让审批规定，既有针对基础合同（或负担行为），也有针对合同履行（或处分行为）。故而未依法办理审批手续的，合同未必都是无效或未生效。如果审批规定系针对合同履行（或处分行为），即便未办理审批手续，合同的效力也不受影响；只是在此情形下，合同无法履行，或履行不生效力而已。(2) 从国内法的研究来看，只有在法律、行政法规明确规定合同须审批的情形，未办理审批手续的，合同才因此未生效。但是，现行股权转让审批规定，要求的是"（股权）转让"或"（股权）变更"须经审批，而未明文规定"股权转让合同"须经审批。因此，在当前的股权转让审批规定框架下，存在区分原则解释路径适用的空间。概言之，就股权转让审批规定而言，区分原则解释路径具有可行性。

三、区分原则解释路径的优越性

如前所述，股权转让中行政审批的法律效力如何，存在一体把握和区分原则两条解释路径。本书之所以认可区分原则的解释路径，原因在于：一体把握原则在解释行政审批法律效力这一问题上存在诸多缺陷，而区分原则能够克服这些缺陷。详述如下：

（一）区分原则解释路径兼顾股权转让审批目的与必要性原则之要求

"目的与手段之间应维持适度的比例"，"为达成特定目的而采取某项手段时，相对于此目的，手段不可失衡"，"在同样可以达成目的多数手段中，应该选择造成侵害后果最轻微者"。② 特殊企业的股权和特殊身份股东的股权

① 参见北京仲裁委员会、北京国际仲裁中心编：《股权转让案例精读》，商务印书馆 2017 年版，第 64~72 页。

② ［德］卡尔·拉伦茨：《法学方法论》，陈爱娥译，商务印书馆 2016 年版，第 354 页。

与毒品、枪支等物品不同，后者绝不允许在私人间流通，而前者本身并非禁止流通物，故而立法对二者的处理方式应有不同，即以后者为标的之交易合同应属绝对无效，而关于前者的交易则不然。立法规定特殊交易领域行政审批的目的，意在控制特殊权利的变动（或者说意在控制特殊权利的受让人资格），以实现国家在相关领域公共政策的安排。一体把握的解释路径，通过控制合同的效力，进而控制股权的变动，虽然也能够实现股权转让行政审批的目的，但为阻止股权变动而否定原因行为的效力，此种为达目的而“殃及无辜”的做法超越了比例原则和必要性原则。

股权转让行政审批的立法目的之实现，只须“控制权利变动”即可，无须“控制合同效力”。合同仅是当事人间为实现权利转让而为的彼此权义安排，其法律效果在于设定一方的给付义务和对方的给付请求权，它本身并不直接导致权利的实际变动。一项合同只有生效之后，才会发生履行的问题。行政审批应该在合同履行阶段介入，因为合同的履行才会导致权利的直接变动。如果行政审批“提前介入”并决定合同效力，将过度侵越合同当事人的自治空间。区分原则的解释路径，严格区分了原因行为和履行行为的效力要件，将行政审批从原因行为中剥离，精确定位于履行行为之上。

股权转让中也存在负担行为与处分行为的区分，只是因为有限公司的股权转让遵循意思主义、合同生效通常意味着股权即发生变动，①股权转让中的负担行为与处分行为被“包裹”在同一份合同之中，二者的区分不易被人发现。关于股权转让的负担行为与处分行为的区分，以德国法和瑞士法规定最为显著，此二国之立法关于有限公司的股权转让遵循意思主义变动模式，虽不同于本国民法规定之形式主义物权变动模式，但与物权转让一样，立法严格区分了股权转让负担行为和股权让与处分行为。②

---

① 有限责任公司的股权转让所遵循的模式，存在形式主义与意思主义之争。2019年11月，最高人民法院发布的《全国法院民商事审判工作会议纪要》第8条采纳了股东名册登记生效说，此为形式主义观点之一。笔者认为，有限公司的股权转让，并不以出资证明书的交付、股东名册的变更记载或工商变更登记为生效要件，股东名册的变更记载仅是股权转让的内部对抗要件（对抗公司的要件），工商变更登记是股权转让的外部对抗要件（对抗公司外部善意第三人的要件），而出资证明书的交付，既非股权转让的生效要件，也非股权转让的对抗要件。也就是说，有限公司的股权转让遵循意思主义。

② 《德国有限责任公司法》第15条、《瑞士债务法》第785条，相关译文参见《德国商事公司法》，胡晓静、杨代雄译，法律出版社2014年版，第32页；戴永盛译：《瑞士债务法》，中国政法大学出版社2016年版，第357页。

依法应批准但未经主管机关审批的情形，股东对其股权的处分权受限制，这如同抵押人对抵押物虽拥有所有权但其处分权受限制一样。[①] 虽然原《合同法》第51条将当事人拥有处分权作为合同的生效要件，但自从《买卖合同解释》（法释〔2012〕8号）颁行之后，“处分权系处分行为的要件、处分权之有无不影响负担行为的效力”，这样的观点逐渐占据主流。出卖人没有所有权和处分权尚且不影响买卖合同的效力，举重以明轻，在股权转让未经批准前，股东对其股权拥有所有权，只是其处分权受限制而已，法律更无理由否定此情形下的股权转让合同效力。

（二）区分原则解释路径为报批义务的强制履行提供充分的理论支持

股权转让合同成立后，股权转让人应履行报批义务，若其怠于履行报批义务，相对人有权向法院诉请转让人继续履行或者由己方代替执行，以上观点为大家之共识。但就如何在理论上支撑报批义务的强制实际履行这一问题上，一体把握的解释路径显得颇为曲折。一体把握路径由于将行政审批与合同效力捆绑，自然也就将报批义务当作先合同义务。因为在一体把握框架下，未经报批和审批的，合同未生效；而合同未生效，当然也就不存在合同义务，那么报批义务只能被认定为先合同义务。基于这种逻辑而衍生的观点，为原《合同法解释（二）》第8条所采纳。然而，将报批义务界定为先合同义务的解释观点，助长了当事人的机会主义，因此，《外资企业解释（一）》将报批条款从合同中剥离出来，使其效力独立于合同之外，并因此将报批义务界定为合同义务，在理论上支撑报批义务的强制履行。但是此种解释路径存在两方面问题：一

---

① 抵押人得否自由处分抵押物这一问题，存在“自由转让说”和“限制转让说”。我国2007年制定的《物权法》采纳了“限制转让说”。该法第191条第2款规定：“抵押期间，抵押人未经抵押权人同意，不得转让抵押财产，但受让人代为清偿债务消灭抵押权的除外。”《民法典》则采纳了“自由转让说”，其第406条规定：“抵押期间，抵押人可以转让抵押财产。当事人另有约定的，按照其约定。抵押财产转让的，抵押权不受影响。”但需注意的是，“限制转让说”只是认为，抵押人未经抵押权人同意而擅自转让抵押财产的，物权不发生变动，而非认为买卖合同无效。对此，《第八次全国法院民事商事审判工作会议（民事部分）纪要》（“八民会议纪要”、法〔2016〕399号）第14条规定：“物权法第一百九十一条第二款并非针对抵押财产转让合同的效力性强制性规定，当事人仅以转让抵押房地产未经抵押权人同意为由，请求确认转让合同无效的，不予支持。受让人在抵押登记未涂销时要求办理过户登记的，不予支持。”最高人民法院工作人员编写的《〈第八次全国法院民事商事审判工作会议（民事部分）纪要〉理解与适用》进一步释义道，为了有效平衡抵押人、抵押权人和受让人的利益，对《物权法》第191条第2款的释义，应当以《物权法》第15条中的区分原则为指引，也就是说，抵押人未经抵押权人同意而擅自转让抵押财产的，物权不发生变动，但不影响合同的效力。参见杜万华主编：《〈第八次全国法院民事商事审判工作会议（民事部分）纪要〉理解与适用》，人民法院出版社2017年版，第252页。

是缺乏解释基础。原《合同法》虽有“解决争议方法的条款效力独立于合同之外”的规定，但并不存在报批条款独立性的规定。二是违反“相同事务同样对待”的解释规则。报批义务为法律所规定，即便当事人将其“抄到”合同文本中，仍改变不了其性质。一体把握解释路径认为，合同中有约定报批条款的，报批义务为合同义务；如果没有约的，则为先合同义务。缔约当事人抄写法律条款的功课，竟有如此的功效，不禁令人疑虑。

区分原则解释路径在解释报批义务的性质以及报批义务的强制履行这一问题上，绝不会出现一体把握原则所存在的解释困境。区分原则解释路径认为，行政审批只与履行行为有关，而与原因行为的效力无涉。在这样的解释路径下，报批义务属于合同义务（而非先合同义务）的观点是不存在任何疑义的。《民法典》合同编第 577 条规定了“继续履行”“采取补救措施”“赔偿损失”等违约责任，作为守约方的合同债权补救措施。其中，“继续履行”在学理上亦称“强制履行”，其具体形态包括直接强制、代替执行和间接强制。[①] 守约方得以诉请违约方继续履行的前提是，对方违约且合同可以继续履行。所谓违约，指当事人不履约或者履约不当，它是以存在有效的债权债务关系为前提，当事人所违反的是合同义务而非先合同义务。区分原则解释路径所遵循的逻辑进路，为报批义务的强制履行提供了充分的理论支持。在此路径下，即便未报批、未审批，合同的效力不受影响；报批义务是合同义务，当事人怠于履行报批义务的，构成违约；报批义务可以继续履行，故而守约方可诉请违约方继续履行，若违约方仍不履行的，守约方可请求法院判决自己办理报批手续、由违约方支付费用（代替执行）。如此解释得出的结论，不但与司法解释追求的目标一致，而且省却了一体把握解释路径的艰辛与困惑。

（三）区分原则解释路径更能合理解释未报批时股权转让合同的解除

最高人民法院发布的司法解释和法院会议纪要规定了合同解除的两种情形：一是股权转让人不履行报批义务，股权受让人有权解除合同（《外资企业解释（一）》第 5 条、第 6 条，《九民会议纪要》第 38 条）。二是合同约定“先付款后报批”，股权受让人未依约支付股权转让款的，股权转让人有权解除合同（《外资企业解释（一）》第 8 条）。一体把握解释路径下的合同解除规则，存在以下两个疑问难以解决：（1）未生效合同能否成为合同解除的标的？当前司法解释和法院会议纪要奉行一体把握解释路径，延续了合同未生效说。依

① 参见韩世远：《合同法总论》，法律出版社 2018 年版，第 761 页。

"未批准、未生效"之逻辑进路,《外资企业解释(一)》中的第 5 条、第 6 条和第 8 条中的合同,以及《九民会议纪要》第 38 条中的合同,由于均未报批,故而属于未生效合同。也就是说,前述条文均是关于未生效合同的解除规定。然而,未生效合同能否成为合同解除的标的,不无疑问,至少这一观点与我国当前的主流观点相悖。目前多数学者认为,合同解除的标的是有效成立的合同,合同的有效性是合同解除的前提条件。[①]《九民会议纪要》第 37 条规定了"未生效合同已具备合同的有效要件",如果解读为"未生效合同实为有效合同",那么此情形下的合同解除在解释上就几无障碍,然而,《全国法院民商事审判工作会议纪要理解与适用》一书中却旗帜鲜明地指出"(未生效合同)有别于有效合同",[②]这又为未生效合同的解除增加了解释上的困扰。(2)合同既然未生效,受让人何来的付款义务又如何构成履行迟延?依《外资企业解释(一)》第 8 条规定,当事人约定"先付款、后报批"的,受让人怠于支付股款,经催告后仍未支付的,该行为构成履行迟延;转让人有权解除合同并得请求受让人赔偿其实际损失。有效债务的存在是构成履行迟延的基本前提,此为当前之通说。[③]有效债务的存在以有效合同的存在为前提,因为有效债务的存在意味着合同已不再仅是"形式上的拘束力",而且已经具有了"实质的拘束力"。也就是说,迟延履行的对象必然是一项有效合同,而不可能是未生效合同。因为合同未生效意味着其效力未卜,断无合同义务(有效债务)的存在。

区分原则的解释路径则不存在前述两个理论障碍。在区分原则解释路径之下,行政审批与基础合同无涉,在股权转让人报批之前,合同即已有效成立。故而,无论是股权转让人的报批义务还是股权受让人的付款义务,均属于当事人的合同义务(而非先合同义务)。行政审批影响着股权的变动,由于行政审批(性质上属于行政许可)遵循"不报、不批"之原则,股权转让人若不履行报

---

① 参见王利明:《合同法研究(第二卷)》,中国人民大学出版社 2015 年版,第 317~318 页;李永军:《合同法》,中国人民大学出版社 2016 年版,第 239~249 页;韩世远:《合同法总论》,法律出版社 2018 年版,第 653 页;谭启平主编:《中国民法学》,法律出版社 2015 年版,第 461 页;王家福主编:《民法债权》,中国社会科学出版社 2015 年版,第 316 页;郑玉波:《民法债编总论》,中国政法大学出版社 2004 年版,第 324 页。

② 最高人民法院民事审判第二庭编:《全国法院民商事审判工作会议纪要理解与适用》,人民法院出版社 2019 年版,第 277 页。

③ 参见韩世远:《合同法总论》,法律出版社 2018 年版,第 535 页;郑玉波:《民法债编总论》,中国政法大学出版社 2004 年版,第 324 页;王利明:《合同法研究》,中国人民大学出版社 2015 年版,第 478 页;王泽鉴:《损害赔偿》,北京大学出版社 2017 年版,第 207 页。

批义务，股权受让人将不能正常地取得股权，其合同目的因此而落空，故而其有权解除合同，而此时的合同属于有效合同，不存在像一体把握解释路径那样的理论障碍。在合同约定了"先付款，后报批"的情形，股权转让人享有后履行抗辩权，在受让人未先付款前，其有权拒绝履行报批义务。受让人支付股权转让款属于其主合同义务，其迟延履行后，若经对方催告而仍未在合理期内履行的，对方（股权转让人）可以依据《民法典》合同编第563条第1款第3项之规定主张解除合同。①

（四）区分原则解释路径更能妥善平衡当事各方的合法权益

股权转让人的主合同义务是向受让人让与股权，转让人在合同成立后不履行报批义务的，其意图显然是阻止股权变动、逃避主合同义务。因此，转让人怠于履行报批义务的构成违约，股权受让人可以要求转让人承担继续履行报批义务、赔偿损失的违约责任，在转让人经催告后仍不履行报批义务的，受让人可以解除合同、追究转让人的违约责任。唯有如此解释，才能平衡股权转让人与受让人之间的利益。

一体把握的解释路径将行政审批与合同效力绑定，并由此生成的"合同无效说""合同未生效说"，均将助长当事人的机会主义。关于权利变动的行政审批，在性质上实为行政许可，②是一种依申请的行政行为，具有被动性，遵循"不报不批""无申请无许可"的规则。易言之，转让人的报批申请，是发动

---

① 《民法典》第563条第1款沿袭了《合同法》第94条之规定，在《民法典》正式施行后，股权转让人单方解除合同的法律依据即为《民法典》第563条第1款第（3）项之规定。

② 在学界关于行政审批的性质存在不同的见解，以关保英教授为代表的学者认为，具体权利的行政审批即为行政许可的范畴；而以张步峰教授为代表的学者认为，真正的"行政审批"是与行政许可相对应的平行概念，前者是行政机关依照法定权限和法定程序，针对其他行政机关或其直接管理的事业单位的人事、财务、外事等事项的审查批准行为，它是行政机关所实施的内部审查批准权力；而后者则为行政机关依照法定权限和法定程序，针对相对人的申请，进行审查，并作出是否准予其从事特定活动或认可其资质的行为，它是行政机关所实施的外部审查批准权力。但是，在官方层面一般认为，行政审批就是行政许可。原国务院法制办公室主任杨景宇于2002年8月23日在第九届全国人民代表大会常务委员会第二十九次会议上，代表国务院所作的《关于〈中华人民共和国行政许可法（草案）〉的说明》，指出："行政许可（也就是通常所说的'行政审批'），是行政机关依法对社会、经济事务实行事前监督管理的一种重要手段。问题是行政许可过多、过滥。现行行政许可制度在一定程度上已经成为转变政府职能的一个障碍。制定行政许可法，对于巩固行政审批制度改革成果，从源头上预防和治理腐败，都有重要意义。"从该草案说明可以看出，我们通常所谓的"行政审批"，实为行政许可。此外，《国务院对确需保留的行政审批项目设定行政许可的决定》（2016年修正）目录所列的第382项、第388项、第389项、第430项规定，将银行、保险、证券、期货经纪公司的股权转让审批列入行政许可的项目。前述学者的观点参见关保英：《行政审批的行政法制约》，载《法学研究》2002年第6期；张步峰：《基于实定法解释的"行政审批"概念分析》，载《法学杂志》2013年第11期。

行政审批程序的“引擎”。在行政审批与合同效力捆绑的进路下，转让人将可能相机而行，如果有利可图，自然会履行报批义务，但如果无利可图或者是赔本买卖，出于利己本能，其将怠于发动审批程序的“引擎”，以阻止合同生效。

一体把握的解释路径中，行政审批同时控制着合同效力与股权变动，固然有利于国家公共政策的实现，却使股权转让人与受让人之间的利益失衡。一体把握中的“无效说”不仅逻辑上存在问题，而且将合同命运交由报批义务人主宰，忽视了相对人的权益保护，故而在当前少有人坚持此说。一体把握中的“未生效说”先是将报批义务定性为先合同义务，并将怠于履行报批义务的行为定性为缔约过失，固然相较于无效说有很大的进步，但仍不足以平衡股权转让人与受让人间的利益。为此，“改良版”的未生效说进一步解释，合同中约定了报批条款的，报批义务属于合同义务，怠于履行报批义务之行为应承担违约责任。此种解释抬高了“法律条款抄写功课”的功效，使股权受让人终于有机会享受到违约责任救济措施的待遇，但是在合同没有约定报批条款时，股权受让人却无法享受此种待遇。

区分原则的解释路径不仅可以克服一体把握解释路径造成的利益失衡，亦不影响国家公共政策的安排实现。在区分原则解释路径下，行政审批与股权转让合同效力无涉，无论合同有无约定报批条款，报批义务都是股权转让人的合同义务。股权转让人不履行报批义务的，将构成违约，股权受让人要求转让人承担继续履行报批义务、赔偿损失或者解除合同，在理论上不存在任何障碍。如果股权转让人履行了报批义务但是被主管机关拒批的，属于合同履行方面的嗣后客观不能，双方均得解除合同，若不存在过错的，亦不存在赔偿问题。行政审批只需与合同履行绑定，即可实现主管机关对股权变动的控制。至于股权转让人与受让人间的合同纠纷，审批机关大可不必“淌浑水”。

综上所述，就股权转让审批规定而言，相较于一体把握的解释路径，区分原则解释路径至少存在以下四方面的优越性：(1)兼顾了股权转让审批目的与必要性原则之要求。股权转让审批的目的，在于管控特殊企业的股权变动，达此目的仅须控制权利变动即可，而无须控制合同效力。(2)为报批义务的强制履行提供充分的理论支持。区分原则解释路径认为，报批义务是当事人的合同义务，是法定的从给付义务，不因合同约定与否而异其性质；转让人未履行报批义务的，受让人有权要求其继续履行或者请求法院判决自己办理报批手续、由违约方支付费用。如此解释不但与司法解释追求的目标一致,并省却了一体把握解释路径的艰辛。(3)更能合理解释未报批情形下的合同解除。一体把握解释路径在解释“未生效合同的解除”这一问题方面颇为曲折,尤其是在合同约定“先付款,后报批”之情形,若认为合同未生效又如何解释受让人的迟延履行呢?区分原则解释路径认为,未报批不影响合同效力,报批义务与付款义务均是当事人的合同义务,任何一方怠于履行义务的,将构成迟延履行,而对方相应地享有合同解除权。后一种解释路径在逻辑方面更为顺畅。(4)更能妥善平衡当事各方的合法权益。区分原则解释路径认为,转让人不履行报批义务,其意图显然是阻止股权变动,进而逃避主合同义务。故而,无论合同是否约定报批条款,报批义务均为合同义务,违反报批义务均要承担违约责任。如此解释,既不影响国家公共政策的安排,又可以克服一体把握解释路径造成的利益失衡问题。

本章小结

行政审批绝不是中国的“土特产”,其他国家和地区也存在这一事物。由于新中国成立后在一段较长的时期里,我国实行计划经济制度,因此行政审批在我国曾较为普遍。伴随着我国市场经济的确立和发展,行政审批逐渐减少,但只要承认市场经济中国家干预存在的必要性,就必然有行政审批的存在。因此,行政审批与合同效力的关系、报批义务的性质与义务不履行的责任,这些问题的研究诚有必要。

股权转让依法应审批但未办理审批手续的,此情形下的合同效力如何?人们的见解随着司法实践经验的积累和学者理论研究的深入而发生变化。最初的一般认识是,法律、行政法规关于审批的规定属于强制性规定,依法应审批但未办理审批手续的,违反了强制性规定,故而股权转让合同无效。后来,学者和法官们均发现前述认识有点“怪”:一方面,只要股权转让人不报批,合同始终就是无效的;另一方面,合同无效意味着合同义务(包括报批义务)不存在;依照前述逻辑,合同是否有效完全取决于报批义务人的单方意志。因此,最高人民法院基于对原《合同法》第42条第2款的解释,出台了《合同法解释(一)》《合同法解释(二)》《外资企业解释(一)》,均将此类合同定性为

"未生效合同"。但是,三部司法解释关于"未生效合同"所发出的声音并不是那么和谐。在《合同法解释(一)》(法释〔1999〕19号)确立未生效说观点后,《合同法解释(二)》(法释〔2009〕5号)为了迎合未生效说,认定义务人怠于履行报批义务的行为属于缔约过失行为,但在法律后果方面又规定了报批义务的继续履行和实际损失赔偿两项规则。为了迎合报批义务的继续履行和实际损失赔偿这两项规则,《外资企业解释(一)》(法释〔2010〕9号)规定了,在合同约定了报批条款时,报批条款独立生效,此情形中的报批义务为合同义务、怠于履行报批义务应承担违约责任。但《外资企业解释(一)》未认识到,报批义务非来自当事人的合同约定,而是源于法律的规定;也未注意到,无论合同有无报批条款,均不影响报批义务的性质和不履行责任。

由于三部司法解释发出的声音存在不和谐之处,为消除这一现象,最高人民法院于2019年11月发布《九民会议纪要》,就未经批准的合同相关法律问题再次进行规定。《九民会议纪要》第37条规定"未生效合同已具备合同的有效要件",这一规定似乎可以解读为"未生效合同为有效合同之一种情形",如果秉持这样的解读方式,可以有效地破解前述三部司法解释遭遇的疑难问题。然而,由于《九民会议纪要》没有明确地指出"未生效合同属于有效合同",故而仍存在其他解读的可能。[①] 关于"何为未生效"这一问题,当前学界至少存在三种观点:有认为未生效就是效力待定的,有认为未生效是与有效、无效、可撤销、效力待定相并列的,还有认为未生效属于有效之一种情形的。[②] 而《九民会议纪要》第37条更是指出了,"把未生效合同认定为无效合同或者按照无效合同处理"的现象,在审判实践较为突出。此外,虽然"未生效合同属于有效合同"的解读方式可以化解未生效说中的诸多解释难题,但是未生效说仍难以解答以下问题:为何一项有效的合同中,其他条款都未生效,唯独报批义务与相关违约责任条款可以生效?报批义务是否因为合同约定与否而

---

① 在《九民会议纪要》发布之后,最高人民法院民二庭编著的《全国法院民商事审判工作会议纪要理解与适用》,对纪要第37条解释道:"合同未生效属于欠缺生效要件的合同,有别于有效合同"。也就是说,这一释义否定了"未生效合同属于有效合同"的观点。参见最高人民法院民事审判第二庭编著:《全国法院民商事审判工作会议纪要理解与适用》,人民法院出版社2019年版,第277页。

② 参见苏永钦:《走进新世纪的私法自治》,中国政法大学出版社2002年版,第25页;刘贵祥:《合同效力研究》,人民法院出版社2012年版,第186页;王利明:《合同法研究(第一卷)》,中国人民大学出版社2015年版,第570页;蔡立东:《行政审批与权利转让合同的效力》,载《中国法学》2013年第1期。

改变其性质与法律效果?[①] 在合同约定了"先付款,后报批"之情形,未生效说又该如何解释股权买受人的迟延履行责任?[②]

一体把握的解释路径在解释行政审批与合同效力这个问题上如此周折,以至于韩世远教授感叹这些司法解释的起草工作过于曲折,[③]就连坚持未生效说的刘贵祥大法官也感慨,区分原则的解释路径相较于一体把握路径,确实能够减少诸多解释上的曲折,其论证理由和结论更容易为人接受。[④] 由于无效说和未生效说在解释行政审批与股权转让合同效力这一问题上陷入捉襟见肘的窘境,越来越多的学者反思:股权转让的行政审批目的是什么?将行政审批与合同效力捆绑的一体把握的解释路径为何如此曲折?怎样克服这种解释困境?对于这些问题,笔者尝试着解答如下:

股权转让中的行政审批不是对合同效力的确认。行政权应具有谦抑性品格,而不能与司法权"争夺地盘"。民事合同的效力一般应交予人民法院或仲裁机构裁定,[⑤]由行政机关确认合同效力的做法是计划经济时代的产物。"我国《经济合同法》的废除和 1999 年《合同法》的制定,其标志性的成果就是废除了国家行政机关对合同效力的行政确认"。[⑥] 随着市场经济在我国的正式确立与日益成熟,行政机关通过审批来决定合同命运的现象将越来越少,典型之例就是新的《外商投资法》废止了"三资企业"合同审批的一般性规定。一体把握的解释路径,将行政审批与合同效力绑定,官方批准固然使合同未必生

---

① 对于报批义务的性质与违反该项义务的法律后果这一问题,持未生效说的学者与法官又存在不同的解读。譬如,刘贵祥大法官在 2019 年 7 月 3 日的全国法院民商事审判工作会议上的讲话提到,报批义务若为合同所约定的,则为约定义务,如果合同专门针对报批义务约定违约责任的,怠于履行报批义务之人才须承担违约责任。而同样持未生效说的吴光荣教授则认为"报批义务既是合同生效前的先合同义务,也是批准前已经发生法律效力的合同义务""违反报批义务,可发生缔约过失责任与违约责任的竞合"。崔建远教授则认为,报批义务是法定义务而非合同义务,不履行报批义务应承担缔约过失责任。吴光荣:《行政审批对合同效力的影响:理论与实践》,载《法学家》2013 年第 1 期;崔建远:《行政审批与合同效力的相互关系——评刘贵祥庭长〈论行政审批与合同效力〉的报告》,载崔建远、申卫星主编:《民法九人行》,法律出版社 2012 年版,第 145~146 页。

② 付款义务是买受人的主给付义务,只有合同生效了,当事人才负有主给付义务。而根据未生效说的观点,在股权转让人报批前,股权转让合同未生效。因此,未生效说在解释"先付款,后报批"这一交易现象时,缺乏说服力。

③ 参见韩世远:《合同法》,法律出版社 2018 年版,第 655 页。

④ 参见刘贵祥:《论行政审批与合同效力——以外商投资企业股权转让为线索》,载《中国法学》2011 年第 2 期。

⑤ 参见吴光荣:《行政审批对合同效力的影响:理论与实践》,载《法学家》2013 年第 1 期。

⑥ 白慧林:《股权转让热点问题规则与实践的考量》,法律出版社 2014 年版,第 46 页。

效,但官方拒批必然导致合同不能生效。在此路径下,行政审批起到了合同效力预审的效果,而行政权出现了扩张的趋势。

股权转让中的行政审批是对股权变动的许可。行政审批在性质上属于行政许可,其目的在于控制权利的变动或者说是其意在对新的权利取得者进行资格审查。《行政许可法》第 12 条规定,法律、行政法规可以对"需要赋予特定权利的事项"设定行政许可。① 法律设定行政许可,意在控制"特定权利"的取得与流转,而在交易活动中,行政许可所控制的"特定权利"应是指交易的标的(如矿业权、特殊股权)等,而非指缔结合同的权利(或资格)。审批机关许可某项交易,是对潜在的权利人(购买方)权利取得资格的解禁,是对购买方取得行为的承认,也是对转让方处分行为的承认。在股权转让的行政审批中,法律、行政法规设置审批的目的在于,控制股权的变动或者说控制股权的取得者。也就是说,行政审批所指向的并非合同,而是交易标的本身,因此,行政审批不应成为股权转让合同的效力要件,而是股权变动的生效要件。

克服一体把握的解释困境的科学做法应该是,对行政审批与股权转让合同的效力进行解绑,对股权转让中的基础合同与股权变动予以区分,而法律行为区分说则更能合理地解答这一难题。法律行为区分说认为,股权转让中存在两项合意、两种法律行为,第一项是转让双方关于设定股权让与义务的合意,此项合意产生债权债务关系的效果,故而是一种债权合同(负担行为)。第二项是转让双方关于移转股权的合意,此项合意产生股权权属变动的效果,故而是一种处分行为。债权合同产生相对性法律效果,不影响他人的利益,故而股权转让合同无须主管部门的审批。处分行为产生绝对性法律效果,有效的处分行为所引起的权利变动之结果,任何人均须予以尊重,故而相关主管部门须对股权让与之处分行为进行审批,控制其效力,以实现其公共政策上的安排。这样的解释结论,与新近的《九民会议纪要》的观点一致,但在论证理由和逻辑进路方面却更令人信服。

---

① 2019 年修正的《行政许可法》第 12 条规定:"下列事项可以设定行政许可……(二)有限自然资源开发利用、公共资源配置以及直接关系公共利益的特定行业的市场准入等,需要赋予特定权利的事项……"

第四章　涉及先买权的股权转让中区分原则的适用

为维系有限责任公司的人合性，避免因公司外部第三人的任意加入而破坏原有股东之间的信任关系，大多数国家和地区的公司法对公司股权的对外转让均有所规制，一般要求需征求原有股东（或目标公司）的同意，并赋予原有股东优先购买权。[①] 中国公司法自制定初始，即规定了有限责任公司股东优先购买权制度。[②] 2005年修订的《公司法》第72条对1993年《公司法》规定的股东优先购买权制度进行了较大的修改。[③]

---

① 不仅大陆法系国家和地区立法存在有限责任公司股东优先购买权的规定，而且英美法系国家也有封闭式公司（或私人公司）的股东优先购买权规定，如《美国标准公司法》第六章第6.30节、《英国2006年公司法》第17部分第3章。但就"应征求何人同意"这一问题，英美法系立法通常规定，应征求公司（或公司的董事会）同意，此与我国立法不同。参见葛伟军：《英国公司法要义》，法律出版社2014年版，第116页；沈四宝编译：《最新美国标准公司法》，法律出版社2007年版，第54～56页；See Philip Lipton, Abe Herzberg and Michelle Welsh, Understanding Company Law, 17th edition, Thomson Reuters, 2014, p. 262; Jan Lieder, Registered Shares: Transferability and Litigation, *Journal of Commercial and Intellectual Property Law*, No. 1(2015), p. 133～142。

② 1993年的《公司法》第35条第2款、第3款规定："（第2款）股东向股东以外的人转让其出资时，必须经全体股东过半数同意；不同意转让的股东应当购买该转让的出资，如果不购买该转让的出资，视为同意转让。（第3款）经股东同意转让的出资，在同等条件下，其他股东对该出资有优先购买权。"

③ 《公司法》（2005年修正案）关于股东优先购买权制度的修改主要体现为以下四方面：（1）就征求同意的方式，将原先的"股东会集中决策"规定，修改为"个别同意"方式，以避免因股东会无法召开而使股权不能转让之局面；（2）就征求同意标准，将原先的"全体股东过半数同意"，修改为"其他股东的过半数同意"，更为科学严谨；（3）增加了"原有股东的答复期限"的规定，解决了部分股东长期不表态、恶意拖延的问题；（4）增加了两个以上股东竞相主张优先购买权的规定。

2013年修订的《公司法》在内容方面保持了2005年《公司法》关于股东优先购买权的规定，只是将条文序号调整为第71条。[①] 现行《公司法》关于股东优先购买权之规定，虽然较1993年《公司法》有明显的进步，但仍存在“过粗”问题，由此导致该项制度的法律适用存在困难。[②]

《公司法解释(四)》的出台，有效地弥补了现行《公司法》规定之不足，合理地解决了股东先买权规定适用中的部分疑难问题。然而，就违反股东先买权规定所订立之股权转让合同的效力问题，《公司法解释四(征求意见稿)》曾试图解决，但由于争议太大，不得不放弃原有的规定。2019年11月，最高人民法院发布的《九民会议纪要》就这一问题再次进行规定，并改变了《公司法解释四(征求意见稿)》的立场。[③]《九民会议纪要》虽然平息了审判层面的纷争，但前述问题(即违反股东先买权规定所订立之股权转让合同的效力问题)，无论在当前的审判实践中还是在学者著述中都存在重大争议，故而，在学术上仍有研究的价值。[④]

---

① 2013年《公司法》修订的内容主要是关于公司资本和股东出资的规定。由于新修订的《公司法》删除了2005年《公司法》第29条关于验资证明的规定，故而新订之法自第29条后的条文序号均发生变化，整部法的条文数量也由原先的219条变更为218条。

② 司法实践中关于股东优先购买权制度的适用，集中存在的问题包括：优先购买权的通知与行使方式、“同等条件”的认定、优先购买权行使期间、其他股东优先购买权与转让股东自主交易权的冲突解决路径、优先购买权受侵害时的法律救济方式、侵犯原有股东优先购买权的合同效力认定。

③ 《公司法司法解释四(征求意见稿)》第27条曾规定，违反股东先买权规定而订立的股权转让合同无效；但2019年11月的《全国法院民商事审判工作会议纪要》(法〔2019〕254号)第9条认为“为保护受让人的合法权益，(违反股东先买权规定而订立的)股权转让合同如无其他影响合同效力的事由的，应当认定合法有效。”特别说明：此处条文中的括号内容，为笔者所加。

④ 《最高人民法院关于适用〈中华人民共和国公司法〉若干问题的规定(四)》(法〔2017〕16号)就“公司其他股东行使优先购买权而使受让人合同利益落空时，转让股东应承担何种法律责任”这一问题，在其第21条第3款规定：“股东以外的股权受让人，因股东行使优先购买权而不能实现合同目的的，可以依法请求转让股东承担相应民事责任。”该条款中的“相应民事责任”究竟是指何种责任(违约责任抑或缔约过失责任)，颇耐人寻味。笔者揣度，司法解释之所以使用如此模糊的表述方式，大概是因为由于业界关于“违反股东先买权规定所订立之股权转让合同的效力问题”争议太大，司法解释难以决断此情形下的合同效力，故而也就回避了转让股东的民事责任定性问题。这一揣度也可通过《最高人民法院公司法司法解释(四)理解与适用》一书的相关著述得以证实，该书提到：“损害优先购买权的合同，对于其他股东而言，是有效、无效还是可撤销，抑或对其他股东不发生影响，起草过程中争议很大。”“对于股东以外的受让人如何保护，也是起草小组在制定本规定时一直考虑的问题。”参见杜万华主编、最高人民法院民事审判第二庭编著：《最高人民法院公司法司法解释(四)理解与适用》，人民法院出版社2017年版，第460、465页。

第一节 违反股东先买权规定的法律后果之争

侵犯股东优先购买权的合同效力，主要存在无效说、可撤销说、效力待定说、有效说四种观点。持同一观点的学者和法官，其基本见解和论证进路也存在差异。基于体系方面的考虑，笔者在下文将主要介绍当前具有代表性的裁判文书以及地方高级人民法院颁布的司法文件，有关学者的观点将在脚注中作简要说明。

一、合同无效说及评述

（一）合同无效说之见解

该说认为，转让人违反现行《公司法》中的股东先买权规定，与公司外部之人（受让人）订立的股权转让合同无效。最高人民法院于2016年4月12日公布的《公司法解释四（征求意见稿）》曾规定，优先购买权受侵害之股东请求确认股权转让合同无效的，法院应予支持。① 但2017年8月25日公布的《公司法解释（四）》最终放弃了这一规定。

合同无效说的基本见解有三：第一种见解认为，转让人违反现行《公司法》股东先买权规定，未履行征求同意手续，擅自将其股权转让给公司外部第三人，侵害了其他股东的优先购买权，故而应认定该项股权转让合同无效。②第二种见解认为，依现行《公司法》股东先买权规定，公司股东欲将其股权转让给外部之人，应先履行征求同意手续，并应先满足其他股东的优先购买权，

---

① 《公司法司法解释四（征求意见稿）》第27条规定："（第1款）有限责任公司的股东向股东以外的人转让股权，有下列损害其他股东优先购买权的情形之一，其他股东请求确认转让合同无效的，应予以支持：（一）未履行公司法和司法解释规定的程序订立股权转让合同；（二）其他股东放弃优先购买权后，股东采取减少转让价款等方式实质改变公司法和司法解释规定的同等条件向股东以外的人转让股权；（三）股东与股东以外的人恶意串通，采取虚报高价等方式违反公司法和司法解释规定的同等条件，导致其他股东放弃优先购买权，但是双方的实际交易条件低于书面通知的条件。（第2款）转让合同被认定无效后，其他股东同时请求按照实际交易条件购买该股权的，应予支持。受让人交易时善意无过失，请求股东承担赔偿责任的，应予以支持。"

② 参见济南诺能生物工程有限公司与上海高龙生物科技有限公司等股权转让纠纷案：山东省高级人民法院民事判决书，（2012）鲁商终字第65号；王春某与魏云某、石河子市市政工程养护管理处股权转让纠纷案：新疆石河子市中级人民法院民事判决书，（2013）石民初字第1231号；姜文某与李国某等股权转让纠纷案：江苏省高级人民法院民事判决书，（2014）苏商外终字第0011号。

否则,股东擅自将其股权转让给公司外部之人,在程序上不合法,其与公司外部之人订立的股权转让合同应属无效。[①] 第三种见解认为,现行《公司法》股东先买权规定属于强制性规定,公司股东违反该条规定擅自与公司外部之人订立股权转让合同,合同应认定无效。[②]

(二)合同无效说之评述

合同无效,即已成立的合同因严重欠缺法律规定的生效要件,而不发生当事人意思表示所预期的法律后果。所谓无效,是指合同当然、自始、确定不发生当事人预期的法律效果。[③] 但无效的合同不等同于"零",合同无效并非不发生任何法律效果,而只是不按当事人的合意赋予其法律效力。[④] 合同被确认无效的,当事人应返还财产或折价补偿,有过错的当事人还应承担缔约过失责任。[⑤] 鼓励交易为现代合同法的一项基本原则,也是我国《民法典》合同编的一项重要精神。无效的法律行为,"不仅在法律行为成立之时无效,且以后无再发生效力的可能,亦不因情事变更而恢复其效力"[⑥],"纵经(当事人)补正其生效要件,亦不因之而有效"[⑦]。"无效"的法律效果严重限制了私法自治原则,故而立法应限制"无效"的范围。

我国改革开放四十多年,在经济领域从计划经济逐步转向市场经济,在民事立法方面就是通过逐渐限缩"合同无效"领域,以拓展私法自治的空间。1986年的《民法通则》第58条列举了7种无效法律行为的情形,其中除了违反法律或社会公共利益的法律行为外,还包括行为能力欠缺者依法不能独立实施的、意思表示不真实的以及违反国家指令性计划的法律行为。1999年的

---

① 参见王宝某与张康某等股权转让纠纷案,云南省高级人民法院民事判决书,(2011)云高民申字第141号。

② 参见刘某某等诉温某某等股权转让纠纷案,厦门市中级人民法院民事判决书,(2011)厦民终字第1666号;任某、岳某与杨某、张某、刘某、张某A股权转让纠纷案:驻马店市中级人民法院民事判决书,(2012)驻民三初字第007号;浙江复星商业发展有限公司诉上海长烨投资管理咨询有限公司财产损害赔偿纠纷案,上海市第一中级人民法院民事判决书,(2012)沪一中民四(商)初字第23号。

③ 参见郑玉波:《民法总则》,中国政法大学出版社2003年版,第441~442页;王泽鉴:《民法总则》,北京大学出版社2009年版,第380页;梁慧星:《民法总论》,法律出版社2010年版,第196~197页。

④ 参见[德]卡尔·拉伦茨:《德国民法通论》(下册),王晓晔、邵建东、谢怀栻等译,法律出版社2003年版,第629页;韩世远:《合同法总论》(第三版),法律出版社2011年版,第168页。

⑤ 参见原《民法总则》(即现《民法典》总则编)第157条、原《合同法》第42条与第58条。

⑥ 王泽鉴:《民法总则》,北京大学出版社2009年版,第380页。

⑦ 郑玉波:《民法总则》,中国政法大学出版社2003年版,第442页。

《合同法》限缩了合同无效的范围,将"欺诈""胁迫""乘人之危"(导致意思表示不真实的三种情形)归入可变更可撤销的事由,并将限制行为能力人不能独立订立的合同、无权代理人和无权处分人订立的合同规定为效力待定的合同。2009年8月27日第十一届全国人大常委会第十次会议通过《关于修改部分法律的决定》,删除了原《民法通则》第58条第1款第6项"经济合同违反国家指令性计划的"规定,从国家立法层面改变了过去将"违反国家指令性计划的经济合同"作为无效合同的做法。

在原《合同法》施行之后,最高人民法院颁布了三个相关司法解释,并进一步限缩了合同无效的范围:其一,1999年12月颁布的《合同法解释(一)》第9条将未履行法定批准手续的合同界定为"未生效的合同",并确立了物权登记与合同效力无涉的规则,从而改变了以往司法实践将未经审批和登记的合同当作无效合同的错误做法。其二,2009年颁布的《合同法解释(二)》第14条,将合同法第52条第(5)项规定的"强制性规定"限缩为"效力性强制性规定"。其三,2012年颁布的《买卖合同解释》第3条确认了"买卖合同效力与处分权无涉"的规则。2017年十二届全国人民代表大会第五次会议通过的《民法总则》关于法律行为效力之规则,基本上延续了原《合同法》及相关司法解释的规定,同时删除了此前民事立法一直存在的"以合法形式掩盖非法目的"的合同无效规则,[①]取而代之的是"虚伪表示与隐藏行为"之规定。[②] 原《民法总则》(现《民法典》总则编)第146条之规定相较以往立法更为科学严谨,并指引司法裁判勿将阴阳合同"一棒子打死",由此限缩了合同无效的空间。

根据现行法规定之精神,导致合同无效的原因除了行为能力等因素外,最根本的是公益方面的考量。法律行为无效的一般情形,是因为"其欠缺的要件,属有关公益"。[③] 国家利益、集体利益与公序良俗等固然属于"公益",但法律、行政法规强制性规定所保护的未必都属于"公益",故而违反强制性规定

---

① 相关条文如,原《民法通则》第58条规定:"下列民事行为无效……(六)以合法形式掩盖非法目的。"原《合同法》第51条规定:"有下列情形之一的,合同无效……(三)以合法形式掩盖非法目的"。

② 原《民法总则》(现《民法典》总则编)第146条规定:"(第1款)行为人与相对人以虚假的意思表示实施的民事法律行为无效。(第2款)以虚假的意思表示隐藏的民事法律行为的效力,依照有关法律规定处理。"

③ 王泽鉴:《民法总则》,北京大学出版社2009年版,第376页。

的合同未必都是无效合同。判断某一规定是否属于“无效合同所违反的效力性强制性规定”，首先要看相关规定是否明确规定违反该项规定的合同无效，若无此规定，则应进一步研判违反相关规定的合同若为有效是否将有损公益。①

对于侵犯股东优先购买权之股权转让合同，持无效说的理由概而言之有二：一是违法（也包括程序不合法）；二是侵权。其中第一个理由认为，现行《公司法》第 71 条中的“应当”“应就”等措辞，表明了转让股东负有此项法定义务，且彰显了该条规定系属强制性规定，有限公司股东未履行征求其他股东同意的程序，擅自将其股权转让给公司外部之人，违反了现行《公司法》第 71 条的规定，其与公司外部之人订立的股权转让合同应属无效合同。但笔者认为，此种见解有待于商榷。首先，征求其他股东同意，系转让股东的法定义务，合同相对人（受让人）不负有此义务。未履行征求同意的程序，应由转让股东自负责任，而不能连带地“伤及无辜”，使受让人的合同利益落空并使其无法通过违约损害赔偿得到救济。其次，现行法并未有“违反现行《公司法》第 71 条规定的合同无效”之规定，且若使转让股东与公司外部之人的股权转让合同有效，亦不会有损害公益的现象发生。现行《公司法》第 71 条所保护的股东优先购买权，仅限于有限责任公司领域内，目的在于维系公司的人合性。有限责任公司系属小型封闭性公司，公司规模小、股东人数少，是其典型外在特征。若将少数股东的优先购买权归入“公益”范畴，未免过于牵强。最后，虽然法律规定了有限公司的股东优先购买权，但该项权利并不是绝对的。现行《公司法》第 71 条第 4 款规定：“公司章程对股权转让另有规定的，从其规定。”由此可见，股东对外转让股权时的征求同意义务并非绝对或必然存在的，其他股东的优先购买权也非固有或不可剥夺的。公司章程可以排除股东优先购买权这一“法定权利”，在此情形下，转让股东亦不负有征求其他股东同意这一“法定义务”。

持无效说的第二理由认为，未履行征求同意程序，侵犯了其他股东的优先购买权，故而转让股东与受让人间的股权转让合同应属无效。此项理由亦有

---

① 参见全国民商事审判工作会议文件《充分发挥民商事审判职能作用，为构建社会主义和谐社会提供司法保障——在全国民商事审判工作会议上的讲话》（2007 年 5 月 30 日），载最高人民法院民事审判庭第二庭编：《民商事审判指导》（总第 11 辑），人民法院出版社 2007 年版，第 55 页。

商榷余地。涉及权利的交易情形,基础契约与履行行为在效力上应作区分。基础契约亦称原因行为、负担行为,仅在合同当事人间产生债权债务关系,不会引起标的权利的实际变动;履行行为亦称结果行为、处分行为,该行为的完成将直接引起标的权利的变动。在转让股东未履行征求同意程序的情形,真正侵犯了其他股东优先购买权的,应是合同履行行为,亦即转让股东的股权处分行为。既然如此,我们只需确认合同履行行为无效即可,而不应使"无辜"的基础契约(股权转让合同)"背黑锅"。债权具有兼容性,多重买卖当中各个合同效力互不影响,不能"厚此薄彼""顾此失彼"。股东优先购买权虽在股东成为公司成员之时便已存在,但该项权利的行使附有法定停止条件,在转让股东与第三人的股权转让合同成立之际,其他股东方能行使优先购买权,在其与转让股东间形成"同等条件"的合同,而后合同的"形成"不能使前合同归于无效。

二、合同可撤销说及评述

(一)合同可撤销说之见解

该说认为,有限公司股东未征求公司其他股东的同意,擅自将其股权转让给公司外部之人,侵害了其他股东的优先购买权,此种行为与公益无涉,但与其他股东的个人私益有关,故而应由其他股东自主决定是否行使先买权,并由其决定是否申请撤销转让股东与股权购买者之间的合同。江西省高级人民法院在 2007 年 12 月 6 日发布的《关于审理公司纠纷案件若干问题的指导意见》①与山东省高级人民法院在 2006 年 12 月 26 日发布的《关于审理公司纠纷案件若干问题的意见(试行)》②持此种观点。

合同可撤销说的基本见解有五:第一种见解认为,有限公司股东未经其他股东同意,擅自将其股权转让给公司外部之人,其订立之股权转让合同在转让

---

① 江西省高级人民法院于 2007 年 12 月 6 日发布的《关于审理公司纠纷案件若干问题的指导意见》(赣高法〔2008〕4 号)第 36 条规定:"股东未按照《公司法》第七十二条第二款的规定征得其他股东过半数同意而向非股东转让股权的,公司或其他股东可以申请人民法院撤销股权转让合同。公司章程对此另有规定的,从其规定。"

② 山东省高级人民法院在 2006 年 12 月 26 日发布的《关于审理公司纠纷案件若干问题的意见(试行)》(鲁高法发〔2007〕3 号)第 45 条规定:"股东未按照《公司法》第七十二条第一款的规定征得其他股东过半数同意而向非股东转让股权的,其他股东可以申请人民法院撤销股权转让合同。"

人与受让人的内部之间系属有效，但相对于公司和其他股东应属无效，由于该项合同侵害了其他股东的先买权，故而其他股东可诉请法院撤销之。① 第二种见解认为，有限公司股东擅自将其股权转让给公司外部之人而订立之合同，没有损害国家利益和公共利益，故而合同并非无效，但其侵害了其他股东的先买权，故而其他股东可诉请撤销之。② 第三种见解认为，公司法股东先买权规定仅是股权转让的程序限制，而非实体上的禁止，不影响股东对其股权的处分权，但有限公司股东未履行该项程序，侵害了其他股东的先买权，故而其他股东可诉请撤销该项合同。③ 第四种见解认为，公司法股东先买权规定属于任意性规定，并非系对拟转让之股权的限制，但有限公司股东擅自将其股权转让给公司外部之人，未征求其他股东同意，侵害了其他股东的先买权，其他股东因此诉请撤销该项合同。④ 第五种见解认为，有限公司股东擅自将其股权转让给公司外部之人而订立股权转让合同之情形，公司中的其他股东如果不同意该项交易的，前述股权转让合同应属无效，其他股东有权诉请撤销该项合同。⑤

（二）合同可撤销说之评述

合同法领域的"撤销"主要存在三种情形：一是要约的撤销，即要约人在受要约人发出承诺通知之前，向对方发出撤销要约的通知，使要约失效的行为。二是瑕疵合同的撤销，即在（因欺诈、胁迫、趁人之危或重大误解等事由而导致的）意思表示不真实之情形，依法享有撤销权的合同一方当事人通过行使撤销权，使本已生效的合同归于消灭的行为。三是债权保全中的撤销，即由于债务人所为的行为危及他人债权的实现，债权人得诉请法院撤销前述行为以维持债务人责任财产的行为。"要约的撤销"发生在要约人与受要约人

① 参见乐碧某因与李瑞某等股权转让纠纷案，四川省高级人民法院民事判决书，（2013）川民终字第 733 号。

② 参见徐某与赵书某股东资格确认纠纷案，山东省高级人民法院民事判决书，（2014）鲁民提字第 6 号。

③ 参见瓮安世强公司股东资格确认纠纷案，贵州省高级人民法院民事裁定书，（2013）黔高民申字第 540 号。

④ 参见莫某与清水公司、蒋新某等人股权确认纠纷案，新疆维吾尔自治区高级人民法院民事判决书，（2013）新民二终字第 32 号。

⑤ 参见王宏某与陆某、兴隆县半壁山镇松树林村村民委员会等股权转让纠纷案，河北省高级人民法院民事判决书，（2014）冀民二终字第 65 号。

之间,目的在于阻止合同成立;“瑕疵合同的撤销”发生在合同当事人之间,目的在于使已成立但意思表示不真实的合同归于消灭;“债权保全中的撤销”是合同之外的人撤销他人之间的合同,目的在于追回债务人的财产以维持其责任财产。优先购买权受侵害之股东,所诉请撤销的乃是转让股东与第三人之间的合同,故而此处“撤销”与上述前两种情形无涉,而应指第三种情形。

上述关于合同可撤销说的五种见解,之所以认为其他股东有权诉请撤销转让股东与受让人间的股权转让合同,其理由可归结为一点:由于转让股东未征求其他股东同意、擅自将股权转让给公司外部第三人,侵犯了其他股东的优先购买权,故而优先购买权受到侵害的股东有权撤销这项股权转让合同。该观点的逻辑进路在于:其一,优先购买权是现行《公司法》第 71 条明确规定,赋予有限责任公司股东的一项法定权利;其二,既然优先购买权是一项法定权利,法律自然应予保护,当其受到损害时,应得到法律的救济;其三,优先购买权是股东的一项私权,无关公益,故而当该权利受侵害时,应由权利的主人(公司其他股东)决定是否行使;其四,转让股东未征求其他股东同意、擅自将股权转让给公司外部第三人,侵害了其他股东优先购买权,故而其他股东可诉请法院撤销该项股权转让合同。

前述论证似乎逻辑严密、句句在理,但笔者认为合同可撤销说仍存在可商榷之处,理由如下:

第一,前述论证未注意到“股权转让(行为)”和“股权转让合同”的区分,故而证成了其结论。在转让股东与股东以外之人所为的股权转让中,基础合同(股权转让合同)本质上属于负担行为,其直接法律效果是,在转让双方间产生债权债务关系,即转让股东因此负有向购买人转移股权的义务,但它并不直接引发股权变动。真正引起股权变动,并可能伤及其他股东优先购买权的,应是股权转让行为(股权处分行为)。如果认识到“侵害其他股东优先购买权的,是股权转让行为(而非股权转让合同)”,那么前述用以证成可撤销说的逻辑基础将不复存在,其结论自然不攻自破。

第二,股东优先购买权制度的目的有别于债权人撤销权制度。分别言之,(1)债权人行使撤销权所追回的财产,仍应为所有债权人的债权的担保,并非归行使撤销权之人独有,行使撤销权的债权人并不能因该项权利的行使而获得优先受偿权。[①] 易言之,债权人撤销权制度设置的目的在于保护一般债权人的整体利益,而非个别债权人的个别利益。[②] (2)股东行使优先购买权,目的在于优先取得被转让的股权,该项权利行使的法律后果是该特定股东因此取得被转让的股权,权利行使所取得的利益完全归特定股东个人独有。易言之,股东优先购买权制度的设置并非在于保护一般债权人的整体利益,而是满足先买权人(转让股东以外的股东)的个人利益。

第三,先买权股东不具有行使撤销权的前提条件。具体而言,(1)债权人得以行使撤销权所保全的债权,原则上应发生在债务人为诈害行为之前。撤销权行使的目的在于保全债务人的责任财产,而所谓"责任财产"应指债权成立时的责任财产,在此前债务人既已处分之财产,不应列入该项债权的责任财产范围内。如果债务人减少财产的行为发生在先,债权人的债权发生在后,则难谓债务人的行为损害到了债权人的债权。"盖债权之发生,莫不以当时债务人之资力为其信用基础,因而于债务人行为时,尚未发生之债权,则无因该行为而受害之可言。"[③](2)公司其他股东行使优先购买权,系以转让股东与第三人间的股权转让合同成立为前提条件,盖优先购买权行使的法律效果为:在先买权股东与转让股东之间形成一个(与转让股东和第三人间合同)"同等条件"的合同。易言之,转让股东和第三人间的股权转让合同成立在先,而先买权人与转让股东间的合同"形成"在后。由于行使优先购买权的股东其合同债权发生在他人合同之后,故而不得根据撤销权制度撤销转让股东和第三人间的股权转让合同。

---

① 参见郑玉波:《民法债编总论》,陈荣隆修订,中国政法大学出版社 2004 年版,第 305 页;李永军:《合同法》,法律出版社 2010 年版,第 452 页;陈华彬:《债法总论》,中国法制出版社 2012 年版,第 205~206 页;王洪亮:《债法总论》,北京大学出版社 2016 年版,第 156 页。

② 参见[日]我妻荣:《新订债权总论》,王燚译,中国法制出版社 2008 年版,第 181 页;韩世远:《合同法总论》,法律出版社 2011 年版,第 345 页;刘凯湘:《债法总论》,北京大学出版社 2011 年版,第 104~105 页;刘心稳:《债权法总论》,中国政法大学出版社 2009 年版,第 230 页;王泽鉴:《债法原理》,北京大学出版社 2009 年版,第 24 页;郑玉波著:《民法债编总论》,陈荣隆修订,中国政法大学出版社 2004 年版,第 305 页。

③ 郑玉波:《民法债编总论》,陈荣隆修订,中国政法大学出版社 2004 年版,第 302 页。

三、合同效力待定说及评述

(一)合同效力待定说之见解

这种观点认为,有限公司股东违反现行《公司法》股东先买权规定,未征求其他股东意见、擅自将其股权转让给公司外部之人而订立的股权转让合同,在效力上系属待定;合同有效与否,须取决于公司其他股东的意思;其他股东若放弃行使先买权,则合同有效,否则合同将无效。

持合同效力待定说的基本见解主要有二:第一种见解认为,有限公司股东擅自将其股权转让给公司外部之人,侵害了公司其他股东的先买权,其他股东得撤销转让股东与受让人间的股权转让合同,在被撤销之前,该项股权转让合同效力待定。① 第二种见解认为,现行《公司法》先买权规定对有限公司股权对外转让设置了双重程序限制,既要征求其他股东过半数同意,同时还须其他股东放弃先买权,若股东未履行此两道程序,擅自将股权转让给公司外部之人,其订立之股权转让合同不立即生效,在征得其他股东同意之前,合同在效力上系属待定。②

(二)合同效力待定说之评述

效力待定,又称"效力未定",指某一法律行为在其成立之初,有效或无效尚不能确定,有待于其他行为使其确定的一种效力状态。通说认为,以下两种情形属于效力待定的法律行为:一是限制行为能力人缔结的与其年龄、智力、精神健康状况不相适应的合同。二是无权代理人缔结的合同。前者系因限制行为能力人意思能力不足,民法特设行为能力和监护制度,以补充行为能力欠缺者的意思自治。③ 后者是因无权代理人擅以他人名义缔结合同、使其承担合同义务,为保护本人利益和贯彻私法自治之精神,民法赋予本人追认与否的权利。通说认为,《民法典》第 597 条确立了"处分权与合同效力无涉"的规则。根据该条规定之精神,出卖人对标的物没有处分权的,不影响买卖合同的效力;倘若出卖人因欠缺处分权嗣后无法履行合同义务的,则其应对买受方承

---

① 参见武汉桥都物资贸易有限公司、陈某股权转让纠纷案,湖北省高级人民法院民事判决书,(2015)鄂民终字第 42 号。

② 参见解新势与烟台泰达铜材设备有限公司股东资格确认纠纷案,烟台市中级人民法院民事判决书,(2014)烟商二终字第 2094 号。

③ 参见王泽鉴:《民法总则》,北京大学出版社 2009 年版,第 349 页。

担违约责任;倘若出卖人无处分权但已交付标的物的,该项物权变动(处分行为)应属效力待定,物权归属最终能否变动须取决于真实权利人的意思。

如前所述,关于违反股东先买权规定的合同效力这一问题,持合同效力待定说的第一种见解认为,有限公司股东违反现行《公司法》股东先买权规定,将其股权转让给公司外部之人,侵犯了公司其他股东的先买权,其他股东可以诉请法院撤销合同,故而合同在效力上系属待定。此种见解存在以下两个疑点:第一,前述见解的论证逻辑值得商榷。“可撤销合同”与“效力待定合同”系属两个并列的概念,一项合同不可能同时既是可撤销的又是效力待定的。现行民法中的“可撤销合同”与“效力待定合同”,有其特定的含义。可撤销合同自成立始至被撤销前,合同是有效的,只有被撤销后,合同才归于无效。而效力待定合同,在效力上既非有效也非无效,如果第三人追认了,合同确定有效,如果第三人拒绝追认,则合同确定无效。因此,如果认定某一合同属于可撤销合同,就不应该将其归入效力待定合同序列。前述见解以“其他股东可诉请撤销该项合同”为由,认定“该项合同效力待定”,其论证逻辑存在瑕疵。第二,前述见解没有认识到,使其他股东先买权受到侵害的,不是股权转让合同的订立行为,而是股权转让合同的履行行为(转让股东处分其股权的行为)。这一点笔者已在前文中阐述,在此不予赘述。

持合同效力待定说的第二种见解认为,有限公司的股东将其股权转让给公司外部之人,应经过两道程序(“征求其他股东过半数同意”与“其他股东放弃先买权”),因此,未履行前述程序的股权转让合同效力待定,合同最终效力如何应取决于其他股东的意思。对此笔者认为,依据现行《公司法》股东先买权规定之基本文义,有限公司的股东将其股权转让给公司外部之人,确须经过“征求其他股东过半数同意”与“其他股东放弃先买权”两道程序;但是,根据股东先买权规定之立法目的,转让股东与公司外部之人订立股权转让合同却无须征得其他股东同意,更无待其他股东放弃先买权。也就是说,“股权转让合同的订立”与“股权(的现实)转让”有别,或者说缔约行为与履约行为应作区分。需要征得其他股东同意的,应该是履约行为,而非缔约行为。股东先买权规定所关注的是,转让人与股权买受人间的行为会不会影响其他股东“先买”(优先取得标的股权)之权利的实现,而只要转让人的合同履行行为(股权处分行为)不生效,买受人就不能够取得股权,其他股东的优先购买权就不会受影响。

股权是公司股东基于投资行为而产生的权利，属于股东的财产权，股东可自由支配（包括处分）之。与其说现行《公司法》第71条意在限制有限公司股东的股权处分权，不如说该条规定旨在赋予转让人以外的其他股东优先取得被处分之股权的权利。先买权并不排斥所有权人（出卖人）的处分权，恰恰相反，只有在出卖人处分标的物时，先买权人才能、也才有必要排斥第三人而优先取得标的物。[①] 易言之，转让股东未履行征求同意程序而对外转让股权的，并非“无权处分”。关于无权处分的合同效力问题，原《合同法》第51条之规定已被《民法典》“刷新”。《民法典》第597条明确了“合同效力与处分权无涉”的观点。易言之，无权处分人所订立的合同，如果满足《民法典》第143条所列举的民事法律行为生效要件，原则上应认定有效。举重以明轻，无权处分人订立的合同尚且有效，那么处分权未被“禁用”之人所订立的合同有效，乃理所当然。故而效力待定说不足以取。

四、合同有效说的不同解释与应选路径

（一）合同有效说的不同解释路径

该说认为，有限公司的股东违反现行《公司法》股东先买权规定，未征求公司其他股东的意见，擅自将其股权转让给公司外部之人的，转让股东与受让人间的股权转让合同效力不因此而受影响。浙江省高级人民法院在2010年颁布的《关于商事审判若干疑难问题解答》持此种观点。[②]

持合同有效说的基本见解有四：第一种见解认为，股东优先购买权的规定并不是对股权转让自由的限制，股东优先购买权的行使与否不影响转让股东与他人间的股权转让协议的效力。[③] 第二种见解认为，现行《公司法》关于股东先买权的规定，并不是法律上的强制性规定，不能以违反该规定为由而认定

---

① 参见孙宪忠：《中国物权法总论》，法律出版社2018年版，第188页。

② 《浙江省高级人民法院民事审判第二庭关于商事审判若干疑难问题解答》（浙法民二〔2010〕15号）“问题7”解答规定：“有限责任公司具有人合性特征，在股东向其他股东以外的人转让股权时，赋予其他股东异议权，但该权利并不是对拟转让股份的股东股权的限制，其与股东以外的受让人签订股权转让合同，只要该合同意思表示真实，不违反法律法规的禁止性规定，不宜以履行公司法第七十二条规定的同意手续为由认定股权转让合同无效。”

③ 参见李海某与霍建某等人股权转让纠案，酒泉市中级人民法院民事判决书，（2013）酒民二初字第14号，以及甘肃省高级人民法院民事判决书，（2014）甘民二终字第11号。

股权转让合同无效。[①] 第三种见解认为,现行《公司法》第71条关于股东优先购买权的规定,没有明文规定违反该条规定将导致合同无效或不成立,合同继续有效也不损害国家和社会公共利益,故而,该条规定不属于效力性强制性规定,违反该条规定的股权转让合同不因此被认定为无效合同。[②] 第四种见解认为,现行《公司法》股东先买权规定,系针对股权转让合同的履行而言,与股权转让合同的效力无涉,当事人违反该项规定的,股权转让合同有效,只是合同无法正常履行,受让人可以依约追究转让股东的违约责任。[③]《九民会议纪要》采纳的是第四种解释路径。[④]

(二)合同有效说应选的解释路径

笔者赞同合同有效的观点,但在解释路径上更认同第四种见解,即认为第71条规定与股权转让合同的效力无涉,只影响该合同的实际履行。这种见解区分了债权合同(原因行为、负担行为)与股权变动(结果行为、处分行为)各自要件,在股权交易领域科学地运用了区分原则,其合理性将在后一节中详细阐述。以下笔者仅就前三种见解进行评述。

第一种见解认为证成股权转让合同有效,而否认现行《公司法》第71条系对有限公司股权转让的限制,此种见解与通说不符。通说认为,有限责任公司是一种小型封闭性公司,兼具资合性与人合性,股东人数较少且通常彼此熟

---

① 参见深圳市国野股份有限公司与黄飞某、深圳市中联环投资有限公司股权转让纠纷案,广东省高级人民法院民事判决书,(2013)粤高法民二终字第34号。

② 参见段伟A与段伟B、董淑X、董淑Y、邱某等人股权转让纠纷案,吉林市中级人民法院民事判决书,(2015)吉中民三终字第137号;格尔木寰琨新能源技术开发有限责任公司与祁某确认合同无效纠纷案。青海省高级人民法院民事判决书,(2014)青民再终字第6号。

③ 参见马深某与郭龙某、广东富广联兴经济发展有限公司等确认合同无效纠纷案,最高人民法院民事裁定书,(2015)民申字第1593号;张A与狮龙公司以及王某等19人股权转让纠纷案,重庆市高级人民法院民事判决书,(2011)渝高法民终字第266号;刘春某与季玉某股权转让纠纷案,江苏省高级人民法院民事判决书,(2015)苏商再提字第0042号;上海明艺园林景观有限公司与上海怡绿房地产有限公司买卖合同纠纷案,上海市第二中级人民法院民事判决书,(2010)沪二中民四(商)初字第126号;石玉某与彭某股权转让合同纠纷案,衡阳市中级人民法院民事判决书,(2010)衡中法民二终字第15号;翁志某与舒某股权转让纠纷案,浙江省淳安县人民法院民事判决书,(2014)杭淳商初字第457号;福建三明长业投资担保有限公司诉罗志某等5人股权转让纠纷案,福建省高级人民法院民事判决书,(2013)闽民初字第107号。

④ 最高人民法院于2019年11月发布的《全国法院民商事审判工作会议纪要》第9条采纳了第四种解释路径,其内容为:"……为保护股东以外的股权受让人的合法权益,股权转让合同如无其他影响合同效力的事由,应当认定有效。其他股东行使优先购买权的,虽然股东以外的股权受让人关于继续履行股权转让合同的请求不能得到支持,但不影响其依约请求转让股东承担相应的违约责任。"

悉，现行《公司法》第71条旨在维系有限公司的人合性，防止不受欢迎的公司外部之人进入公司，破坏公司的人合性。第71条规定虽然并非禁止股权转让，但其要求有限公司的股东对外转让股权时，应征求其他股东的同意，并赋予其他股东优先购买权，显然在一定程度上已构成对股权处分自由的限制。

第二种见解认为证成股权转让合同有效，而否认现行《公司法》第71条系属强制性规定，亦值得商榷。依现行《公司法》第71条第4款之规定[①]，公司章程可以对第71条前三款之内容作出不同的规定，若以此说明第71条前3款并非强制性规定，似有合理之处。但是，“第71条（前3款）系非强制性规定”的观点是相对于公司章程而言的，也就是说，只有公司章程才能改变第71条前3款规定的内容。只要公司章程不存在“另有规定”，现行《公司法》第71条之规定就具有强制性，有限公司的股东向公司外部之人转让股权的，就应当履行征求同意的程序，并不得侵害其他股东的优先购买权。第71条2款“应当经其他股东过半数同意”“应就其股权转让事项书面通知其他股东征求同意”的表述，彰显了条款的强制性属性。

第三种见解认为现行《公司法》第71条不属于效力性强制性规定，故而不能以此认定合同无效。此种见解具有合理性，但是“效力性强制规定与管理性强制规定之分类是法律解释的结果”[②]，在司法实践中容易被误用乃至滥用。同样是违反现行《公司法》第71条之规定，有些裁判文书以“管理性强制规定”为旗帜而认定股权转让合同有效，而另一些裁判文书则给第71条扣上了“效力性强制规定”的帽子进而认定合同无效。例如，前述的“格尔木寰琨新能源技术开发有限责任公司与祁某确认合同无效纠纷案”和“段伟A与段伟B、董淑X、董淑Y、邱某等人股权转让纠纷案”，青海省高级人民法院与吉林市中级人民法院认为，现行《公司法》第71条没有规定违反此条款的转让合同无效，该条款不属于效力性的强制性规定。[③] 而在“王宝某与张康某等股权转让纠纷案”和“刘某某等诉温某某等股权转让纠纷案”，云南省高级人民法院与厦门市中级人民法院却持完全相反的意见，认定违反现行《公司法》第

---

① 现行《公司法》第71条第4款规定：“公司章程对股权转让另有规定的，从其规定。”

② 朱庆育：《民法总论》，北京大学出版社2016年版，第296页。

③ 参见青海省高级人民法院民事判决书，(2014)青民再终字第6号，吉林市中级人民法院民事判决书，(2015)吉中民三终字第137号。

71 条规定而订立之股权转让合同无效。[①] 因此,合同有效说的第三种见解也不是最佳的解释路径。

第二节　股东先买权规定的区分原则解释路径

无论是无效说、可撤销说还是效力待定说,都是通过否认股权转让人与股权买受人间的股权转让合同的效力,来满足公司其他股东的优先购买权。这些观点均将使公司外部的股权买受人陷于极度不利的境地——股权买受人非但不能取得股权,而且丧失了通过追究股权转让人的违约责任进而保护其债权利益的机会,有违公平正义之理念。[②] 无效说、可撤销说和效力待定说均不足以采纳,其症结在于这些观点均将股权转让的基础合同与股权变动的法律效果混为一谈,未能认识到侵犯其他股东优先购买权的是"股权转让"这一处分行为。因此,对股权转让中的基础合同(负担行为)与股权处分行为进行区分,有助于解释违反股东先买权规定的合同效力问题。

一、区分原则解释路径关于股东先买权规定的见解

(一)区分原则解释路径的基本观点

区分原则解释路径认为,股东先买权规定与股权转让合同的效力无涉,但与该项合同的履行有关,具体而言:(1)合同效力方面。转让股东与公司外部之人订立的股权转让合同是否有效,与是否违反现行《公司法》股东先买权规定无关。如果该项合同仅是违反了股东先买权规定,而不存在合同效力要件方面的欠缺,那么应认定合同有效。(2)合同履行方面。虽然转让股东与公司外部之人订立的股权转让合同有效,但由于该项交易违反了现行《公司法》股东先买权规定,故而合同不能履行。不仅转让股东让与股权的处分行为不生效力,而且股权买受人也不能要求转让股东继续履行合同。(3)认定合同有效的意义。虽然股权买受人不能要求转让股东继续履行合同,但并非意味着"不能履行的合同"没有意义。此情形下的合同虽然不能被履行,但当事人

---

① 参见云南省高级人民法院民事判决书,(2011)云高民申字第 141 号,厦门市中级人民法院民事判决书,(2011)厦民终字第 1666 号。

② 参见赵威:《股权转让研究》,中国政法大学出版社 2017 年版,第 150~151 页。

一方可基于该项有效的合同追究对方的违约责任。反之,如果不承认合同的有效性,则当事人一方仅能追究对方的缔约过失责任。

(二)区分原则解释路径的观点展开

1. 股东优先购买权规定不影响合同效力,但影响其履行。区分原则解释路径的基本观点之一认为,公司法中的股东先买权规定与股权转让合同的效力无涉。具体而言,这种解释路径认为:

一项股权转让的交易行为应区分为股权转让合同(原因行为、负担行为)与该合同的履行行为(结果行为、处分行为),要正确认识两种行为不同的法律效果,并科学区分两种行为的效力要件。

股权转让合同生效的直接后果是,转让人因此负有让与股权的义务,受让人因此负有支付股价的义务。使股权直接发生变动的,不是股权转让合同本身,而是该合同的履行行为。

公司法中的股东先买权规定旨在阻止不受公司多数股东欢迎的外部第三人通过交易取得股权,避免有限公司的人合性因股权对外转让而受破坏。也就是说,股东先买权规定所阻止的是转让人与受让人间的股权变动(股权转让合同的履行行为),而无意否定他们间的合同效力,更无意剥夺受让人通过追究转让人的违约责任从而救济其债权利益的机会。

违反股东先买权规定,虽然不影响转让股东与受让人之间的股权转让合同的效力,但会影响他们之间的合同履行效果。也就是说,其他股东如果主张优先购买权,并且其诉求符合先买权行使条件的,法院应依照先买权人的诉求撤销转让股东的股权让与行为(合同履行行为)或者确认股权让与行为无效。

当股权让与的履行行为被撤销或被确认无效,受让人无法依照股权转让合同取得标的股权,但是由于股权转让合同的效力不因此受影响,受让人可通过追究转让股东的违约责任,以此救济自己的债权。

2. 承认合同有效并不会侵害其他股东的优先购买权。区分原则解释路径的另一基本观点认为,转让股东罔顾先买权之规定、未履行征求同意程序,径直与公司外部之人订立股权转让合同的,承认该项合同的有效性不会侵害其他股东的先买权。理由如下:

转让股东与公司外部之人间订立股权转让合同,是股东优先购买权行使的条件,从逻辑上讲,后者不可能受到前者的侵害。转让股东与公司外部之人间订立股权转让合同,是股东优先购买权行使的条件。一方面,根据《公司法》第 71 条之规定,除公司章程另有规定外,股东之间相互转让股权,其他股东原则上并无优先购买权。股东优先购买权目的在于维系有限公司的人合性,股东之间相互转让股权,只会引发股权结构的变化,没有新人加入,不会影响公司的人合性,故而《公司法》在股权内部转让情形并没有赋予其他股东优先购买权。另一方面,优先购买权虽然属于有限公司股权的固有权能,但在转让股东出卖股权前,其他股东的优先购买权只是潜在的权利而不具有行使的条件。只有当某一股东与公司外部之人订立了股权转让合同,其他股东才能行使优先购买权,主张在其与转让股东之间形成一个"同等条件"的合同。由此可见,转让股东与公司外部之人订立股权转让合同,是股东优先购买权行使的前提条件。二者存在因果关系,前者为因,后者为果。无因则无果,有因才有果,故而,那种认为"股权转让合同侵害其他股东优先购买权"的观点在逻辑上存在悖论。

负担行为具有兼容性,其他股东行使优先购买权而与转让股东"形成"的合同,并不排斥转让股东与公司外部之人成立在先的合同,二者可以共存。买卖等负担行为的法律效果是,出卖人为自己设定给付义务。"一个人可以承担任意多次的义务,虽然他无法履行所有这些义务。"①负担行为的兼容性为我国司法解释和法院会议纪要所确认,不仅《合同法解释(二)》(法释〔2009〕5 号)第 15 条②规定了多重买卖合同的有效性,而且《国有土地使用权合同解释》第 9 条③、《买卖合同解释》第 6 条和第 7 条④、《第八次全国法院民事商事

---

① [德]卡尔·拉伦茨:《德国民法通论》(下册),王晓晔、邵建东、谢怀栻等译,法律出版社 2013 年版,第 440 页。

② 参见《最高人民法院关于适用〈中华人民共和国合同法〉若干问题的解释(二)》(法释〔2009〕5 号)第 15 条规定:"出卖人就同一标的物订立多重买卖合同,合同均不具有合同法第五十二条规定的无效情形,买受人因不能按照合同约定取得标的物所有权,请求追究出卖人违约责任的,人民法院应予支持。"

③ 参见《最高人民法院关于审理涉及国有土地使用权合同纠纷案件适用法律问题的解释》(法释〔2005〕5 号)第 10 条,在 2020 年 12 月 29 日修正后,条文调整为第 9 条。

④ 参见《最高人民法院关于审理买卖合同纠纷案件适用法律问题的解释》(法释〔2012〕8 号)第 9 条、第 10 条,在 2020 年修正后,条文调整为第 6 条和第 7 条。

审判工作会议(民事部分)纪要》第15条[①]分别认可了国有土地使用权、动产(包括普通动产和特殊动产)、不动产的多重买卖合同的效力。股权转让合同本质亦属买卖合同,转让人与受让人间关系与买卖关系并无实质区别,故而股权转让合同系属负担行为,且具有兼容性。如前所述,转让股东与第三人订立股权转让合同是其他股东行使优先购买权的前提条件,因此,转让股东与第三人间的股权转让合同成立在先,转让股东与先买权股东间的合同"形成"在后。成立在先的合同固然不能排斥后成立的合同,后成立的合同更无正当理由消灭他人间成立在先的合同。

股权让与行为的效力瑕疵,不影响股权转让合同的效力。一方面,股权转让合同的履行行为,即股权让与行为,从转让股东观之属于处分行为,从受让人观之则为取得行为。作为一项处分行为,股权让与行为的完成,将直接引起股权的变动。因此,转让股东与第三人间的股权让与行为,会实质性地影响其他股东的优先购买权。股东优先购买权是一项法定权利,故而,先买权股东可诉请法院撤销转让股东与第三人间的股权让与行为。另一方面,合同的履行行为(处分行为)不会影响到基础合同(负担行为)本身的效力。一项交易中,先有基础合同(负担行为)后有履行行为(处分行为),只有基础合同(负担行为)生效了,才会发生履行(处分行为)的问题。基础合同生效后,在履行环节出现了问题,即处分行为存在效力瑕疵,不能因此"反射到"基础合同而使其沦为同一命运。因此,先买权人固然可以诉请撤销转让股东的股权让与行为,却无正当理由撤销他人间的股权转让合同。

二、区分原则解释路径符合优先购买权的法律性质

(一)不同优先购买权的共同内涵:先买权共性剖析

我国现行《公司法》第71条规定的股东先买权,是优先购买权之一种。我国现行法框架下,除了现行《公司法》规定了股东先买权外,《民法典》合同编和《民法典》物权编也分别规定了承租人的先买权、共有人的先买权等。这

---

① 《第八次全国法院民事商事审判工作会议(民事部分)纪要》(法〔2016〕399号)第15条规定:"审理一房数卖纠纷案件时,如果数份合同均有效且买受人均要求履行合同的,一般应按照已经办理房屋所有权变更登记、合法占有房屋以及合同履行情况、买卖合同成立先后等顺序确定权利保护顺位。"

些优先购买权虽然立法目的不同，但其法律性质具有内在一致性，拥有共同的内涵。

优先购买权，又称“优先承买权”“先买权”，它是指特定民事主体（先买权人）依照法律规定或合同约定，在物的所有人或其他财产权利人（“先买权对应之义务人”）出卖其物或转让其财产权利时，有依照同样条件优先购买之权利。详言之：

1. 优先购买权存在法定先买权与约定先买权之分。先买权既可能基于法律规定而产生，也可以通过合同来设定。[①]（1）法律基于某种政策考量，赋予特定之人优先购买权，此为法定优先购买权。有学者统计，我国现行法规定了10类法定优先购买权，实践中还有大量的政策型优先购买权。这些先买权的设置具有政策目的性，如现行《公司法》第71条规定股东的优先购买权，是为了维护有限公司的人合性，保障公司内部其他股东的合作利益；《民法典》合同编第726条规定承租人的优先购买权，乃在维护租赁关系之稳定，保护承租人的居住利益；《民法典》物权编第305条规定按份共有人的优先购买权，旨在限制共有人人数增加，简化共有关系或者是保持已经存在的共有关系，维护共有关系的稳定，维护共有人的利益，避免或者减少共有人之间的纠纷。[②]（2）依私法自治原则，当事人基于交易之需要，亦可约定优先购买权，此为约定优先购买权。法定先买权与约定先买权虽其权利属性一致，但在法律效力上仍存在一定的区别。这是因为约定优先权系由当事人合同约定而产生，缺乏权利表征手段，第三人无从知之，故而不具有对抗善意第三人之效力。

2. 优先购买权依附于其他民事权利，前者是后者的“衍生品”。某一民事主体之所以享有优先购买权，是因为他享有某一其他民事权利，这种权利有可能是债权、物权、股权或其他财产权。例如，承租人的优先购买权依附于其租赁权（债权），按份共有人的优先购买权依附于其共有权（物权），有限公司股东的优先购买权依附于其股权。但无论是作为租赁权的“衍生品”，还是共有权或股权的“衍生品”，优先购买权在性质上并无二致，它们都是优先于他人

---

① 参见［德］卡尔·拉伦茨：《德国民法通论》（上册），王晓晔、邵建东、谢怀栻等译，法律出版社2013年版，第290页；［德］迪特尔·梅迪库斯：《德国债法分论》，杜景林、卢谌译，法律出版社2007年版，第128~129页；王泽鉴：《民法学说与判例研究（第一册）》，北京大学出版社2009年版，第315页。

② 参见全国人大常委会法制工作委员会民法室编：《中华人民共和国物权法条文说明、立法理由及相关规定》，北京大学出版社2017年版，第215页。

购买某项特定财产的权利。

3. 在物的所有人或其他财产权利人（“先买权对应之义务人”）出卖其物或转让其财产权利前，特定民事主体的先买权处于“蛰伏状态”。先买权的行使“以义务人向一个第三人出卖为前提条件”，①只有当先买义务人出卖标的物于第三人时，先买权人才能行使此项权利。② 如果财产权人（“先买权对应之义务人”）自始至终都没有出售的意图，渴求该项财产权利之人只能“望洋兴叹”，更无行使先买权之可能。

（二）优先购买权性质的理论争鸣：三种学说的介绍

关于优先购买权的法律性质，主要有请求权说、强制缔约请求权与形成权说。

请求权说认为，优先购买权是特定民事主体依照法律规定享有的优先于他人购买某项特定权利的请求权。先买权人行使其权利，必须要向出卖人（先买权对应之义务人）提出请求，要求解除其与第三人的合同，并同意与己方订立买卖合同。先买权人不能依其单方意思表示而径直形成其与出卖人间的买卖合同，并且出卖人并不负有强制缔约的义务。③ 这种观点认为，优先购买权只是优先缔约的权利，而不是保证买到的权利；它是一种债权，不具有对抗善意第三人的效力。④

强制缔约请求权说认为，优先购买权在本质上是一项请求权，但此种请求权不同于一般的请求权。按照一般请求权说，优先购买权人与义务人（“转让人”或“出卖人”）间的买卖合同，尚须义务人的同意，优先购买权人的缔约请求无异于一项要约，因此义务人得予以拒绝，这与一般买卖契约的订立方式并无区别。强制缔约请求权说认为，优先购买权人一经行使权利，转让人（或出

---

① ［德］迪特尔·梅迪库斯：《德国债法分论》，杜景林、卢谌译，法律出版社2007年版，第128页。

② 我国当前学者的主流观点与德国法观点一致，均认为出卖人与第三人之间的买卖合同是优先购买权行使的条件。参见王泽鉴：《民法学说与判例研究（第一册）》，北京大学出版社2009年版，第315页；王伟伟：《论优先购买权的行使条件——以要约模式与合同模式的比较为重心》，载梁慧星主编：《民商法论丛》（第61卷），法律出版社2016年版，第82页。

③ 参见王利明：《合同法研究》（第三卷），中国人民大学出版社2015年版，第325～328页。

④ 参见马成波：《解读〈关于福清市名流园艺有限公司与翁武强、翁武雄及福清市国有资产营运中心确认合同效力纠纷案的请示的答复〉》，载江必新主编、最高人民法院审判监督庭编：《审判监督指导》（总第29辑），人民法院出版社2010年版，第49～50页。

卖人)即负有强制缔约之义务,而且转让人与第三人间的买卖合同将陷于给付不能。但该说同样认为,先买权人不能够仅依其单方意思表示自动形成其与转让人(或出卖人)之间的买卖合同。①

形成权说认为,优先购买权人可依照其单方之意思,在其与义务人间形成一个跟义务人和第三人合同条件一样的买卖合同,而无待义务人的承诺。②德国当前民事立法和通说认为,先买权是一种形成权。德国《民法典》第464条第2款规定:"因优先承买权之行使,权利人与义务人之买卖依义务人与第三人所约定之条件而成立。"依此规定,先买权的行使,将在权利人与义务人之间形成一项买卖合同(合同条件以义务人与第三人间的合同内容为准),无待义务人之同意。由此观之,德国民法规定的先买权在性质上应属形成权无疑。在学者著述方面,德国学者拉伦茨认为,先买权是一种"旨在通过单方的行为建立一种对他人的法律关系的形成权"。③ 迪特尔·梅迪库斯亦认为,先买权是一项形成权,权利人可通过单方意思表示而在自己与形成权的相对人(义务人)之间成立买卖合同;先买权的行使以义务人向第三人出卖为前提条件,其行使的结果是权利人通常排挤了该第三买受人。④

(三)优先购买权性质的司法观点:三部解释的立场

先买权的法律性质这一问题争议如此之大,以至于我国最高人民法院在出台相关司法解释时,前后规定立场截然不同。现就当前司法解释关于承租人先买权、共有人先买权和股东先买权的规定,简要介绍如下:

---

① 参见谢在全:《民法物权论》(上册),中国政法大学出版社2011年版,第335~337页。

② 参见梁慧星:《中国民法典草案建议稿附理由·合同编(上册)》,法律出版社2013年版,第405页;马俊驹、余延满:《民法原论》,法律出版社2010年版,第346页;崔建远:《论共有人的优先购买权》,载《河北法学》2009年第5期;李永军:《论优先购买权的性质和效力——对我国〈合同法〉第230条及最高人民法院关于租赁的司法解释的评述》,载《中国政法大学学报》2014年第6期;常鹏翱:《论优先购买权的行使要件》,载《当代法学》2013年第6期;冉克平:《论房屋承租人的优先购买权——兼评最高人民法院〈房屋租赁合同司法解释〉第21~24条》,载《法学评论》2010年第4期;郑永宽:《论按份共有人优先购买权的法律属性》,载《法律科学(西北政法大学学报)》2008年第2期;曹博:《如何行使优先购买权——以最高院司法解释的演进为线索》,载《河北法学》2016年第12期;姜燕:《有限责任公司股东优先购买权法律性质分析——以司法解释四(征求意见稿)为对象》,载《中国集体经济》2017年第11期。

③ [德]卡尔·拉伦茨:《德国民法通论》(上册),王晓晔、邵建东、谢怀栻等译,法律出版社2013年版,第290页。

④ 参见[德]迪特尔·梅迪库斯:《德国债法分论》,杜景林、卢谌译,法律出版社2007年版,第128页。

1. 司法解释将承租人先买权定性为“强制缔约请求权”。通说认为，最高人民法院于2009年颁布的《城镇房屋租赁司法解释》第21条①将承租人的优先购买权规定为一项“请求权”，但其究竟属于一般请求权还是强制缔约请求权，不无争议，因为该解释没有明文规定出租人负有强制缔约之义务。最高人民法院相关著述认为，上述规定将承租人优先购买权界定为“强制缔约请求权”。② 但在《关于审理城镇房屋租赁合同纠纷案件司法解释的理解与适用》一书中，最高人民法院同时又认为，承租人优先购买权受到侵害时，可以请求法院判令承租人与出租人形成买卖合同关系。③ 这种解释又近乎将承租人的优先购买权界定为“形成权”。

2. 司法解释将共有人先买权定性为“形成权”。最高人民法院2016年颁布的《物权法司法解释(一)》第12条④规定了，按份共有人对外转让其共有份额的，其他共有人有权要求按照同等条件购买该共有份额。依此规定，其他共有人行使优先购买权的，无须转让人的同意，径自在先买权人与转让人间形成“同等条件”的合同。故而通说认为，这部司法解释将按份共有人的优先购买权界定为“形成权”。⑤

---

① 《最高人民法院关于审理城镇房屋租赁合同纠纷案件具体应用法律若干问题的解释》(法释〔2009〕11号)第21条规定：“出租人出卖租赁房屋未在合理期限内通知承租人或者存在其他侵害承租人优先购买权情形，承租人请求出租人承担赔偿责任的，人民法院应予支持。但请求确认出租人与第三人签订的房屋买卖合同无效的，人民法院不予支持。”该条司法解释规定后被《民法典》采纳，详见《民法典》第728条规定。

② 参见最高人民法院民事审判第一庭编著：《最高人民法院关于审理城镇房屋租赁合同纠纷案件司法解释的理解与适用》，人民法院出版社2009年版，第291～292页；刘德权总主编、王松主编：《最高人民法院司法观点集成民事卷Ⅲ》，中国法制出版社2017年版，第1840页；刘德权总主编、王松主编：《最高人民法院司法观点集成民事卷Ⅰ》，中国法制出版社2017年版，第290页。

③ 参见最高人民法院民事审判第一庭编著：《最高人民法院关于审理城镇房屋租赁合同纠纷案件司法解释的理解与适用》，人民法院出版社2009年版，第291～292页。

④ 《物权法司法解释(一)》(法释〔2016〕5号)第12条规定：“(第1款)按份共有人向共有人之外的人转让其份额，其他按份共有人根据法律、司法解释规定，请求按照同等条件购买该共有份额的，应予支持。(第2款)其他按份共有人的请求具有下列情形之一的，不予支持：(一)未在本解释第十一条规定的期间内主张优先购买，或者虽主张优先购买，但提出减少转让价款、增加转让人负担等实质性变更要求；(二)以其优先购买权受到侵害为由，仅请求撤销共有份额转让合同或者认定该合同无效。”《最高人民法院关于适用〈民法典〉物权编的解释(一)》(法释〔2020〕24号)第12条延续了前述规定。

⑤ 参见杜万华主编、最高人民法院民事审判第一庭编著：《最高人民法院物权法司法解释(一)理解与适用》，人民法院出版社2016年版，第317页；刘德权总主编、王松主编：《最高人民法院司法观点集成民事卷Ⅰ》，中国法制出版社2017年版，第290页。

3. 司法解释将股东先买权定性为“请求权”。最高人民法院于 2017 年颁布的《关于适用〈中华人民共和国公司法〉若干问题的规定(四)》一方面在第 19 条中规定,股东行使先买权的,应在收到通知后,在公司章程所定期间或该部解释所定期间内提出购买权请求;另一方面又在该解释第 20 条中规定,其他股东行使先买权后,转让股东又不同意转让股权的,人民法院对其他股东先买权的主张应不予支持,除非公司章程或全体股东另有约定。依此规定,其他股东先买权的行使,不会径自在其与转让股东间形成“同等条件”的合同;其他股东的购买请求,有待于转让股东的同意。由此观之,该部司法解释显然将股东先买权定性为“请求权”。在《最高人民法院公司法司法解释(四)理解与适用》一书中对此解释道,赋予转让股东“反悔权”,有助于公司外部之人与内部股东之间形成类似拍卖的价格形成机制,有利于保障转让股东的利益,体现私法自治之精神;形成权说之下的转让股东被剥夺了“反悔权”,而请求权说能够保障转让股东这一权益,故而司法解释采纳了请求权说。①

(四)优先购买权性质的笔者浅见:形成权说更为可取

笔者认为有限公司股东的先买权与承租人的先买权、按份共有人的先买权,虽然在政策目的上存在差异,但其内涵相同,都是“特定民事主体(先买权人)依照法律的规定,在所有权人(先买权对应之义务人)出卖其财产时,有依照同样条件优先购买之权利”。因此,股东先买权与承租人先买权、共有人先买权,在法律性质上不应存在差别。在有关先买权性质的三种学说中,相较而言,形成权更为可取。反对形成权学说的观点,其核心论点是:请求权的优点在于转让股东享有反悔权,充分体现了私法自治的精神,而形成权剥夺了转让股东的反悔机会,破坏了合同自由原则。笔者认为,前述见解有待于商榷,理由如下:

1. 请求权说难以保障先买权的实现。以股东优先购买权为例,股东先买权规定意在有限公司的股东将其股权转让给公司外部之人时,赋予公司其他股东干涉转让股东与受让人间合同关系的权利。也就是说,在转让股东与公司外部之人订立股权转让合同后,根据诚实信用原则与契约严守原则,转让股东本应当严格按照合同向股权买受人履行转移股权的义务,但在其他股东主

---

① 参见杜万华主编、最高人民法院民事审判第二庭编著:《最高人民法院公司法司法解释(四)理解与适用》,人民法院出版社 2017 年版,第 460 页、第 465 页。

张优先购买权情形下,前述股权转让合同将无法正常履行。如果认定股东先买权为请求权,意味着当公司其他股东行使先买权时,转让股东享有“反悔权”,转让股东既可同意先买权人的请求,也可拒绝先买权人的请求,先买权人的此项“请求”与合同中的“要约”无异,且转让股东不负有强制缔约的义务。既然公司其他股东行使先买权在法律上被认定为一项要约,且相对人不负有强制缔约义务,那就意味着转让股东可以拒绝其他股东的先买权而无须承担何种法律责任,如此优先购买权的意义和价值将形同虚设。

2. 强制缔约请求权说中“转让人的强制缔约义务”在解释上颇为费解,且该说同样难以保障先买权的实现。强制缔约请求权说认为先买权一经行使,出卖人就负有强制缔约的义务。如何理解此中的“强制缔约义务”,不无疑惑:(1)如果认为无论出卖人同意与否,出卖人与先买权人间的买卖合同都能成立,那么出卖人的“承诺”纯粹是一种人工产物,而既然合同成立与出卖人意思无关、完全取决于先买权人的单方意思,为何还要虚拟一个承诺的程序。(2)如果认为出卖人拒绝同意,其与先买权人间的买卖合同将不能成立,出卖人须就违反强制缔约义务而对先买权人承担赔偿责任,那么此种解释首先面临的问题是,出卖人的责任性质和赔偿标准如何认定,即出卖人应承担怎样的法律责任,究竟是缔约过失责任、违约责任,抑或侵权责任?侵害先买权的赔偿标准如何确定?更为重要的是,此种见解将使先买权立法目的落空。以股东先买权为例,法律赋予有限公司股东先买权,目的在于防止不受公司欢迎的人加入进而影响公司的人合性,使行使先买权人在同等条件下优先于公司外部之人“买到”拟转让的股权。如果出卖人拒绝同意能够使合同不成立,那么先买权人就无从“优先买到”拟转让的股权,先买权的立法目的因此而落空。

3. 形成权说虽然限制了出卖人(先买权对应之义务人)的相对人自由,但在整体上并没有动摇合同自由的基础。合同自由包括缔约自由、相对人自由、内容自由与形式自由。先买权的行使必须满足“同等条件”这个要件,而此处的“同等条件”即出卖人与第三人订立之买卖合同内容,也就是说,在形成权说之下,因先买权行使而“形成”的合同其内容并不违背出卖人的意志。出卖人被限制的真正自由,应该是相对人自由,即先买权人优先于原本的买受人取得拟出卖之财产。有学者进一步指出,优先购买权的形成权性质不会构成对契约自由的破坏,其理由是:在股东先买权情形中,有限公司股东在将其股权转让给公司外部之人时,对其他股东可能行使优先购买权是明知的,其对外转让股权的行为蕴含了向行使先买权之股东转让股权的自愿。[①] 依此种见解,形成权说不但没有限制出卖人的缔约自由和内容自由,甚至也不构成对相对人自由的限制。

4. 形成权说契合先买权制度的立法目的。以股东先买权制度为例,立法之所以设置该项制度,旨在维系有限公司的人合性,避免因新人的加入而使公司内部之和谐遭到破坏。转让股东在其与其他股东创设有限公司之际,就应当知道其将来转让股权将受到股东先买权制度的限制,其加入有限公司这种人合性社团,就意味着其自愿让渡自身的部分自由、接受社团人合性的拘束,其中包括其自愿接受股东先买权制度给其股权转让带来的"不自由"。可以说,其自愿接受先买权制度的拘束,是其加入有限公司这种兼具人资两合公司的代价。转让股东既然在其"入股"之初自愿接受此种拘束,那么,当其对外转让股权之时,理应接受先买权人的请求,而不得反悔。

(五)股东先买权的法律效力:阻却股权处分行为之效力

1. 物权性先买权与债权性先买权的效力差异:能否对抗第三人。不同优先购买权,在性质上同属形成权,但其行使的法律效力上存在差异。有些优先购买权的行使效力及于第三人,即具有物权性效力,而有些则不及于第三人,仅具有债权性效力。[②] 具体而言:(1)物权性优先购买权的行使,不仅在权利人与义务人间形成"同等条件"的买卖合同(对义务人产生拘束力),而且还将产生对抗第三人的效力。如果义务人执意将标的权利转让给第三人,优先购买权人可请求法院确认该项转让行为无效。[③] (2)债权性优先购买权的行使,仅在权利人与义务人间形成"同等条件"的买卖合同,义务人对优先购买权人及第三人均负有转移标的权利的义务,至于义务人将标的权利究竟转让给优先购买权人还是第三人,优先购买权人并无权利干预。如果义务人执意将标

---

① 参见赵旭东:《股东优先购买权的性质和效力》,载《当代法学》2013 年第 5 期;赵威:《股权转让研究》,中国政法大学出版社 2017 年版,第 139 页。

② 参见[德]曼弗雷德·沃尔夫:《德国物权法》,吴越、李大雪译,法律出版社 2002 年版,第 243 页。

③ 此处的"转让行为"是指权利的让渡行为,自转让人观之为"处分行为",自受让人观之为"取得行为"。优先购买权制度意在使先买权人优先取得被转让的权利。实现这一立法目的采取的手段,只要能够阻止第三人取得标的权利即可,无须"扼杀"第三人的合同债权。

的权利转让给第三人，优先购买权人无权否认该项转让行为的效力，而只能追究义务人的违约责任。约定优先购买权之情形，由于先买权系当事人间合同约定，故而不具有对抗第三人之效力，系属典型的债权性优先购买权。

2. 两类先买权的效力共性：均不影响转让人和第三人间合同的有效性。无论债权性优先购买权，还是物权性优先购买权，其效力均不影响转让人（优先购买权对应之义务人）和第三人间的买卖合同。① 即便是物权性优先购买权人，也只能请求法院确认他人间的转让行为（"转让人的处分行为"或曰"受让人的取得行为"）无效，而不得申请撤销他人间的买卖合同。因为先买权的行使，是以先买权对应之义务人和第三人订有买卖契约为条件，故不能认为此项买卖行为有害优先购买权而为撤销，否则将自相矛盾，先买权人得诉请撤销者，系移转所有权之物权行为。② 转让人为避免二重买卖的困扰，在与第三人缔约之际可附解约条件，约定在他人行使优先购买权时，合同自动解除或者附履约条件，约定其仅在优先购买权人不行使权利时，始负履行义务。

3. 股东优先购买权的性质：物权性先买权。现行《公司法》第 71 条规定之股东优先购买权，应属物权性优先购买权，理由在于：（1）此种观点契合目的解释。股东优先购买权制度之目的在于维系有限公司的人合性。如果将股东优先购买权解释为债权性优先购买权，此种解释认可转让人在优先购买权人行使权利后仍得与第三人完成股权转让，而优先购买权人仅能主张损害赔偿，则现行《公司法》第 71 条之立法目的将无法实现。③ 反之，物权性优先购买权的解释观点认为，公司原有股东行使优先购买权，可以请求确认转让股东和第三人间的股权变动无效，禁止第三人取得待转让的股权并阻止其成为新股东，由此维系了有限公司的人合性，实现了现行《公司法》第 71 条规定之目

---

① 需要注意，不仅持形成权说的学者认为，转让人与第三人订立的买卖合同之有效性，不因违反优先购买权规定而受影响，而且持请求权说、强制缔约请求权说新近的观点一般都认同这一观点。持请求权说的王利明教授指出，如果认定违反先买权规定的合同无效，将增加交易成本，且不符合鼓励交易原则，妥当的处理方式是，承认转让人与第三人间的合同效力，先买权人有权请求转让人赔偿其实际损失。持强制缔约请求权说的谢在全教授认为，先买权之行使以义务人与第三人间的买卖契约有效存在为要件，先买权的行使将使这项买卖契约陷于给付不能。参见王利明：《合同法研究》，中国人民大学出版社 2015 年版，第 334 页；谢在全：《民法物权论》（上册），中国政法大学出版社 2011 年版，第 337 页。

② 参见王泽鉴：《民法学说与判例研究》（第一册），北京大学出版社 2009 年版，第 318 页。

③ 参见赵德勇：《基于法律行为的股东资格变动研究——以有限责任公司为中心》，西南财经大学 2013 年博士学位论文，第 123 页。

的。(2)股东优先购买权具有公示性。首先,有限责任公司的股东优先购买权是一种法定优先购买权,除非公司章程明确排除了股东优先购买权,股东这一权利从公司成立伊始即已存在,而且有限公司的所有股东都享有此项权利。① 其次,股东优先购买权据以产生的基础法律关系为股权关系,而有限责任公司的股东信息属于公司应登记的事项,②任何人均可通过查阅公司登记获悉"何人为公司股东",进而得知"何人拥有优先购买权"。

综上所述,不同类型的优先购买权,虽然其政策目的不同,但其法律性质存在相同之处。当前,关于优先购买权的性质,比较有影响力的学说主要有请求权说、强制缔约请求权说和形成权说,而无论持何种学说,新近的主流观点认为,出卖人违反优先购买权规定而与他人订立买卖合同(包括股权转让合同)的,合同的有效性不因此而受影响。另外,优先购买权又存在物权性先买权与债权性先买权之分,股东优先购买权应属物权性先买权范畴。也就是说,股东优先购买权可以对抗第三人,如果转让股东违反先买权规定将其股权转让给第三人,主张先买权的股东可以请求法院撤销该项转让行为(股权处分行为),但不得请求撤销转让股东与第三人间的股权转让合同或请求确认合同无效。

三、区分原则解释路径符合股东先买权的立法目的

目的是一切法律的创造者,在解释制定法时,目的将作为一项决定性的辅助工具。③ 在此基础上,还须衡量各方当事人的利益,不能"顾此失彼"。④ 转让股东违反股东先买权规定而与股东以外之人订立的股权转让合同效力如何?对于这一问题的解释,我们应在现行《公司法》第71条规定的文义射程之内,合理地剖析该条规定的立法目的。同时还需考虑的问题是,要实现这一

---

① 优先购买权的发生时间与行使时间并非一致。就股东优先购买权而言,在有限公司成立之时,股东即享有优先购买权,而只有当某一股东向公司外部第三人订立股权转让协议时,其他股东才能够行使优先购买权。易言之,股东的优先购买权附有停止条件,该条件即为他股东对外转让股权。

② 现行《公司法》第32条第2款规定:"公司应当将股东的姓名或者名称向公司登记机关登记;登记事项发生变更的,应当办理变更登记。未经登记或者变更登记的,不得对抗第三人。"

③ 参见[德]扬·施罗德:《法官、制定法及目的法学和利益法学中的法学方法》,王吉中译,载王洪亮、朱庆育、张双根等主编:《中德私法研究》(第17卷),北京大学出版社2018年版,第98页。

④ 参见[日]星野英一:《现代民法基本问题》,段匡、杨永庄译,上海三联书店出版社2012年版,第220页。

立法目的,是否存在不同的路径？采用何种路径,能够更好地兼顾优先购买权人与股权买受人的利益？

(一)有限责任公司的性质:兼具资合性与人合性

通说认为,有限责任公司是小型封闭型公司,兼具资合性与人合性。分述如下:(1)有限责任公司具有资合性特征,是其与无限公司(典型的人合公司)区别之处。其一,无限公司的信用基础在"人",法律对公司的资本通常不作特殊要求,股东可以劳务出资,并有退股自由;全体股东对公司负债要承担无限连带责任;股东之间存在高度信任,新人入股(包括股权对外转让而吸收新股东、增资扩股吸收新股东)原则须经全体股东一致同意或绝大数人同意。其二,有限责任公司的信用基础在"资",公司以其全部财产独立承担责任,公司债务与股东无关;有限公司恪守"资本三原则"(资本确定原则、资本维持原则、资本不变原则),股东不得以劳务出资,并原则上不得退股。(2)有限公司兼具人合性,是其与股份公司的区别之处。有限公司内部是熟人社会关系,而股份公司内部则为陌生人社会关系。股份公司是典型的资合公司,股东的表决方式完全根据股份比例,现行《公司法》除对发起人股东和担任"董监高"职务的股东的股权转让设有禁售期规定外,原则上股份转让,无论对内还是对外转让,遵循自由原则。法律关于有限公司的规定,须考虑"人"的因素,公司章程可以规定按"人头表决""一人一票";"外人"加入公司成为新的股东,须经过原有股东多数人的同意。

(二)股东先买权制度的立法目的:维系有限公司的人合性

股东优先购买权制度是关于股权外部转让的限制,它体现出股权内部转让优先于外部转让的立法政策,通说认为该项制度意在维系有限责任公司的人合性。[①] 除此之外,有学者认为该制度意在"保护现有股东按照其持股比例享有的投票权,以及分享公司收益和资产的权利"[②];还有的认为该制度的法理基础在于"股东对于公司状态的维持具有期待利益"[③],"一个特定的公司总是有自己的一系列特征,如果一个人在某个公司购买了股份,他就有权期望自

---

① 参见赵中孚主编:《商法通论》,中国人民大学出版社2017年版,第182页。

② 方金刚:《〈公司法司法解释(四)〉与美国公司制度之比较》,载《人民法院报》2017年9月15日第8版。

③ 王东光:《股东退出法律制度研究》,北京大学出版社2010年版,第66页。

己作为这个公司的投资者的身份得以延续，无论谁都不能强迫他变成另一个不同的企业的投资者。”①

笔者认为，无论“保护其他股东的投票权、资产受益权”，还是“维护其他股东的期待利益”，都是维系有限责任公司人合性的具体表现。因此，现行《公司法》设置股东优先购买权，根本目的在于维系有限责任公司的人合性，防止因新股东的任意加入而破坏公司原本和谐生态的现象发生。“新人”的加入，应当是大多数股东能够接受的。在大多数股东接受的情况下，异议股东仍能通过行使优先购买权，阻止其所不欢迎的“新人”加入。立法之所以如此规定，目的在于尊重股东创设公司之初衷，确保有限责任公司维系“封闭型熟人社会关系”，以实现公司的久安长治。

（三）区分原则解释路径更为契合立法目的与利益衡量的双重要求

现行《公司法》设置股东优先购买权，并非禁止股东转让股权。股权属于股东的个人财产，是股东以给付出资为代价，“从公司获取经济利益并参与公司经营管理的权利”②。股权本质上来讲属于财产权的范畴，股东对其拥有的股权可自由支配。在经济学上，股权被称作“所有者权益”，在法学界亦有学者认为股权实为一项所有权。③“股权是所有权”的观点是否妥当，在此暂且不予评论，此种观点充分说明了股权具有支配性与可转让性。有学者甚至认为，“股权自由转让原则与有限责任原则一道构成了现代公司制度的灵魂，成为现代企业的标志。”④

市场交易应遵循自由原则。财产权利的转让一般由私人自治，国家的干预应遵循必要性原则，不能逾越必要的限度，否则将侵越个人意志自由和其正当法益。为保护某一法益而势必伤及另一法益时，若存在可选择的不同手段，则公权机关应力求选择“伤害最轻”的手段。甲股东未经乙股东同意，擅自将股权转让给公司外部第三人丙的情形，乙的权益为优先购买权，丙的权益为合同债权以及合同履行后取得的利益（股权）。以下两种手段均可实现乙的优先购买权：一是否认丙的一切权益，即否认甲丙间合同的效力。在此情境，丙

① ［美］罗伯特·C.克拉克：《公司法准则》，胡平译，中国工商出版社1999年版，第355页。
② 施天涛：《公司法论》，法律出版社2018年版，第255页。
③ 参见刘俊海：《现代公司法》（上册），法律出版社2017年版，第278页。
④ 冯果：《现代公司资本制度比较研究》，武汉大学出版社2000年版，第206页。

不仅不能取得股权，而且由于合同被认定无效或被撤销，其合同债权亦不被认可，无法通过追究甲的违约责任而得到救济。二是只否认丙基于合同履行所取得的利益，而不否认甲丙间合同的效力。在此情境，丙不能取得股权，乙的优先购买权得以保障，而丙的合同债权依然存在，可通过追究甲的违约责任从而间接得到满足。两相比较，第二种手段显然更为可取，且此种手段对擅自转让股权的股东课以违约责任，此种潜在的风险将倒逼转让股东认真履行征求同意程序，如此可切实保障其他股东的优先购买权。

综上所述，"解释法律应以贯彻目的为主要任务"①，同时还须对当事人间的利益进行衡量。股东优先购买权的立法目的在于，维系有限责任公司的人合性，防止因新股东的任意加入而破坏公司原本和谐生态的现象发生。达此目的，有两条路径可供选择：一是"一体把握解释路径"，即通过否认转让股东与公司外部之人的股权转让合同的效力，进而否认他们之间的股权让与效力，以此实现前述目的。二是"区分原则解释路径"，即仅否认转让股东与公司外部之人的股权让与效力，但不否认他们间的股权转让合同效力。相比之下，区分原则解释路径更符合比例原则，更能兼顾股权买受人的债权利益，既达到了立法目的，又考虑到了利益衡量。

四、区分原则解释路径符合司法解释的基本精神

（一）区分原则解释结论符合无权处分规则的当然解释

当然解释乃体系解释之一种方式，其基本含义为：当法律没有规定，但根据规范的目的或者逻辑上的推论，待解释的事项较之法律所规定者，更有适用之理由的，应径行适用该规定。② 当然解释表现为以下两种方式，一是以小推大，即"举轻以明重"。二是以大推小，即"举重以明轻"③。

我国过去立法和司法解释曾一度将当事人是否拥有处分权，用以判断合同效力的一个基本因素，典型就是原《合同法》第 51 条将无处分人订立的合同规定为效力待定合同。2012 年，最高人民法院颁布的《买卖合同解释》（法释〔2012〕8 号）第 3 条确立了"合同效力与处分权无涉"的规定，这一规定最

① 杨仁寿：《法学方法论》，中国政法大学出版社 2013 年版，第 172 页。

② 参见杨仁寿：《法学方法论》，中国政法大学出版社 2013 年版，第 158 页。

③ 梁慧星：《民法解释学》，法律出版社 2015 年版，第 227 页。

终被《民法典》第597条所采纳。根据《民法典》第597条的规定，出卖人对标的物没有所有权或处分权的，不影响买卖合同的效力；出卖人无法履行的，应承担违约责任，买受人也可主张单方解除合同。法释〔2012〕8号第45条规定了，债权转让、股权转让等权利转让合同有规定的，依照其规定，没有规定的，可以参照买卖合同的规定。因此，《民法典》第597条关于无权处分的解释规则，同样适用于股权转让之中。也就是说，在股权转让中，转让人不享有股权或者未经股权实际所有人的授权的，不影响股权转让合同的效力。

就股东优先购买权制度而言，虽然在股权对外转让时，其他股东享有优先购买权，但是转让人并不丧失股权与处分自有股权的权利。优先购买权只会影响股权受让对象，并不会对股东转让股权的权利和自由造成任何约束和障碍。[①] 因此，转让人处分自有股权的行为，严格而言并非"无权处分"。转让人对自有股权的处分权限，充其量只是选择相对人的自由受到限制。"擅自出卖他人之物"与"未经他人同意处分己物"，相较而言，前者的危害性和主观恶性明显更大。擅自出卖他人之物，合同的效力尚且不受影响，根据"举重以明轻"之原理，未经他人同意处分己物，合同的效力自当亦不受影响。此当然解释之推论，同样适用于未经其他股东同意而擅自将己有股权转让给公司外部第三人之情形。

（二）区分原则解释结论符合承租人/共有人先买权规则的类推解释

罗马法彦有云："理由同一之处，便是法同一之处"。[②] 法律对某一事项未作规定，若类似事项存在法律规定的，可以类推适用之，即为类推解释。类推解释乃"相类似之案件，应为相同之处理"之法理所要求。[③] 类推解释有助于消除法秩序中的"体系违反"，从而成为漏洞补充之基本方法。

我国私法体系中的优先购买权，除现行《公司法》规定的股东先买权规定外，还有《民法典》合同编规定的承租人先买权、《民法典》物权编规定的共有人先买权等。我国历史上虽有司法解释曾规定，出租人出卖房屋违反先买权

---

① 参见 John C. Coffee et al, Cases and Materials on Corporations, Aspen Publishers, 2008, p. 518. 转引自张彬：《有限责任公司权转让效力研究——以协议转让为视角》，吉林大学法学院2010年博士学位论文，第95页。

② ［德］蒂尔曼·雷普根：《早期共同法中的法律解释》，张传奇译，载王洪亮、朱庆育、张双根等主编：《中德私法研究》（第17卷），北京大学出版社2018年版，第77页。

③ 参见杨仁寿：《法学方法论》，中国政法大学出版社2013年版，第194页。

规定的,承租人可诉请法院确认买卖合同无效。[①] 但最高人民法院于2009年颁布的《城镇房屋租赁合同司法解释》(法释〔2009〕11号)改变了前述规定。该解释第21条规定,出租人侵害承租人优先购买权的,承租人可请求出租人承担损害赔偿责任,但是承租人请求确认出租人与第三人间的买卖合同无效的,人民法院不予支持。最高人民法院于2016年颁布的《物权法司法解释(一)》(法释〔2016〕5号)就共有人先买权作了相似的规定。该解释第12条规定,按份共有人以其优先购买权受到侵害为由,仅请求撤销共有份额转让合同或者认定合同无效的,人民法院不予支持。

由上述可知,法释〔2009〕11号、法释〔2016〕5号两部司法解释,分别规定了违反承租人/共有人优先购买权规定所订立的买卖合同,其有效性不受影响,承租人/共有人诉请撤销买卖合同或确认合同无效的,人民法院不予支持。股东先买权、承租人先买权与共有人先买权,虽然散落于不同法律之中且功能各异,但在性质上仍具有一致性,即均是为了满足特定民事主体享有同等条件下的优先购买权利。故而,违反股东先买权规定的合同效力,可类推适用承租人/共有人先买权规则。易言之,违反股东先买权规定的合同效力,在解释上应认定为有效,公司其他股东以优先购买权受侵害为由诉请撤销股权转让合同或确认合同无效的,人民法院应不予支持。

综上所述,法律解释应消除法秩序中的"体系违反"。一方面,"擅自出卖他人之物"买卖合同的有效性尚且不受影响(法释〔2012〕8号第3条确立之规则),而违反股东先买权规定所订立的合同,充其量仅是"未经他人同意处分己物",故而更有理由认为此情形的合同有效性不受影响。另一方面,当前司法解释确认了"违反承租人/共有人优先购买权规定所订立的买卖合同有效性不受影响"的规则(法释〔2009〕11号第21条、法释〔2016〕5号第12条之规定),股东先买权与承租人先买权、共有人先买权,虽政策目的存在不同,但法律性质并无二致,故而没有理由否认违反股东先买权规定所订立之合同的效力。

---

① 参见《最高人民法院关于贯彻执行〈中华人民共和国民法通则〉若干问题的意见(试行)》第118条规定。

本章小结

有限责任公司系小型封闭式公司，兼具人合性和资合性。为维系有限公司的人合性，避免因公司外部之人的任意加入而破坏公司内部原本和谐的生态环境，现行《公司法》规定了股东优先购买权制度。根据该项制度规定，股东将其股权转让给公司外部第三人的，需征求其他股东的同意，并且其他股东在同等条件下享有优先购买权。股东优先购买权制度，涉及转让股东、股权买受人、公司和其他股东多方利益，内容极其复杂。我国公司立法之初便已规定股东先买权制度，2005年《公司法》修法时对该项制度进行了全面修订，即便如此，修改后的规定在适用方面仍存在不少争议。为此，最高人民法院于2017年颁布了《公司法解释(四)》，以图就股东先买权问题实现"定分止争"。违反股东先买权规定的股权转让合同效力如何，《公司法解释四(征求意见稿)》曾持无效说，但由于争议太大，司法解释不得不搁置争议。最高人民法院于2019年11月发布的《九民会议纪要》第9条采取了区分原则的解释路径，认为此情形下的合同有效，从而改变了《公司法解释四(征求意见稿)》的立场。

股东违反先买权规定与他人订立之股权转让合同的效力如何，审判实践中主要存在合同无效说、合同可撤销说、合同效力待定说和合同有效说四种观点，而每一种观点给出的理由又存在不同见解。

持合同无效的观点中，有裁判认为，转让股东与受让人间的合同侵害了其他股东的权利(优先购买权)，故而无效；有裁判认为，前述合同违反了法律规定，故而无效。前一种观点没有认识到，真正侵犯其他股东优先购买权的，应该是转让股东与受让人间的股权让与行为(合同履行行为、股权处分行为)，而非缔约行为(基础合同行为、负担行为)。后一种观点没有认识到，并非所有的违法行为都会导致合同无效，"可以导致法律行为无效的唯一原因是公共利益受到了损害"，[①]而股东优先购买权制度与公益无涉，仅事关公司内部少数股东的私益。

持合同可撤销观点的裁判，一方面指出，股东先买权规定与公共利益无

① 黄忠:《违法合同效力论》，法律出版社2010年版，第169页。

涉、不属于导致合同无效的强制性规定，故而转让股东与受让人间的股权转让合同并非无效；另一方面指出，该项股权转让合同侵害了其他股东的先买权，故而其他股东可诉请法院撤销之。此种观点认识到股东先买权规定与公共利益无涉，应值得肯定，但其仍存在三点症结未得到解决：一是此种观点未认识到，真正侵害其他股东先买权的是股权让与行为（股权转让中的合同履行行为），而非股权转让中的合同缔结行为。二是股东行使先买权，意在满足个人私益，而非保护一般债权人的整体利益，故而不能参照债权保全中的撤销权制度。三是公司其他股东得以行使先买权的前提是转让股东与受让人间达成了有效的合同，也就是说，转让股东与受让人间的合同成立在先、先买权股东与转让股东的合同成立在后，故而先买权股东不得根据撤销权制度来撤销成立在先的股权转让合同。

持合同效力待定观点的裁判，存在两种见解：一是其他股东得以先买权受侵害为由诉请撤销合同，故而合同效力待定。二是股权转让合同订立未经同意程序和先买权程序，故而合同效力待定。第一种见解在逻辑上发生混乱，“可撤销”与“效力待定”系属两个并列的概念，一项合同不能既是可撤销的，同时又是效力待定的。第二种见解未认识到，只要通过否认转让股东和受让人间的股权让与行为（合同履行行为、股权处分行为）的效力，即可保障其他股东先买权不受侵害，故而真正需要其他股东同意的，应该是股权转让中的处分行为，而非其中的负担行为。

持合同有效观点的裁判，多数聚焦于股东先买权规定的属性，有的认为该规定并非关于股权转让自由的限制性规定，有的认为该规定并非强制性规定，还有的认为该规定并非效力性强制性规定。第一种见解与通说不符，通说认为股东先买权规定是为了防止不受欢迎的外部之人进入公司，而对股权转让自由所进行的限制。第二种见解亦值得商榷，现行《公司法》第 71 条中的“应当”“应就”等表述，彰显了条款的强制性属性；只要公司章程对股权转让没有另作规定，前述规定即具有强制性，转让双方间的合同不得排除前述规定的适用。第三种见解虽具有合理性，但效力性规定与管理性规定的分类是法律解释的结果，也不是最佳的解释路径。持合同有效观点的裁判中，还存在区分原则的解释路径，笔者认为此种路径更为可取。

区分原则解释路径的基本观点是：（1）股东先买权规定与股权转让合同

效力无涉,承认合同有效并不会侵害其他股东的优先购买权。(2)公司其他股东行使优先购买权的,固然股权受让人关于继续履行合同的请求不能得到支持,但由于转让双方间的股权转让合同有效,故而受让人仍可依约追究转让股东的违约责任。此种解释路径的合理性表现在,首先,该解释路径符合优先购买权的法律性质。优先购买权的法律性质,存在形成权说、请求权说和强制缔约请求权说,但无论持何种学说,新近的观点通说均认为,转让人违反先买权规定与他人订立的买卖合同(或股权转让合同)其有效性不受影响。其次,该解释路径符合股东优先购买权制度的立法目的。有限责任公司兼具资合性与人合性特征,股东优先购买权制度的立法目的在于维系有限公司的人合性,达此目的只须否定转让股东的股权处分行为之效力即可,而不必以牺牲受让人的债权利益为代价,殃及股权转让合同的效力。最后,该解释路径符合司法解释的基本精神。法释〔2012〕8 号确立了"没有所有权或处分权不影响合同效力"的规则,而违反先买权规定的转让股东对其股权,并非"没有所有权",也难谓"没有处分权",举重以明轻,股权转让合同有效乃当然解释之结果。法释〔2009〕11 号、法释〔2016〕5 号两部司法解释,分别就"承租人优先购买权"与"共有人优先购买权"问题,确立了"违反优先购买权规定所订立的买卖合同,其有效性不受影响"的规则,依类推解释之结果,违反股东优先购买权规定所订立的股权转让合同,其有效性同样也不应受影响。

第五章　禁售期内的股权转让中区分原则的适用

股份有限公司(尤其是上市公司)属于资合公司,奉行股份转让自由原则,除法律设有限制外,公司章程一般不得对股份转让设置限制条件。[①] 我国现行《公司法》第141条对两类股东的股份转让设置了禁售期的规定,一类是作为公司发起人的股东(以下简称"发起人股东");另一类是担任"董、监、高"的股东(以下简称"管理层股东")。禁售期内发起人股东或管理层股东不得转让股份,或者转让股份不得超过法定比例,此乃现行《公司法》第141条之基本文义,此解释观点一般不存在异议。审判实务中关于股份禁售规定之认识所存在的分歧,主要聚焦于在禁售期内订立的股份转让合同的效力判断问题。《公司法》第141条中的"不得转让",究竟是指"不得订立合同",还是指"不得转移股份所有权"?也就是说,该禁止性规定究竟是指向股份转让合同的效力,还是单纯指向股份变动本身?前述问题诚有研究的必要。

第一节　违反股份禁售规定的法律后果之争

我国《公司法》在1993年制定之初,便设有发起人和管理

---

① 例外的是,现行《公司法》第141条第2款规定,公司章程可以对公司董事、监事、高级管理人员转让其所持有的本公司股份作出其他限制性规定。

层股东的股份禁售规定，该规定在 2005 年之前一直保持原貌。[①] 2005 年修法，一方面放宽了禁售规定，将发起人股东的禁售期由原先的三年改为一年，将管理层股东任职期间股份转让的绝对禁止改为比例限制；另一方面增设了禁售情形，规定了公司股票上市交易之日起一年内发起人和管理层股东不得转让股份，并规定管理层股东在离职后半年内不得转让股份。2005 年关于禁售期修订之规定，在内容方面一直保持到现在，只是条文顺序方面由原先的第 142 条自 2013 年修订后变更为第 141 条。[②]

一、股份禁售纠纷裁判文书的数据分析

（一）股份禁售案件的基本概况

借助无讼案例平台，笔者以"《公司法》第一百四十一条"为搜索条件，截至 2019 年 8 月 4 日共检索到 165 份裁判文书。[③] 检索基本概况为：（1）从裁判年份来看，2014 年 2 份、2015 年 25 份、2016 年 35 份、2017 年 46 份、2018 年 44 份、2019 年 9 份。（2）从案件类型来看，民事案件裁判文书 154 份（占 93.33%）、行政案件裁判文书 6 份（占 3.64%）、执行案件文书 5 份（占 3.03%）。（3）从案由分布来看，与公司有关的民事纠纷 96 份、合同纠纷 16 份、物权纠纷 2 份、适用特殊程序案件 37 份、民事执行 4 份、民事其他 3 份、行政复议 2 份、行政征收 1 份、行政其他 3 份、执行其他 1 份。（4）从法院层级来看，基层人民法院 58 份（占 35.15%）、中级人民法院 87 份（占 52.73%）、高级人民法院 17 份（占 10.3%）、最高人民法院 3 份（占 1.82%）。（5）从审理程序来看，一审文书 76 份（占 46.06%）、二审文书 69 份（占 41.82%）、再审文书 15 份（占 9.09%）、其他文书 5 份（占 3.03%）。（6）从文书性质来看，判决书

---

① 1993 年《公司法》第 147 条规定："（第 1 款）发起人持有的本公司股份，自公司成立之日起三年内不得转让。（第 2 款）公司董事、监事、经理应当向公司申报所持有的本公司的股份，并在任职期间内不得转让。"

② 现行《公司法》第 141 条规定："（第 1 款）发起人持有的本公司股份，自公司成立之日起一年内不得转让。公司公开发行股份前已发行的股份，自公司股票在证券交易所上市交易之日起一年内不得转让。（第 2 款）公司董事、监事、高级管理人员应当向公司申报所持有的本公司的股份及其变动情况，在任职期间每年转让的股份不得超过其所持有本公司股份总数的百分之二十五；所持本公司股份自公司股票上市交易之日起一年内不得转让。上述人员离职后半年内，不得转让其所持有的本公司股份。公司章程可以对公司董事、监事、高级管理人员转让其所持有的本公司股份作出其他限制性规定。"

③ 由于在文字表达方面，有的裁判文书表述为"《中华人民共和国公司法》第一百四十一条"，而有的则表述为"《公司法》第一百四十一条"，为了检索得更全面些，笔者以"《公司法》第一百四十一条"为搜索条件，通过无讼案例库，截至 2019 年 8 月 4 日，共检索 165 个案例。

147 份(占 89.09%)、裁定书 18 份(占 10.91%)。

基于上述数据,我们可以得出以下分析:(1)从裁判年份来看,此类案件增长基本呈逐年递增趋势。(2)从案件类型来看,除个别行政案件外,基本上都是民事案件。(3)从案由分布来看,此类案件主要为"与公司有关的民事纠纷"和"合同纠纷"(案由为"物权纠纷"的 2 份裁判文书是关于禁售期内的股份质押纠纷)。(4)从法院层级来看,此类案件审理法院层级以中级人民法院最多,一方面是因为此类案件上诉率高;另一方面是因为有部分标的金额大或疑难复杂的案件由中级人民法院作为一审法院。(5)从审理程序来看,此类案件的二审文书数量(69 份)与一审文书数量(76 份)基本持平,再审文书数量(15 份)与二审文书数量合计将超过一审文书数量,由此可见此类案件争议较大、上诉率高。

(二)本章研究开展的样本采集

本章研究的主题是"区分原则在禁售期内之股权转让的适用",研究的重点在于"违反股份禁售规定的合同效力问题"。为实现这一研究目标,笔者将对检索到的 165 份裁判文书进一步筛选,采集的研究样本主要聚焦于案件审理法院如何评价在禁售期内订立之股权转让合同的效力,或者说研究样本意在考察法院如何认定发起人或管理层股东违反现行《公司法》第 141 条规定而与他人订立之股权转让合同的效力。

为此,本章采集的样本需满足以下条件:(1)须是民事案件。(2)须是有关股份公司的股权转让纠纷案件。(3)须是合同在禁售期内订立的案件。(4)须是与现行《公司法》第 141 条股份禁售规定有关的案件。(5)须是法院已经认定当事人违反了现行《公司法》第 141 条股份禁售规定的案件。(6)裁判文书中须涉及法院对禁售期内股权转让合同的效力评价。

基于此,笔者剔除掉以下裁判文书:(1)行政案件的裁判文书 6 份。[①] (2)股权质押纠纷的裁判文书 5 份。[②] (3)认为原告或上诉人证据不足而驳回

---

① 分别是北京市第一中级人民法院行政裁定书,(2018)京 01 行终 168 号、北京市海淀区人民法院行政判决书,2015 年海行初字第 01456 号、九江市浔阳区人民法院行政判决书,(2016)赣 0403 行初 14 号、杭州市中级人民法院行政判决书,(2017)浙 01 行终 164 号、咸阳市秦都区人民法院行政判决书,(2017)陕 0402 行初 83 号、咸阳市中级人民法院行政判决书,(2018)陕 04 行终 35 号。

② 分别是娄底市中级人民法院民事判决书,(2016)湘 13 民再 1 号、杭州市江干区人民法院民事判决书,(2015)杭江商初字第 229 号、深圳前海合作区人民法院民事判决书,(2015)深前法商初字第 15 号、广东省高级人民法院民事判决书,(2017)粤民终 2299 号、四川省高级人民法院民事判决书,(2015)川民终字第 972 号。

其诉讼请求或驳回其上诉的裁判文书 5 份。[①]（4）认为一审判决认定基本事实不清而发回重审的裁判文书 2 份。[②]（5）认定股份转让合同并非在禁售期内签订的裁判文书 3 份。[③]（6）认定案件与现行《公司法》第 141 条规定无涉的裁判文书 18 份。[④]（7）认定股份转让没有违反现行《公司法》第 141 条规定的裁判文书 20 份。[⑤]（8）其他未涉及禁售期内股权转让合同的效力评价的裁

① 分别是烟台市中级人民法院民事判决书，(2016)鲁 06 民终 2699 号、烟台市中级人民法院民事判决书，(2016)鲁 06 民终 2695 号、丽水市中级人民法院民事判决书，(2018)浙 11 民终 1223 号、济南市中级人民法院民事判决书，(2018)鲁 01 民终 4213 号、青岛市中级人民法院民事判决书，(2017)鲁 02 民终 3394 号。

② 分别是北京市第二中级人民法院民事裁定书，(2019)京 02 民终 1121 号、北京市第三中级人民法院民事裁定书，(2018)京 03 民终 13581 号。

③ 分别是泸州市龙马潭区人民法院民事判决书，(2017)川 0504 民初 357 号、伊金霍洛旗人民法院民事判决书，(2015)伊商初字第 20 号、呼和浩特市赛罕区人民法院民事判决书，(2017)内 0105 民初 6578 号。

④ 分别是聊城市中级人民法院民事判决书，2018 鲁 15 民终 1590 号、北京市海淀区人民法院民事判决书，(2017)京 0108 民初 45290 号、北京市海淀区人民法院民事判决书，(2017)京 0108 民初 45441 号、北京市海淀区人民法院民事判决书，(2017)京 0108 民初 50414 号、闽侯县人民法院民事判决书，(2015)侯民初字第 801 号、金昌市中级人民法院民事判决书，(2017)甘 03 民终 61 号、聊城市中级人民法院民事判决书，(2018)鲁 15 民终 524 号、新疆维吾尔自治区高级人民法院民事判决书，(2015)新民一终字第 67 号、北京市海淀区人民法院民事判决书，(2017)京 0108 民初 45440 号、清远市清城区人民法院民事判决书，(2014)清城法民二初字第 67 号、焦作市中级人民法院民事判决书，(2016)豫 08 民终 776 号、黔西南布依族苗族自治州中级人民法院民事判决书，(2017)黔 23 民终 1739 号、北京市海淀区人民法院民事判决书，(2017)京 0108 民初 45313 号、北京市海淀区人民法院民事判决书，(2017)京 0108 民初 45467 号、成都市双流区人民法院民事判决书，(2018)川 0116 民初 3160 号、德州市中级人民法院民事判决书，(2016)鲁 14 民终 1138 号、武汉市武昌区人民法院民事判决书，(2016)鄂 0106 民初 6551 号、永安市人民法院民事判决书，(2015)永民初字第 1652 号。

⑤ 分别是最高人民法院民事裁定书，(2018)最高法民申 3511 号、扬州市中级人民法院民事判决书，(2017)苏 10 民终 2322 号、东莞市中级人民法院民事判决书，(2018)粤 19 民终 3709 号、临邑县人民法院民事判决书，(2015)临商初字第 1279 号、杭州市上城区人民法院民事判决书，(2017)浙 0102 民初 2794 号、成都市中级人民法院民事判决书，2018 川 01 民终 2803 号、成都市中级人民法院民事判决书，2018 川 01 民终 2804 号、山东省高级人民法院民事判决书，(2016)鲁民终 101 号、牡丹江市中级人民法院民事判决书，(2018)黑 10 民终 816 号、湘西土家族苗族自治州中级人民法院民事判决书，(2016)湘 31 民终 976 号、牡丹江市中级人民法院民事判决书，(2018)黑 10 民终 810 号、兴义市人民法院民事判决书，(2017)黔 2301 民初 5289 号、最高人民法院民事裁定书，(2015)民申字第 3426 号、江西省高级人民法院民事判决书，(2017)赣民终 159 号、江西省高级人民法院民事判决书，(2017)赣民终 161 号、芜湖市中级人民法院民事判决书，(2018)皖 02 民终 219 号、牡丹江市西安区人民法院民事判决书，2018 黑 1005 民初 39 号、南京市鼓楼区人民法院民事判决书，(2018)苏 0106 民初 5613 号、安康市中级人民法院民事判决书，(2017)陕 09 民初 39 号、牡丹江市西安区人民法院民事判决书，2018 黑 1005 民初 40 号。

判文书30份。[①] (9)重复的裁判文书2份。[②] 经筛选后,有74份裁判文书成为研究的样本。

(三)案涉目标公司的性质分析

现行《公司法》第141条股份禁售之规定,系针对股份有限公司发行之股份的转让行为。股份有限公司包括上市与非上市两种,上市公司是一种股票在证券交易所上市交易的股份公司。现行《公司法》第141条没有特别指明股份禁售规定适用哪种股份公司,从解释上看,该规定同样适用于上市公司与非上市股份公司。也就是说,无论上市公司还是非上市的股份公司,其发起人股东和管理层股东都应当遵守股份禁售之规定,均不得在禁售期内转让股份,或者转让的股份不得超过法定限制的比例。

那么,司法实践关于禁售期内股份转让纠纷的实际状况又是怎样呢?笔者对上述采集的样本(经筛选后的74份裁判文书)进行研读后发现:这些裁

---

① 分别是天津市第二中级人民法院民事判决书,(2016)津02民初694号、济南市中级人民法院民事判决书,(2019)鲁01民终1626号、莆田市中级人民法院民事判决书,(2014)莆民初字第265号、南宁市江南区人民法院民事判决书,(2018)桂0105民初5596号、烟台市中级人民法院民事判决书,(2017)鲁06民终491号、佛山市顺德区人民法院民事判决书,(2015)佛顺法伦民初字第410号、海南省高级人民法院民事判决书,(2018)琼民终558号、双峰县人民法院民事判决书,(2015)双民再字第1号、重庆市高级人民法院民事判决书,(2016)渝民终204号、重庆市高级人民法院民事判决书,(2016)渝民终205号、昆明市中级人民法院民事判决书,(2017)云01民终5634号、焦作市中级人民法院民事判决书,(2016)豫08民终371号、最高人民法院民事裁定书,(2018)最高法民申4313号、广元市中级人民法院民事判决书,(2016)川08民初5号、广州市中级人民法院民事判决书,(2018)粤01民终8172号、介休市人民法院执行裁定书,(2016)晋0781执异12号、邢台市桥西区人民法院民事判决书,(2017)冀0503民初674号、沈某宏与沈某、浙江前程投资股份有限公司第三人撤销之诉民事判决书,(审理法院:宁波市鄞州区人民法院,裁判日期为2018年4月17日)、烟台市中级人民法院民事判决书,(2019)鲁06民终1512号、鄂尔多斯市中级人民法院民事判决书,(2017)内06民终1577号、新疆维吾尔自治区乌鲁木齐市中级人民法院执行裁定书,(2017)新01执异69号、济南市中级人民法院民事判决书,(2017)鲁01民终3872号、上海市虹口区人民法院民事判决书,(2015)虹民二(商)初字第1205号、上海市第二中级人民法院民事判决书,(2016)沪02民终9040号、商丘市中级人民法院执行裁定书,(2018)豫14执70号、北京市第三中级人民法院民事判决书,(2016)京03民终12797号、介休市人民法院民事判决书,(2016)晋0781民初1148号、内蒙古自治区高级人民法院民事裁定书,(2017)内民终189号、贵州省高级人民法院民事裁定书,(2018)黔民申2918号、吴忠市中级人民法院民事裁定书,(2016)宁03民终41号。

② 分别是杭州市江干区人民法院民事判决书,(2015)杭江商初字第229号。浙江信林资产评估事务所(普通合伙)与浙江翰辰园林工程有限公司股权质权纠纷一案一审民事判决书、浙江信林资产评估事务所与浙江翰辰园林工程有限公司、建德市农科开发服务有限公司股权质权纠纷一审民事判决书。浙江省高级人民法院民事判决书,(2015)浙商提字第51号(严某敏与赵某芳股权转让纠纷一案再审民事判决书、赵某芳、孟某娜与吴某昌、吴某灿股权转让纠纷再审民事判决书)。

判文书涉及的禁售期内股份转让纠纷，没有一起是关于上市公司股份转让纠纷的，所有案件系争标的股份均是由非上市的股份公司发行。①

---

① 相关裁判文书和系争标的股份的发行公司情况如下：1. 如东县人民法院民事判决书，(2015)东商初字第01017号（江苏如东农村商业银行股份有限公司）；2. 沈阳市中级人民法院民事判决书，(2016)辽01民终12895号（上海浣坤环保科技股份有限公司）；3. 沈阳市中级人民法院民事裁定书，(2017)辽01民申610号（同"2"）；4. 烟台市中级人民法院民事判决书，(2019)鲁06民终11号（山东栖霞农村商业银行股份有限公司）；5. 遵义市中级人民法院民事判决书，(2018)黔03民终3288号（遵义高性能汽车改装股份有限公司）；6. 遵义市中级人民法院民事判决书，(2019)黔03民再48号（同"5"）；7. 高唐县人民法院民事判决书，(2017)鲁1526民初1525号（山东高唐农村商业银行股份有限公司）；8. 聊城市中级人民法院民事判决书，(2017)鲁15民终3077号（同"7"）；9. 常州市中级人民法院民事判决书，(2015)常商终字第617号（重庆百花生物医药集团股份有限公司）；10. 江苏省高级人民法院民事判决书，(2016)苏民再418号（同"9"）；11. 常州市新北区人民法院民事判决书，(2016)苏0411民初6602号（上海万佳投资股份有限公司）；12. 常州市中级人民法院民事裁定书，(2018)苏04民申71号（同"11"）；13. 修武县人民法院民事判决书，(2016)豫0821民初428号（河南修武农村商业银行股份有限公司）；14. 长沙市雨花区人民法院民事判决书，(2016)湘0111民初9540号（湖南鹏润农业科技股份有限公司）；15. 广州市中级人民法院民事判决书，(2018)粤01民终11849号（广东英格来思服装股份有限公司）；16. 杭州市中级人民法院民事判决书，(2017)浙01民终7209号（杭州市上城区文广小额贷款股份有限公司）；17. 深圳市中级人民法院民事判决书，(2015)深中法商终字第2357号（深圳邦凯新能源股份有限公司）；18. 山东省高级人民法院民事裁定书，(2018)鲁民再189号（济南市高新区天业小额贷款股份有限公司）；19. 北京市丰台区人民法院民事判决书，(2018)京0106民初2846号（四方力欧畜牧科技股份有限公司）；20. 吴忠市中级人民法院民事判决书，(2018)宁03民终974号（久安高新电气（宁夏）股份有限公司）；21. 衡阳市中级人民法院执行裁定书，(2015)衡中法执复字第24号（湖南耒阳农村商业银行股份有限公司）；22. 四川省高级人民法院民事裁定书，(2017)川民申4155号（四川光华汇升股权投资基金管理股份有限公司）；23. 郑州高新技术产业开发区人民法院民事判决书，(2018)0191民初21273号（华商民和科技股份有限公司）；24. 长沙市中级人民法院民事判决书，(2016)湘01民终3744号（北京天易传动科技股份有限公司）；25. 上海市第一中级人民法院民事判决书，(2018)沪01民终4089号（上海××股份有限公司）；26. 邢台市桥西区人民法院执行裁定书，(2017)冀0503执异6号（河北沙河农村商业银行股份）；27. 浙江省高级人民法院民事判决书，(2015)浙商提字第51号（柳州市丰洲新型建材股份有限公司）；28. 长沙市芙蓉区人民法院民事判决书，(2016)湘0102民初5269号（湖南某材料公司）；29. 北京市通州区人民法院民事判决书，(2017)京0112民初29434号（北京森林童话园林科技股份有限公司）；30. 荆门市中级人民法院民事判决书，(2016)鄂08民终190号（湖北友博金属制品股份有限公司）；31. 海宁市人民法院民事判决书，(2013)嘉海商初字第946号（浙江尖山××股份有限公司）；32. 通化市中级人民法院民事判决书，(2017)吉05民终1639号（吉林省辉南天宇药业股份有限公司）；33. 山西省高级人民法院民事判决书，(2017)晋民终505号（山西永济农村商业银行股份有限公司）；34. 淄博市张店区人民法院民事判决书，(2017)鲁0303民初7199号（淄博鸿基民间资本管理股份有限公司）；35. 铜陵县人民法院民事判决书，(2016)皖0706民初258号（安徽枞阳农村商业银行股份有限公司）；36. 北京市顺义区人民法院民事判决书，2015年顺民（商）初字第11701号（北京农投顺通小额贷款股份有限公司）；37. 深圳市龙岗区人民法院民事判决书，(2016)粤0307民初3888号（深圳市贝斯达医疗股份有限公司股）；38. 通化市中级人民法院民事判决书，(2017)吉05民再5号（吉林省万国黄金股份有限公司）；39. 佛山市顺德区人民法院民事判决书，(2015)佛顺法民二初字第547号（广东正标数据服务股份有限公司）；40. 佛山市中级人民法院民事判决书，(2016)粤06民终1348号（同"39"）；41. 六安市中级人民法院民事判决

（四）违反不同禁售规定的案件数量比对

现行《公司法》第141条股份禁售规定具体包括五种情形，前两个禁售规定系针对发起人股东，后三种禁售规定系针对管理层股东。具体而言，发起人股东在以下两个禁售期内不得转让股份：一是在公司成立之日起一年内。二是在公司股票上市交易之日起一年内。管理层股东股份禁售期分三个期间：一是在任职期间内股份转让比例受限，即每年转让不得超过其持有本公司股份总数的25%。二是在公司股票上市交易之日起一年内不得转让股份。三是在离职后半年内不得转让股份。

对前述采集的样本研读之后，笔者发现，前述的74份裁判文书中，有关当事人违反"发起人所持股份在公司成立后一年内不得转让"规定的裁判文书有52份（占比70.3%）；①有关当事人违反"董监高在任职期间内每年转让股

书，(2018)皖15民终1238号（六安市星汇小额贷款股份有限公司）；42. 成都市中级人民法院民事判决书，2018川01民终17768号（舟山群岛新区阿尔法游艇文化旅游股份有限公司）；43. 上海市浦东新区人民法院民事判决书，(2013)浦民二(商)初字第3884号（上海金陵电子网络股份有限公司）；44. 上海市第一中级人民法院民事判决书，(2014)沪一中民四(商)终字第1713号（同"43"）；45. 南京市玄武区人民法院民事判决书，(2016)苏0102民初5992号（南京汉恩数字互联文化股份有限公司）；46. 南京市玄武区人民法院民事判决书，(2016)苏0102民初5993号（同"45"）；47. 漯河市召陵区人民法院民事判决书，(2018)豫1104民初1401号（山东临沂兰山农村商业银行股份有限公司）；48. 漯河市召陵区人民法院(2018)豫1104民初1402号（同"47"）；49. 漯河市中级人民法院民事判决书，(2019)豫11民终787号（同"47"）；50. 漯河市中级人民法院民事判决书，(2019)豫11民终788号（同"47"）；51. 北京市第一中级人民法院民事判决书，(2018)京01民终4558号（北京澳世金能源科技股份有限公司）；52. 北京市第一中级人民法院民事判决书，(2018)京01民终4559号（同"51"）；53. 天津市第一中级人民法院民事判决书，(2016)津01民终2493号（天津天鑫矿业股份有限公司）；54. 天津市第一中级人民法院(2016)津01民终2494号（同"53"）；55-56. 云阳县人民法院(2017)民事判决书，渝0235民初3356号、3357号（重庆巨力新能源股份有限公司）；57-74. 重庆市第一中级人民法院民事判决书，(2015)渝一中法民初字第01208号至第1225号（民商投资控股集团股份有限公司）。

① 当事人违反"发起人所持股份在公司成立之日起一年内不得转让"规定的裁判文书有：1. 如东县人民法院民事判决书，(2015)东商初字第01017号；2. 沈阳市中级人民法院民事判决书，(2016)辽01民终12895号；3. 烟台市中级人民法院民事判决书，(2019)鲁06民终11号；4. 遵义市中级人民法院民事判决书，(2019)黔03民再48号；5. 高唐县人民法院民事判决书，(2017)鲁1526民初1525号；6. 聊城市中级人民法院民事判决书，(2017)鲁15民终3077号；7. 长沙市雨花区人民法院民事判决书，(2016)湘0111民初9540号；8. 遵义市中级人民法院民事判决书，(2018)黔03民终3288号；9. 山东省高级人民法院民事裁定书，(2018)鲁民再189号；10. 衡阳市中级人民法院执行裁定书，(2015)衡中法执复字第24号；11. 四川省高级人民法院民事裁定书，(2017)川民申4155号；12. 郑州高新技术产业开发区人民法院民事判决书，(2018)0191民初21273号；13. 长沙市中级人民法院民事判决书，(2016)湘01民终3744号；14. 上海市第一中级人民法院民事判决书，(2018)沪01民终4089号；15. 邢台市桥西区人民法院执行裁定书，(2017)冀0503执异6号；16. 长沙市芙蓉区人民法院民事判决书，(2016)湘0102民初5269号；17. 山西省高级人民法院民事判决书，(2017)晋民终505号；18. 铜陵县人民法院民事判决书，(2016)皖0706民初258号；19. 沈阳市中级人民法院民事裁定书，(2017)辽01民

份不得超过其持有本公司股份总数的 25%”规定的裁判文书有 16 份(占比 21.6%);[①]当事人同时违反前两项规定的裁判文书有 5 份(占比 6.8%);[②]当事人违反“董监高在离职后半年内不得转让股份”规定的裁判文书有 1 份(占比 1.3%);[③]有关当事人违反“发起人所持股份在公司股票上市交易之日起一年内不得转让”规定的裁判文书以及当事人违反“董监高所持股份在公司股票上市交易之日起一年内不得转让”规定的裁判文书数量均为 0。

二、持合同有效观点的裁判要旨分析

认为发起人股东和管理层股东在禁售期内订立之股权转让合同有效的裁判文书中,有的是从法律规范的性质出发,指出现行《公司法》第 141 条股份禁售之规定属于管理性规范或者限制性(非禁止性)规范,没有否定股权转让

申 610 号;20. 北京市顺义区人民法院民事判决书,2015 年顺民(商)初字第 11701 号;21. 深圳市龙岗区人民法院民事判决书,(2016)粤 0307 民初 3888 号;22. 通化市中级人民法院民事判决书,(2017)吉 05 民再 5 号;23. 佛山市顺德区人民法院民事判决书,(2015)佛顺法民二初字第 547 号;24. 成都市中级人民法院民事判决书,2018 川 01 民终 17768 号;25. 六安市中级人民法院民事判决书,(2018)皖 15 民终 1238 号;26. 佛山市中级人民法院民事判决书,(2016)粤 06 民终 1348 号;27-28. 南京市玄武区人民法院民事判决书,(2016)苏 0102 民初 5992 号、5993 号;29-30. 天津市第一中级人民法院民事判决书,(2016)津 01 民终 2493 号、2494 号;31-32. 漯河市召陵区人民法院民事判决书,(2018)豫 1104 民初 1401 号、1402 号;33-34. 漯河市中级人民法院民事判决书,(2019)豫 11 民终 787 号、788 号;35-52. 重庆市第一中级人民法院民事判决书,(2015)渝一中法民初字第 01208 号至第 1225 号。

① 当事人违反“董事、监事、高级管理人员在任职期间内每年转让的股份不超过其所持有本公司股份总数的百分之二十五”规定的裁判文书有:1. 江苏省高级人民法院民事判决书,(2016)苏民再 418 号;2. 常州市中级人民法院民事裁定书,(2018)苏 04 民申 71 号;3. 修武县人民法院民事判决书,(2016)豫 0821 民初 428 号;4. 杭州市中级人民法院民事判决书,(2017)浙 01 民终 7209 号;5. 常州市中级人民法院民事判决书,(2015)常商终字第 617 号;6. 北京市丰台区人民法院民事判决书,(2018)京 0106 民初 2846 号;7. 吴忠市中级人民法院民事判决书,(2018)宁 03 民终 974 号;8. 上海市浦东新区人民法院民事判决书,(2013)浦民二(商)初字第 3884 号;9. 浙江省高级人民法院民事判决书,(2015)浙商提字第 51 号;10. 荆门市中级人民法院民事判决书,(2016)鄂 08 民终 190 号;11. 通化市中级人民法院民事判决书,(2017)吉 05 民终 1639 号;12. 淄博市张店区人民法院民事判决书,(2017)鲁 0303 民初 7199 号;13. 常州市新北区人民法院民事判决书,(2016)苏 0411 民初 6602 号;14. 上海市第一中级人民法院民事判决书,(2014)沪一中民四(商)终字第 1713 号;15-16. 云阳县人民法院民事判决书,(2017)渝 0235 民初 3356 号、3357 号。

② 当事人同时违反“发起人所持股份在公司成立之日起一年内不得转让”规定和“董事、监事、高级管理人员在任职期间内每年转让的股份不超过其所持有本公司股份总数的百分之二十五”规定的裁判文书有:1. 广州市中级人民法院民事判决书,(2018)粤 01 民终 11849 号;2. 深圳市中级人民法院民事判决书,(2015)深中法商终字第 2357 号;3. 海宁市人民法院民事判决书,(2013)嘉海商初字第 946 号;4-5. 北京市第一中级人民法院民事判决书,(2018)京 01 民终 4558 号、4559 号。

③ 当事人违反“董监高在离职后半年内不得转让股份”规定的裁判文书仅有一份,北京市通州区人民法院民事判决书,(2017)京 0112 民初 29434 号。

合同的效力；有的是从法律规范的目的出发，认为在非上市公司或者说是小型股份公司中，发起人股东或管理层股东在禁售期内的股份转让不会侵害《公司法》第141条保护之法益，故而不应否定合同之效力；有的是从区分原则角度，指出现行《公司法》第141条所禁止的是禁售期内的股份变动，并非指向股权转让合同的效力，故而发起人股东或管理层股东违反禁售规定进行股份转让的，合同效力不受影响。详述如下：

（一）管理性强制性规定说

管理性强制性规定说的核心观点是，现行《公司法》中的股份禁售期之规定，虽属强制性规范，但并非效力性强制性规范，而是管理性强制性规范，故而违反该项规定的，股权转让合同的有效性不受影响。具体而言：

部分认为，现行《公司法》第141条规定，立法意旨在于完善公司治理，防止发起人股东和管理层股东通过违规的股权转让谋取不当利益、逃避其本应承担的法律责任，故而属于管理性规定。在严某敏与赵某芳股权转让纠纷再审一案中，浙江省高级人民法院作出民事判决，(2015)浙商提字第51号认为："《公司法》第141条第2款的立法意旨主要是为了完善公司治理，防止股份公司的董事、监事和高管通过违规的股权转让谋取不当利益，侵害广大投资者的权益。本案丰洲公司虽为股份有限公司，但股东仅为三人，并非公众公司。案涉股权转让并不涉及公众利益的保护问题。在本案情形下，公司法上述规定当属管理性规定而非效力性规定，不影响股权转让合同的效力判断。"①

另一部分认为，现行《公司法》第141条并未明确规定，违反该条规定的股权转让合同无效，故该规定属于管理性规定。在谢鹏程与万元房地产开发有限公司、万元实业集团有限公司、李某元、徐某民间借贷纠纷执行案中，衡阳市中级人民法院裁定认为："上述规定(《公司法》第141条第1款和《商业银行法》第24条第1款第5项规定)旨在管理和处罚违反规定的行为，并未明确

---

① 持同样见解的还有，吴某膦与王某兴、沈某梅股权转让纠纷案，常州市新北区人民法院民事判决书，(2016)苏0411民初6602号；舟山阿尔法游艇俱乐部发展有限公司、李某股权转让纠纷案，成都市中级人民法院民事判决书，2018川01民终17768号；王某梅等与马某君股权转让纠纷案，北京市第一中级人民法院民事判决书，(2018)京01民终4558号。

对民商事行为的效力影响,属于管理性规定”。[①]

还有的裁判文书径直认定现行《公司法》第 141 条为管理性规定或非效力性强制性规定,而未陈述相应的理由。如在袁某春与王某军股权转让纠纷再审一案中,通化市中级人民法院作出(2017)吉 05 民再 5 号民事判决,认为:“该规定(现行《公司法》第 141 条)属于管理性规定,不属于效力性强制规定,案涉股份转让行为并不违反效力性强制规定。”[②]

(二)非禁止性规定说

非禁止性规定说的核心观点是,现行《公司法》中的股份禁售期规定并不是禁止股份的转让,而是限制发起人股东和管理层股东在禁售期内的股份转让,限制股份转让不等同于禁止股份转让。该说认为,现行《公司法》第 141 条是为了加重发起人股东和管理层股东对公司和其他投资人的责任,对其转让所持有的本公司股份进行一定限制,通过限定转让股份时间,减少其谋取不法利益的可能性。[③]

(三)利益说

利益说的核心观点是,现行《公司法》中的股份禁售期规定,之所以禁止发起人股东和管理层股东在一定期间内转让股份,其目的在于保护公司、其他股东以及社会公众的利益;不能将禁售期内订立的股权转让合同一律认定为无效,对于那些不会危害到公司、其他股东和社会公众利益的股权转让行为,应肯定其合法有效。该说认为,在小型非上市股份公司中,由于股东人数少,股东即便在禁售期内转让股份,也不会危害到公司、其他股东和社会公众的利益,故这类股份公司的股东在禁售期内订立的股权转让合同应认定为有效

---

① 谢某程与万元房地产开发有限公司、万元实业集团有限公司、李某元、徐某民间借贷纠纷执行案,衡阳市中级人民法院执行裁定书,(2015)衡中法执复字第 24 号。

② 径直认定现行《公司法》第 141 条为管理性规定而未陈述相应理由的裁判文书还有,朱某飞与安徽朝日照明有限公司、安徽枞阳农村商业银行股份有限公司股权转让纠纷案,铜陵县人民法院民事判决书,(2016)皖 0706 民初 258 号;李某金与王某龙股权转让纠纷案,通化市中级人民法院民事判决书,(2017)吉 05 民终 1639 号。

③ 参见山东天泺贸易有限公司、唐某仁执行异议案,山东省高级人民法院民事裁定书,(2018)鲁民再 189 号;赵某诉朱某媛股权转让纠纷案,上海市第一中级人民法院民事判决书,(2018)沪 01 民终 4089 号;钟某清与傅某元股权转让纠纷案,深圳市中级人民法院民事判决书,(2015)深中法商终字第 2357 号;杨某志、河南银鸽实业投资股份有限公司执行异议案,漯河市中级人民法院民事判决书,(2019)豫 11 民终 787 号;李某生、谢某军股权转让纠纷案,广州市中级人民法院民事判决书,(2018)粤 01 民终 11849 号。

合同。[①]

（四）区分说

区分说的核心观点是，应严格区分股份转让中的原因行为和履行行为，现行《公司法》关于股份禁售期之规定，本意在于控制发起人股东和管理层股东的股份变动，禁止这类股份在一定期间内变动，以保证股份公司正常运行，保障其他投资人的合法权益。现行《公司法》所要控制的是股份变动，而非缔约行为。股份转让合同（原因行为）本身只产生债权债务关系，真正导致股份变动的是合同履行行为。因此，现行《公司法》股份禁售期之规定，与股份转让合同的效力无涉。[②]

具体而言，（1）有的裁判指出，股份禁售规定系针对股份转移而设，并不针对合同效力，不能以此约束交易相对人。[③]（2）有的裁判指出，股份禁售规

---

① 参见蔡某、四川光华汇升股权投资基金管理股份有限公司与公司有关的纠纷案，四川省高级人民法院民事裁定书，（2017）川民申4155号；张某燕与张某1、张某2股权转让纠纷案，沈阳市中级人民法院民事判决书，（2016）辽01民终12895号；陈某天与重庆商投石化有限公司重庆渝东商投石化销售有限公司股权转让纠纷案，云阳县人民法院民事判决书，（2017）渝0235民初3356号；李某、李某红、荆门聚友金属包装有限公司与孙某琴、湖北友博金属制品股份有限公司股权转让纠纷案，荆门市中级人民法院民事判决书，（2016）鄂08民终190号；上海仪电物联技术股份有限公司与刘某股权转让纠纷案，上海市浦东新区人民法院民事判决书，（2013）浦民二（商）初字第3884号；吴某朦与沈某梅、王某兴股权转让纠纷申诉案，常州市中级人民法院民事裁定书，（2018）苏04民申71号；彭某中与童某尤股权转让纠纷案，深圳市龙岗区人民法院民事判决书，（2016）粤0307民初3888号。

② 持此学说的学者和法官有叶林教授、刘涛博士、虞政平法官、张勇健法官等。叶林教授在评析"申请人×控股集团有限公司与被申请人Z保险（集团）公司关于股权转让协议的仲裁争议案"指出，应从宽解释《公司法》禁售期的规定，尽力认可禁售期内的股份转让合同的效力。《公司法》禁售期条款中的"不得转让"，应是指"股份不发生变动"，而不是"不得签订股份转让合同"。刘涛在其博士学位论文中指出，我国公司法关于股份转让限制性规定是针对股份变动的效果而言的，其约束的是股权变动的法律效果，只要在禁售期内没有发生股权变动的法律效果，就应当认定股权预约转让协议有效。最高人民法院虞政平法官在"股权转让协议的效力审查"一文中指出，应承认发起人在禁售期内转让股权的债权效力，只要发起人的股权在禁售期内没有进行实际的物权处分转让，则应维护此类合同的法律效力，同样，"董监高"股东在禁售期内订立之股份转让合同的效力也不受影响。最高人民法院张勇健法官在"发起人股份转让限制若干问题研究"一文中指出，在适用股份禁售规定认定相关合同效力之时，应当区分订约行为（负担行为）和履约行为（处分行为）；《公司法》股份禁售之规定仅是对履行行为的限制，与订约行为无涉；故而在禁售期内订立但约定在禁售期后履行的股份转让合同，应认定其为有效合同。参见北京仲裁委员会、北京国际仲裁中心编：《股权转让案例精读》，商务印书馆2017年版，第78页；刘涛：《股份有限公司股权转让之研究》，武汉大学法学院2012年博士学位论文，第88页；虞政平：《股权转让协议的效力审查》，载《法律适用》2003年第9期；张勇健：《发起人股份转让限制若干问题研究》，载《法律适用》2005年第3期。

③ 参见张某燕与张某1、张某2股权转让纠纷案：沈阳市中级人民法院民事裁定书，（2017）辽01民申610号。

定并不影响股权转让合同的效力，而只是影响该项合同的履行。[①] （3）有的裁判指出，股份禁售规定只是对股权实际转让时间的约束，而非合同签订时间的约束，该条规定并未禁止禁售期内预先签订合同。[②] （4）还有的裁判指出，在股份转让行为中，实质上存在两种行为，一是股份转让的债权行为，二是股份转让的权利变动行为。现行《公司法》股份禁售规定所禁止的是股份转让的权利变动行为，而非股份转让的债权行为。[③]

三、持合同无效观点的裁判要旨分析

持合同无效的裁判观点主要有效力性规定说和禁止性规定说。当事人缔结之合同违反禁止性规定的，合同将被认定无效，故而禁止性规定也属于效力性强制性规定范畴。之所以区分效力性规定说和禁止性规定说，是为了对应前述的“管理性规定说”和“非禁止性规定说（限制性规定说）”。司法实践中，关于现行《公司法》中的股份禁售期规定，有裁判认为属于管理性强制性规定，还有裁判认为属于限制性规定而非禁止性规定，故而认定禁售期内订立的股权转让合同有效。而与之截然相反的观点是，有裁判认为股份禁售期规定属于效力性强制性规定，还有观点认为股份禁售的限制性规定实则禁止性

---

① 参见王某与黄某荣股权转让纠纷案，常州市中级人民法院号民事判决书，（2015）常商终字第617号。

② 参见秦某怡与北京农投顺通小额贷款股份有限公司股东资格确认纠纷案，北京市顺义区人民法院民事判决书，2015年顺民（商）初字第11701号；严东卫与施昕华、江苏如东农村商业银行股份有限公司股权转让纠纷案，如东县人民法院民事判决书，（2015）东商初字第01017号；何某万、张某峻股权转让纠纷案，六安市中级人民法院民事判决书，（2018）皖15民终1238号；滕某平因与刘某股权转让合同纠纷案，长沙市中级人民法院民事判决书，（2016）湘01民终3744号；王某朝与崔某红确认合同效力纠纷案，修武县人民法院民事判决书，（2016）豫0821民初428号；刘某与方某某股权转让纠纷案，长沙市芙蓉区人民法院民事判决书，（2016）湘0102民初5269号；浙江旗山控股有限公司、黄某股权转让纠纷案，杭州市中级人民法院民事判决书，（2017）浙01民终7209号；重庆轩豪控股有限公司案外人执行异议系列案件，（2015）渝一中法民事判决书，民初字第01208号至第01225号。

③ 参见向某川与袁某、高某股权转让纠纷案，南京市玄武区人民法院民事判决书，（2016）苏0102民初5992号；丁某与袁某、高某股权转让纠纷案，南京市玄武区人民法院民事判决书，（2016）苏0102民初5993号。

规定,故而认定禁售期内订立的股权转让合同无效。[①] 详述如下:

(一)效力性强制性规定说

效力性规定说的核心观点认为,现行《公司法》中的股份禁售期规定,是效力性强制性规定,而非管理性强制性规定;当事人在股份禁售期内订立股份转让合同的,违反了禁售期规定,应认定合同无效。该说认为,现行《公司法》第 141 条规定关于发起人股东和管理层股东股份转让的期限限制,并非单纯着眼于"公司内部控制和管理",不属于管理性规定;该规定主要是为了保护公司其他股东,保护公司以及公司债权人合法权益免受损害而作的限制性规定,其不仅关系着公司运营的稳定性和连续性,同时也关系着第三方或社会经济秩序等公共利益,故而应当属于《民法典》第 153 条的效力性强制性规定。

具体而言,有的裁判认为,股份禁售规定不仅关系着公司运营的稳定性和连续性,同时也关系着第三方或社会经济秩序等公共利益,并非单纯着眼于"公司内部控制和管理",故而属于效力性强制性规定。[②] 有的裁判认为,现行《公司法》明确用"不得"二字表明了对转让行为的禁止,故而股份禁售规定属于效力性强制性规定。[③] 有的裁判径直认定股份禁售规定为效力性强制性规定,或者以违反股份禁售规定为由径直认定股权转让合同无效,而对股份禁售

---

① 持合同无效观点的学者有刘俊海教授、赵旭东教授、李建伟教授等。刘俊海教授认为,发起人违反禁售期规定与他人订立的股份转让合同应归于无效,但是受让人为善意第三人(相信对方不是发起人,并且支付了合理对价的股权受让人)的,则合同例外有效。赵旭东教授主编的《公司法》一书认为,发起人违反禁售期规定所进行的股份转让应当无效。李建伟教授认为,《公司法》关于禁售期的规定属于强制性规范,违反这些规定的股份转让行为应该归于无效。参见刘俊海:《现代公司法》,法律出版社 2015 年版,第 544 页;赵旭东主编:《公司法》,中国政法大学出版社 2013 年版,第 207 页;李建伟:《公司法学》,中国人民大学出版社 2018 年版,第 256 页。

② 参见上海天御科技集团股份有限公司、苏州璞信一号投资中心确认合同无效纠纷案,烟台市中级人民法院民事判决书,(2019)鲁 06 民终 11 号。

③ 参见山东天海科技股份有限公司与高唐顺安物流运输有限公司、山东沃田重工有限公司确认合同无效纠纷案,高唐县人民法院民事判决书,(2017)鲁 1526 民初 1525 号,聊城市中级人民法院民事判决书,(2017)鲁 15 民终 3077 号;黄某军与刘某等人执行异议案,吴忠市中级人民法院民事判决书,(2018)宁 03 民终 974 号。

规定为何为效力性规定则未详加论证。①

（二）禁止性规定说

禁止性规定说的核心观点是，现行《公司法》中的股份禁售期规定属于禁止性规定，违反股份禁售期规定而订立的股权转让合同应属无效。该说认为，所谓禁止性规定就是“命令当事人不得为一定行为的法律规定”，其设置的目的在于规范和指引当事人的法律行为，合同内容不得违反此类规定，当事人也不得通过约定迂回规避法律的禁止性规定，否则应认定合同无效；现行《公司法》第 141 条中的“不得转让”表达方式，彰显了其禁止性规定的规范性质，因此，违反该规定而订立的股份转让合同属于无效合同；发起人与他人订立的合同约定一年后办理有关工商变更手续，实质上是为了规避法律的禁止性规定，故而该项股权转让合同无效。②

四、对现行裁判解释路径的评述

由上述数据可以发现，关于“违反股份禁售规定的合同效力”这一问题，现行裁判大多从法律规范的性质解释合同的效力，由此形成了“禁止性规定说”与“非禁止性（限制性）规定说”，“效力性规定说”与“管理性规定说”的对立观点。除此外，持合同有效观点的裁判中，还有两种解释路径：一是从立法所保护的利益角度进行解释（利益说）。二是区分原则解释路径。对上述各说评述如下：

---

① 参见王某与罗某豪股权转让纠纷案，胡某斌与尚某程案外人执行异议案，山西省高级人民法院民事判决书，（2017）晋民终 505 号；长沙市雨花区人民法院民事判决书，（2016）湘 0111 民初 9540 号；蔡某、胡某亮股权转让纠纷案，遵义市中级人民法院民事判决书，（2018）黔 03 民终 3288 号；崔某斌与胡某会股权转让纠纷案，北京市丰台区人民法院民事判决书，（2018）京 0106 民初 2846 号；戴某锋与戴某姝、朱某雷等股权转让纠纷案，海宁市人民法院民事判决书，（2013）嘉海商初字第 946 号；何某庭与陈某标股权转让纠纷案，佛山市顺德区人民法院民事判决书，（2017）鲁 0303 民初 7199 号，佛山市中级人民法院民事判决书，（2016）粤 06 民终 1348 号。

② 参见王某与黄某荣股权转让纠纷案，江苏省高级人民法院民事判决书，（2016）苏民再 418 号；付某英与王某晓、华商民和科技股份有限公司股权转让纠纷案，郑州高新技术产业开发区人民法院；蔡某、胡某亮股权转让纠纷案，遵义市中级人民法院民事判决书，（2019）黔 03 民再 48 号；河北沙河农村商业银行股份有限公司、石某霞执行案，邢台市桥西区人民法院执行裁定书，（2017）冀 0503 执异 6 号；邵某等与北京森林童话园林科技股份有限公司请求变更公司登记纠纷案，北京市通州区人民法院民事判决书，（2017）京 0112 民初 29434 号；韩某与杨某艳、王某杰等股权转让纠纷案，天津市第一中级人民法院民事判决书，（2016）津 01 民终 2493 号；韩某陶与杨某艳、王某杰等股权转让纠纷案，天津市第一中级人民法院民事判决书，（2016）津 01 民终 2494 号。

(一)效力性规定与管理性规定的区分并无能力指导预判

私法规范中既有任意性规范,也有强制性规范。原《合同法》第 52 条将"违反法律、行政法规的强制性规定"作为合同无效的缘由之一。随着司法实践经验的积累和法学理论研究的推进,人们逐渐认识到,违反法律、行政法规的强制性规定的合同并非全都是无效的。最高人民法院于 2009 年颁布的《合同法司法解释(二)》第 14 条解释规定,导致合同无效的只是效力性强制性规定的违反。同年,《最高人民法院关于当前形式下审理民商事合同纠纷案件若干问题的指导意见》第 15 条和第 16 条,就效力性强制规定和管理性强制性规定的违反法律后果以及此两种规定的界分作了相应规定。最高人民法院于 2019 年 11 月发布的《九民会议纪要》第 30 条对效力性强制规定和管理性强制性规定的具体类型作了进一步的列举。由此,效力性强制规定与管理性强制规定的区分,就成为当前关于合同法律效力规范的主流观点。

效力性规定与管理性规定的界分,改变了以往地方法院动辄以违反强制性规定为由判定合同无效的局面,挤压了合同无效的空间,在指导法官认定合同效力方面具有一定的积极意义。然而,审判实践中,地方法院在运用"效力性规定与管理性规定的界分"能力方面,远远低于规则设计者的预期,其结果是:法官在预判合同效力之后,为了证成其内心预判,而给相关强制性规定扣上"效力性规定"或"管理性规定"的帽子。这一点,我们也可以从前文的数据分析可以看出。不同的法院对股份禁售规定究竟是效力性规定还是管理性规定的认识,存在巨大的争议。有些裁判文书尚能简要地说明了其为何认为是效力性规定或管理性规定,而为数不少的判决则不加论证,直接以违反效力性规定为由认定合同无效,或者以所违反的是管理性规定为由而认定合同有效。

效力性规定与管理性规定的界分,之所以不能成为指导法官预判合同效力的理想路径,乃是因为此二者的分类原是法律解释的结果。[①] 诚如黄忠教授所言,效力性规定与管理性规定的区分实属"马后炮",它不过是对强制规范对法律行为影响之判断结果的一种描述;以违反效力性规定为由来证明合同无效的做法,实际上是以"结果"来证明"结果",是以事后的反推"定性"来判断"事前"的效力,无助于指引法官对合同效力的判断。[②]

---

① 参见朱庆育:《民法总论》,北京大学出版社 2016 年版,第 296 页。

② 参见黄忠:《违法合同效力论》,法律出版社 2010 年版,第 121 页。

(二)以违反禁止性规定为由认定合同无效的观点欠缺逻辑周延

私法中的强制性规范存在义务性规范和禁止性规范之区分,前者条文中通常含有"应(当)""(必)须"等用语,后者条文中常含有"不得""禁止"等字样。从股份禁售规定的法律表述来看,现行《公司法》第141条用了"不得转让""不得超过"的文字表达,故而在规范属性上应归入"禁止性规范"之序列。但是,违反禁止性规范,合同不必然无效,以违反禁止性规定为由认定合同无效的观点不足取。

从比较法上看,《德国民法典》第134条规定:"违反法律禁止规定之法律行为,除法律另有规定外,无效。"该条虽然规定了"违反法律禁止规定之法律行为,无效",但是没有规定"违反什么样的法律禁止规定,法律行为无效"。拉伦茨教授指出:"如果认为任何违反法律禁止规定的行为都自动地成为完全无效的行为,就完全错了。"①弗卢梅教授持同样见解并指出,如果具体的禁止性规范没有明确违反该规定的行为无效,则应根据解释的基本原则探究,若认定行为无效是否符合该禁止性规范之本意。②

德国学者根据法律禁令之规范目的,将其分为内容禁令、实施禁令和纯粹秩序规定。(1)内容禁令。内容禁令属于绝对禁令,它禁止当事人的合意内容或者所追求的法律效果之实现。违反内容禁令的法律行为,被认定为无效行为。(2)实施禁令。法律禁令并非针对行为内容,而仅仅是禁止所实施的行为本身,即为实施禁令。违反实施禁令的法律行为并非绝对都是无效的,如果违反的是单方禁令,或者是单方违反了双方禁令,则法律行为并不因此无效。③ 所谓单方实施禁令,系以身份特定之人为规范对象,不允许这类人实施某种或某些交易行为的禁令。例如,我国现行《公司法》第148条即为典型之单方禁令,该条规定了董事和高级管理人员不得有该条第1款所列的8项行为,前述人员违反该规定的后果是其因此所得之收入归公司所有。在双方实施禁令情形,双方当事人均为该禁令之规范对象,但是若只是一方违反,则诚

① 参见[德]卡尔·拉伦茨:《德国民法通论》(下册),王晓晔、邵建东、谢怀栻等译,法律出版社2013年版,第588页。

② 参见[德]维尔纳·弗卢梅:《法律行为论》,迟颖译,法律出版社2013年版,第402页。

③ 参见[德]克劳斯-威廉·卡纳里斯:《法律禁令和法律行为》,赵文杰译,载王洪亮、朱庆育、张双根等主编:《中德私法研究》(第13卷),北京大学出版社2016年版,第56页;朱庆育:《民法总论》,北京大学出版社2016年版,第298页。

信相对人的利益应予以保护，此时，法律行为有效，或者其是否有效交由诚信相对人决定。(3)纯粹秩序规定。纯粹秩序规定属于相对禁令，其规范目的是为交易行为创造公平正义的秩序环境，其规制的对象为法律行为外部环境(诸如交易的时间、地点、种类、方式等)。违反纯粹秩序规定的，当事人将招致行政处罚甚至承担刑事责任，但法律行为的效力不因此受影响。[①]

以德国法律禁令区分理论观之，我国现行《公司法》第 141 条股份禁售之规定应属于“单方实施禁令”，当事人转让股份违反该规定的，股份转让合同的效力不因此而受影响。首先，现行《公司法》第 141 条并非内容禁令，而是实施禁令。内容禁令所禁止的是严重的违法行为，[②]如双方订立杀人的委任契约、以抢劫为目的所缔结之雇佣合同、以行贿为目的订立之赠与合同、以伪造的货币为标的物的买卖合同，任何人皆不得为之，法律禁止此种行为的发生，并禁止以发生此种行为后果为目的之合意。现行《公司法》第 141 条规制的是发起人股东和管理层股东的股份转让行为。股份转让遵循自由原则，法律一般不予限制。法律设置股份禁售规定，不是绝对地禁止发起人股东和管理层股东转让股份(也就是说他们的股份并非禁止流通物)，而是限制其在禁售期内转让股份，因此，现行《公司法》第 141 条股份禁售之规定不属于内容禁令，而是一项实施禁令。其次，现行《公司法》第 141 条属于实施禁令中的单方禁令。现行《公司法》第 141 条的规制对象是明确的，其第一款规制的对象是发起人股东，第二款规制的对象是担任公司董事、监事、高级管理人员的股东，故而该条规定应属于单方禁令。最后，虽然现行《公司法》第 141 条没有规定违反股份禁售规定的法律后果，但是，既然认定了该规定属于实施禁令中的单方禁令，那么，依据法律禁令区分理论，就不难得出“股份转让合同效力不受影响”的结论。

(三)利益说的裁判见解已超越立法文义射程范围

从比较法上看，法律行为无效的原因，存在“区分违法和违反公序良俗”的二元立法与“以违反公共利益统摄无效原因”的一元立法。二元立法与一

---

① 朱庆育：《民法总论》，北京大学出版社 2016 年版，第 298~299 页。

② 针对《德国民法典》第 134 条所规定的“违反法律禁止规定之法律行为，除法律另有规定外，无效。”《立法理由书》解释如下：“该规定特别考虑那些公法中涉及法律行为的禁止性规定，特别是《刑法典》中的禁止性规定。”参见[德]维尔纳·弗卢梅：《法律行为论》，迟颖译，法律出版社 2013 年版，第 402 页。

元立法只是立法技术的差异，在价值判断方面本质是相同的。因为公序良俗代表着公共利益，违反公序良俗意味着违反了公共利益，而法律行为违法之所以被认定无效，乃是因为其损害了公共利益。故而以公共利益是否受损害，作为法律行为是否无效的判断标准，是一种可行的解释路径。然而，公共利益本身难以确定，须借助利益衡量和比例原则进行判断，并须综合适合性原则、必要性原则和均衡性原则等要素。[①] 基于此，某项交易违反公共利益之情形下，亦不能武断地认定合同无效。对于诸如物之买卖、股权转让等交易活动中，应作基础合同（负担行为）和履行行为（处分行为）的区分。如果通过否认处分行为之效力，便足以保障公共利益不受损害，就无须否定基础合同的效力，此乃利益衡量之基本要求。

现行裁判持利益说之判决，未能区分股份转让中的负担行为与处分行为，从而未能科学地运用利益衡量之方法。从上述梳理的裁判资料来看，持利益说的判决一方面认为，公司法中的股份禁售规定，之所以禁止发起人股东和管理层股东在一定期间内转让股份，其目的在于保护公司、其他股东以及社会公共利益；另一方面又认为，案涉公司是非上市股份公司，公司规模小、股东人数少，违反禁售期规定而进行的股份转让不会损害公共利益，故而合同有效。此种裁判见解在论证的合理性方面值得商榷。现行《公司法》第 141 条并没有明确只针对上市公司，故而股份禁售之规定是针对所有的股份有限公司，既包括上市公司，也包括非上市的股份公司，故而在解释上应对两类股份公司一体把握。但前述判决对两类公司区分对待，认为转让上市公司的股份违反禁售规定的，将损害社会公共利益，故而合同无效，而非上市股份公司规模小、股东少，其股份转让违反禁售规定，不会损害社会公共利益，故而合同有效，此种解释路径超越了现行《公司法》第 141 条的基本文义射程。

（四）持合同有效观点的区分说较他说更为可取

本书认为，在区分基础合同（负担行为）与履行行为（处分行为）的基础之

---

① 黄忠教授指出，适合性原则针对的是手段是否有助于目的的达成，故而又称为“合目的性原则”，对目的的实现无任何帮助的手段，不应被采用；必要性原则也称“最小伤害原则”，是指公权力行为欲侵犯人民之基本权，而有数种可能的途径时，公权力机关应当选择对于人民伤害最小的方式为之；均衡性原则的核心是要求包含目的与手段之间的均衡，也就是说，一个措施虽然是达成目的所要求的，但不可以予人民过度之负担。参见黄忠：《违法合同效力论》，法律出版社 2010 年版，第 204～205 页。

上展开利益衡量,是一种较为可取的解释路径。有关物的买卖、股权转让等权利交易中,应将交易行为进一步区分为负担行为与处分行为。如果通过否认处分行为的效力(或者说"阻却合同的履行"),即可确保立法目的之实现,就无须殃及无辜而使基础合同的效力同受牵连。股份禁售规定的区分原则解释路径之基本观点与合理性,将在后文详细展开。

第二节　股份禁售规定的区分原则解释路径

基于前述数据和裁判要旨的分析,不难发现:(1)前述裁判文书涉及的股份禁售法律纠纷,均发生在非上市的股份公司之中。(2)绝大多数的股份禁售纠纷案件,涉及的法律规定是"发起人所持股份在公司成立之日起一年内不得转让"之禁售规定。(3)在这些裁判文书中,认定禁售期内股权转让合同有效或者有效的观点均非少数,其争议的焦点是对现行《公司法》第 141 条如何解读,而存在"效力性规定说与管理性规定说""禁止性规定说与非禁止性规定说"之争,持有效观点的还有"利益说""区分说"等。笔者认为区分说(区分原则的解释路径)更为可取。考虑到无论当事人所违反的是发起人股份禁售规定,还是管理层股东股份禁售规定,就违反禁售规定的法律后果而言,二者是相通的。故而为了行文上的方便,本书的论证将聚焦于发起人股份禁售规定。

一、区分原则解释路径关于股份禁售规定的见解

(一)区分原则解释路径的基本见解

现行《公司法》第 141 条股份禁售之规定主要存在两种解读方式:一是一体把握的解释路径。二是区分原则的解释路径。一体把握解释路径认为,现行《公司法》第 141 条股份禁售规定,意在禁止发起人股东在法定期限内与他人订立股份转让合同,违反该规定的合同无效。此种解释路径甚至也否认为安排股份的将来变动而在禁售期内预先订立之合同的效力,因为在这种解读方式看来,在禁售期内订立合同安排将来让渡股份的行为(一般同时约定在禁售期内由转让人代持股),实际上是一种规避现行《公司法》股份禁售规定

的脱法行为。①

区分原则的解释路径认为,在处理股份转让纠纷案中,应注意原因行为(负担行为)和履行行为(处分行为)的区分。现行《公司法》第 141 条股份禁售规定所要控制的是股份变动之结果,该规定并非指向股份转让合同(原因行为、负担行为)的效力,因为合同生效的法律效果是当事人产生了给付的义务,但股份不实际发生变动。真正引起股份变动的,是转让人的合同履行行为(即股份处分行为),只要禁止股份转让人在禁售期的履行、否认股份处分行为的效力,即可阻止股份在禁售期内的变动。易言之,在此情形,只需否定禁售期内的股份处分行为之效力即可,而无须殃及股份转让合同的效力,以免受让人的债权利益落空。

(二)区分原则解释路径的观点展开

发起人股东与股权买受人在禁售期内订立的股权转让合同,合同约定的股权转让时间存在三种情形:第一种情形是,约定在禁售期外交付股份、转让股权。第二种情形是,没有约定交付股份、转让股权的时间。第三种情形是,约定在禁售期内交付股份、转让股权。具体如下:

1. 合同约定在禁售期外转让股权的情形。在发起人股东与他人于禁售期内订立股份转让合同,但合同约定的股份转让时间是在禁售期外之情形,不仅合同的效力不受影响,而且合同履行方面也不存在障碍。也就是说,此情形下的股份转让合同有效,转让双方应严格按照合同的约定,全面履行合同的义务。任何一方均不得以缔约发生在禁售期内为由主张合同无效,因为股份禁售规定的立法目的在于限制禁售期内的股份变动,而非禁止缔约行为。

2. 合同未约定股权转让时间的情形。在禁售期内订立合同,但未约定股份转让时间之情形,合同的效力也不受影响,但转让人不得在禁售期内交付股份,受让人也不得在禁售期内要求转让人交付股份。根据《民法典》第 511 条第 4 项之规定,履约期限不明的,债务人可以随时履行,债权人也可以随时要

① 例如,在付学英与王艳晓、华商民和科技股份有限公司股权转让纠纷案中,郑州高新技术产业开发区人民法院判决认为:"被告华商民和公司于 2017 年 4 月 5 日由被告王艳晓等人发起成立,被告王艳晓于 2017 年 6 月 16 日与原告签订股权转让合同,该合同违反法律的禁止性规定(现行《公司法》第 141 条之规定),合同无效。双方约定一年后办理有关工商变更手续,实质是为了规避法律的禁止性规定。"参见郑州高新技术产业开发区人民法院民事判决书,(2018)0191 民初 21273 号。

求债务人履行,但应给后者必要的准备时间。[①] 故而在合同未约定股份转让时间之情形,转让人在禁售期内没有交付股份的,不构成违约。但在禁售期结束后,转让人应及时地履行交付股份的义务,否则应承担违约责任。

3. 合同约定在禁售期内转让股权的情形。在禁售期内订立合同,同时约定在禁售期内转让股份之情形,合同是否有效,颇具有争议。第一种观点认为此情形下的合同无效,主要理由有二:一是认为,此情形下的合同违反了法律的禁止性规定。二是认为,此情形下的合同属于自始客观不能。[②] 第二种观点认为此情形下的合同效力不受影响,只是股份处分行为无效而已,其主要理由是:股份转让中的基础合同仅系负担行为,尚不能产生权利移转的效果,故而在解释上,只要否定股份处分行为的效力,即可达到股份禁售期规定之立法目的,因此,在不违反公序良俗的情形下,为贯彻私法自治的原则,应尽量承认合同的效力。[③]

以上两种见解均有其合理之处,均有相应的判例和学说支撑。笔者认为,从比较法的趋势来看,应从宽解释合同效力,即上述第二种观点更为可取。需要指出的是,合同有效并不意味着合同将被履行,虽然此情形下的合同为有效合同,但受让人不得要求转让人在禁售期内交付股份。股份禁售规定的存在,使股份转让合同在禁售期内出现了履行不能的情况。此种不能,系属法律上不能、一时不能。一时不能的法律后果是,债务人的给付义务并未消灭,但在障碍存在的时间内被免除,也就是说,给付义务被推迟了;但如果一时不能妨碍了合同目的的实现,则不能期待当事人坚守合同,此时将导致给付义务的消灭。[④]

进一步而言,由于任何人均不得以不知法律规定为由而主张自己为善意,并且通过工商登记查询可以获悉发起人股东的股份持有状况,故而股份的买受人不仅不能基于善意取得之规定而取得禁售期内的股份,而且也不能请求转让人在禁售期内交付股份。法律不能强人所难,既然现行《公司法》禁止转

---

① 参见《民法典》第511条第4项沿袭了原《合同法》第62条第4项之规定。

② 参见张勇健:《发起人股份转让限制若干问题研究》,载《法律适用》2005年第3期,第26页;刘涛:《股份有限公司股权转让之研究》,武汉大学法学院2012年博士学位论文,第88页。

③ 参见刘连煜:《现代公司法》,新学林出版股份有限公司2012年版,第300页;刘连煜:《公司法理论与判决研究(二)》,元照出版公司2000年版,第116页。

④ 参见[德]迪尔克·罗歇尔德斯:《德国债法总论》,沈小军、张金海译,中国人民大学出版社2017年版,第167~168页;参见[德]莱因哈德·齐默曼:《德国新债法》,韩光明译,法律出版社2012年版,第94~95页;参见王洪亮:《债法总论》,北京大学出版社2016年版,第213页。

让人在禁售期内转让股份，那么转让人在禁售期内无法依照合同约定转让股份的，可以股份禁售规定为由主张免责。由于股份转让合同的有效性不受股份禁售规定的影响，受让人请求转让人交付股份的债权仍然存在，故而受让人有权请求转让人在禁售期外继续履行交付股份的债务。此时，转让人怠于履行其债务的，应承担违约责任。当然，由于转让人不能按期转让股份已构成违约，若该项迟延履行致使受让人的合同目的落空的，受让人得单方解除合同，自不待言。

二、区分原则解释路径符合股份禁售规定的立法目的

违反股份禁售规定的合同效力判断，实则一项法律解释作业。德国法学家耶林曾云："目的乃一切法律的创造者"。立法是具有目的性的活动，任何法律均有其意欲实现之目的，故而"解释法律应以贯彻目的为主要任务"[①]。股份禁售规定的法律解释，同样要贯彻该项规定的立法目的。解释结论是否正确，应以是否符合该项规定的立法目的为准。

（一）股份禁售规定立法目的之学说与判例

探求具体规范的立法目的，以推知立法者之意思，此种解释活动在学理上称为"法意解释"。法意解释存在主观说和客观说两种学说，前者认为法律解释的目标在于探求立法者在立法当时的主观意思，后者认为法律解释的目标是探求法律在今日应具有的合理意思。主观说曾在19世纪占据支配地位，而客观说则自20世纪以来已成为通说。[②] 也就是说，当前的主流观点认为，法律解释的目标是探求当时的立法者若处于今日所应具有之意思，或者说，应从现今的评价视角诠释法律规范"此时此地"应有的目的。[③]

---

① 参见杨仁寿：《法学方法论》，中国政法大学出版社2013年版，第172页。

② 参见［德］汉斯-彼得·哈费尔坎普：《评价法学中的法官、制定法及法学方法》，王立栋译，载王洪亮、朱庆育、张双根等主编：《中德私法研究》（第17卷），北京大学出版社2018年版，北京大学出版社2018年版，第112~113页；［德］扬·施罗德："法官、制定法及目的法学和利益法学中的法学方法"，王吉中译，王洪亮、朱庆育、张双根等主编：《中德私法研究》（第17卷），北京大学出版社2018年版，第110页。

③ 参见杨仁寿：《法学方法论》，中国政法大学出版社2013年版，第162页；梁慧星：《民法解释学》，法律出版社2015年版，第221-223页；［奥］恩斯特·A.克莱默：《法律方法论》，法律出版社2019年版，第119~120页；［日］星野英一：《民法的另一种学习方法》，冷罗生、陶芸、黄育红译，法律出版社2008年版，第80页。

现行《公司法》设置股份禁售规定，其意欲究竟为何？第一种观点认为，发起人股份禁售规定的立法意旨，是防止发起人以发起组织公司为手段，以获取发起人之报酬及特别利益为目的，形成专业发起人之不当行为。[①] 国内大多公司法著作和教材持此种观点。例如，施天涛教授认为，该规定旨在避免"职业发起，投资牟利"。[②] 刘俊海教授和李建伟教授认为，该规定是为了保护公司和公众投资者的利益，防止发起人利用设立公司进行投机、欺诈活动，预防发起人在设立公司过程中不当转嫁投资风险。[③] 甘培忠、范健、王建文、赵旭东、王欣新、冯果等学者认为，该规定是为了保护公司、其他股东和公众利益，保证公司经营的稳定性和连续性，强制发起人长期投资，增强其对公司设立的责任感，防止其利用公司进行投机和诈骗活动，限制其转移和规避投资风险。[④] 司法实务中，也有一些判例持此种观点。[⑤]

第二种观点认为，发起人股份禁售规定系针对股份转移而言，目的在于控制发起人的股份在禁售期内的变动。司法实务不少判例（特别是判定合同有效的案例）持此种观点。有判例认为，发起人股份禁售之规定，意在控制发起人股东的股份在禁售期内的变动，而非不允许这类股东在禁售期内为股份之将来变动预先签订合同。[⑥] 有判例认为，该规定意在约束发起人股份的实际转让时间，而非约束股份转让合同订立时间。[⑦] 有判例认为，该规定系对股权转让的期限限制，并非合同无效的法定理由。[⑧] 有判例认为，该规定本意在于限制公司主体行为，实质是规范公司内部控制程序，是针对股份转移而设，并

---

① 参见柯芳枝：《公司法要义》，三民书局股份有限公司2005年版，第93页。

② 参见施天涛：《公司法论》，法律出版社2018年版，第276页。

③ 参见李建伟：《公司法学》，中国人民大学出版社2018年版，第256页；刘俊海：《现代公司法》（上册），法律出版社2015年版，第544页。

④ 参见甘培忠：《企业与公司法学》，北京大学出版社2018年版，第230页；范健、王建文：《公司法》，法律出版社2018年版，第323页；赵旭东主编：《公司法》，中国政法大学出版社2013年版，第207页；王欣新：《公司法》，中国人民大学出版社2016年版，第219页；冯果：《公司法》，武汉大学出版社2017年版，第188页。

⑤ 参见四川省高级人民法院民事裁定书，(2017)川民申4155号，沈阳市中级人民法院民事判决书，(2016)辽01民终12895号，遵义市中级人民法院民事判决书，(2019)黔03民再48号，烟台市中级人民法院民事判决书，(2019)鲁06民终11号。

⑥ 参见南京市玄武区人民法院民事判决书，(2016)苏0102民初5992号、江苏省如东县人民法院民事判决书，(2015)东商初字第01017号、六安市中级人民法院民事判决书，(2018)皖15民终1238号。

⑦ 参见北京市顺义区人民法院民事判决书，2015年顺民（商）初字第11701号。

⑧ 参见长沙市芙蓉区人民法院民事判决书，(2016)湘0102民初5269号。

不针对合同效力。[①] 有判例认为，该规定旨在管理和处罚违反规定的行为，并未明确对民商事行为的效力影响，属于管理性规定。[②] 还有判例认为，该规定意在防止公司发起人利用公司设立谋取不当利益，并通过转让股份逃避发起人可能承担的法律责任，而非明确受让人的受让行为应被认定为无效。[③]

（二）区分原则解释路径贯彻了股份禁售规定的立法目的

前述学说与判例分别是从根本目的和直接目的两个层面，剖析了股份禁售规定之立法旨趣，二者并不矛盾。根本目的是隐藏在直接目的后面的最终目的，直接目的是达成根本目的之一种手段。

就根本目的而言，发起人股份禁售立法旨趣概而言之就是"遏制发起人的不当行为"。具体而言，立法之所以规定发起人在公司成立之日起一年内不得转让其所持股份，是因为股份公司成立之初，发起人对公司的财产稳定和组织管理具有重大影响，为防止发起人利用设立公司为幌子从事投机和诈骗活动，避免"职业发起，投资牟利"之现象，保护其他投资人的合法权益，保障公司的正常运营，法律对发起人的股份转让设定限制。立法关于发起人在公司股票上市交易之日起一年内不得转让其股份的规定，具有加重发起人对社会投资者责任的效用，并有利于稳定股票交易，防止不规范行为发生。就直接目的而言，股份禁售规定并非指向禁售期内的缔约行为，其所规制的是禁售期内的股份变动。现行《公司法》第 141 条中的"不得转让"，是指发起人股东在禁售期内不得处分其股份，而非禁止其在禁售期内订立合同。立法管控的，并非缔约行为，而是履约行为。

区分原则解释路径贯彻了股份禁售规定的立法目的。区分原则解释路径认为，在股份公司的股权转让中，基础合同（即股份转让合同）的生效，只是在合同当事人之间产生了债权债务关系，即股权的转让人因此负有交付股份、转移股权的义务，股权的买受人因此负有支付股权购买款的义务。股份转让合同的生效不会径直发生股份的变动，故而既不会改变公司的股权结构和治理状况，也不会影响其他投资者的利益。股份公司的股权转让中，股权归属的变动不仅要求合同已生效，而且还要求股票已交付或已完成背书。因此，只需管

① 参见沈阳市中级人民法院民事裁定书，(2017)辽 01 民申 610 号。
② 参见衡阳市中级人民法院执行裁定书，(2015)衡中法执复字第 24 号。
③ 参见北京市第一中级人民法院民事判决书，(2018)京 01 民终 4558 号。

控禁售期内发起人的股份处分行为，即可实现股份禁售的立法目的，而无须管控禁售期内的缔约行为，否则将有违必要性，过度侵越意思自治空间，且不利于股权买受人的债权利益保护。

三、区分原则解释路径符合司法解释的观点走向

法律规范系属有机整体，故而法律解释原则上不得出现“体系违反”。对某一具体条文的解释，不能孤而观之，而应将其置于整个法律体系当中，唯有如此才能保障法的解释完整顺畅而无冲突。对于股份禁售规定的解释，也必须留意与之相关的法律规范，应避免相关条文解释上的冲突，尤其应避免与当前司法解释和学者通说相悖的情况发生。

（一）“股份转让中的基础合同与股权变动相区分”的观点为当前通说

通说认为，在股份公司的股权转让中，基础合同与股权变动的生效时间和生效要件存在区分。转让双方订立股份转让合同之后，还需通过交付股票或完成背书，才能实现股权的变动。也就是说，股份转让合同的生效时间与股权变动的时间不同步，股份转让合同生效在先、股权变动在后，二者存在时间差。股份转让合同的生效要件与股权变动的生效要件也不相同，最直观的体现在，股票的交付或背书是股权变动的生效要件，但其并非股份转让合同的生效要件。因为，股票交付或背书前，股权转让合同已经生效，只有当股权转让合同已经生效了，转让股东才负有交付股票或完成背书的义务，股权买受人也才享有相应的债权。

（二）“负担行为与处分权无涉”的区分原则观点为司法解释所接受

我国立法和审判实践中，曾一度将当事人拥有标的物的处分权作为基础合同的效力要件，典型之例就是原《合同法》第 51 条将无处分权人订立之合同认定为效力待定合同。2007 年出台的《物权法》第 15 条，虽在立法层面将区分原则落实到具体规则，但仍未解决前述问题。原《物权法》第 15 条的进步之处，纠正了以往的立法（如原《担保法》第 41 条）和司法实践（如 2013 年 1 月 14 日法发〔1996〕2 号第 14～16 条规定，现已废止）曾将物权登记混淆为债权合同生效要件的错误认识。

随着区分原则理论的研究逐渐深入和审判实践经验的与日积累，学者和法官逐渐认识到，区分原则绝不只是物权变动的公示要件与债权合同的生效

要件之区分,即绝不只是“未经物权登记,不影响合同效力”这个层面。司法实践关于区分原则的认识最大的突破是,驾驭了无权处分这个民法学上的“精灵”,将处分权之有无与买卖合同效力剥离,并最终在《买卖合同解释》(法释〔2012〕8号)确立下来。[①] 最高人民法院工作人员编著的《关于买卖合同司法解释理解与适用》一书指出,法释〔2012〕8号第3条所确立的“没有所有权或处分权不影响买卖合同效力”的规则,其法理基础是“负担行为与处分行为的区分”;处分权之有无,与负担行为的效力无涉,而仅事关处分行为能否生效问题。[②]

股权转让合同是关于股权与金钱的交易,在本质上亦属买卖合同,故而《买卖合同解释》第3条以及现行《民法典》第597条规定同样适用于股份公司的股权交易场域。对此,《买卖合同解释》第45条也明确规定,股权转让等权利转让合同可以参照买卖合同的有关规定。[③] 申言之,在股权交易当中,如果转让股东对标的股权没有“所有权或处分权”的,转让双方间的股权转让合同效力不受影响,只是股权不发生变动而已。转让股东若嗣后因不能取得股权或股份处分权而无法履行合同的,应向股权买受人承担违约责任。

(三)区分原则的解释结论符合无权处分规则的当然解释

“举重以明轻”或“举轻以明重”的当然解释,乃法律解释之基本方法。[④] 禁售期内的股份,仍属股东个人所有,且股份并非禁止流通物(相反,股份转让自由乃公司法之一项基本原则),故而现行《公司法》第141条股份禁售之规定,实则限制发起人处置股份的期间,而非剥夺其股份的处分权,更非剥夺其股份所有权。

如前所述,司法解释已然接受了“买卖合同效力与处分权无涉”的观点,

---

① 《最高人民法院关于审理买卖合同纠纷案件适用法律问题的解释》(法释〔2012〕7号)第3条规定:“(第1款)当事人一方以出卖人在缔约时对标的物没有所有权或者处分权为由主张合同无效的,人民法院不予支持。(第2款)出卖人因未取得所有权或者处分权致使标的物所有权不能转移,买受人要求出卖人承担违约责任或者要求解除合同并主张损害赔偿的,人民法院应予支持。”

② 参见最高人民法院民事审判第二庭编著:《最高人民法院关于买卖合同司法解释理解与适用》,人民法院出版社2016年版,第77~81页。

③ 参见2012年《最高人民法院关于审理买卖合同纠纷案件适用法律问题的解释》(法释〔2012〕8号)第45条,在2020年12月23日修正后,条文调整为第32条。

④ 参见杨仁寿:《法学方法论》,中国政法大学出版社2013年版,第158页;梁慧星:《民法解释学》,法律出版社2015年版,第227页;王利明:《法律解释学导论——以民法为视角》,法律出版社2017年版,第321页。

根据举重以明轻之原理,既然出卖人对标的物没有所有权和处分权尚且不影响合同的效力,而发起人和管理层股东对股份的处分权虽然在禁售期内受到限制,但其仍是股份的所有人,故而更没有理由否定违反禁售规定的股权转让合同的效力。

综上分析,在现行法框架下,股份公司的股权转让中,基础合同与股权变动的生效时间不同步,生效要件也不一致,故而存在区分原则的适用。《民法典》第597条已经确立了“没有所有权或处分权不影响买卖合同效力”的规则,此为区分原则一项核心观点。股权转让合同本质上亦属买卖合同,须参照《民法典》第597条之规定,故而转让股东“没有所有权或处分权”同样不影响股权转让合同的效力。没有所有权或处分权尚且不影响合同效力,而在股份禁售之情形,转让股东的股份处分权虽受限制,但并未丧失“股份所有权”,因此,此情形下的合同效力更不应受影响。唯有如此解释,才不致发生法秩序的“体系违反”。

四、区分原则解释路径符合比较解释的基本立场

我国民商事立法多继受境外(尤其是大陆法系国家和地区)立法例而制定,以境外立法例及学说判例诠释我国法律,可使法文欠明了之处得以澄清。并且,今日之社会环境,与立法当时已有一定距离,借助比较解释,更能明了法文于今日应有意义。[①]

如前所述,发达国家和地区均不存在类似我国现行《公司法》关于发起人股份禁售的规定。日、韩等国虽没有“发起人股东在公司成立后一年内不得转让股份”的规定,但存在限制权利股的规定。所谓权利股,指在公司处于设立中成立前,发起人因认购股份所产生的权利。[②] 立法之所以限制权利股转让,其主要意图在于抑制图谋短期差价的投机行为,防止因权利股的转让而使交易秩序混乱,防范因投机和公司不成立引起的损失向一般大众扩散。[③] 日、韩等国关于权利股限制转让之立法旨趣,与我国现行《公司法》关于发起人股份禁售规定近似,故而就“违反禁售(或限制转让)规定之合同效力”这一问题

---

① 参见杨仁寿:《法学方法论》,中国政法大学出版社2013年版,第166页。

② 参见[日]前田庸:《公司法入门》,王作全译,北京大学出版社2012年版,第124页。

③ 参见[韩]李哲松:《韩国公司法》,吴日焕译,中国政法大学出版社2000年版,第275页;[韩]郑燦亨:《韩国公司法》,崔文玉译,上海大学出版社2011年版,第194页。

而言，可以展开比较法上的观察。

根据《日本公司法》第 50 条第 2 款和第 63 条第 2 款之规定，发起人以及其他认股人的权利股之转让，不得对抗股份公司。① 对此，日本学者通说认为，所谓“权利股的转让不得对抗公司”，是指在与公司的关系上不发生效力，但是在让渡行为在当事人间是有效的。② 韩国法关于权利股限制转让之规定，体现在《韩国商法典》第 319 条，该条规定：“因股份的认购而进行权利转让时，对公司不产生效力。”③对此，韩国学界通说认为，权利股的转让，虽对公司不产生效力，但是它在转让当事人之间产生债权性效力，是不存在何种疑义的。④

基于前述，比较法的观察可知，“发起人股东在公司成立后一年内不得转让股份”的规定，在世界范围内甚为罕见。日、韩等国公司立法对权利股（公司成立前的认股人资格）的限制规定，其立法意旨与我国法发起人股份禁售规定相似，在解释上，日、韩两国的通说认为，权利股的转让不得对抗公司，但转让双方间的合同效力不受影响。基于此，笔者认为，对于股份禁售规定，宜从宽解释。也就是说，相较于一体把握的解释路径，区分原则解释路径更为可取，更为符合比较解释的立场。

本章小结

股东有限责任制度与股权转让自由原则，共同构筑了现代公司制度的灵魂。⑤ 有限责任制度被赞誉为“现代社会最伟大的发现，就连蒸汽机和电车也无法与之相媲美”。⑥ 自由是企业的精髓和灵魂，自由主义是公司法的基础和支点。⑦ 公司法中的自由主义，体现为公司的章程自治和股东的股权自主。

① 参见吴建斌编译：《日本公司法》，法律出版社 2017 年版，第 24～29 页。

② 参见［日］近藤光男：《最新日本公司法》，梁爽译，法律出版社 2016 年版，第 70 页；［日］山本为三郎：《日本公司法精解》，朱大明等译，法律出版社 2015 年版，第 109 页；［日］前田庸：《公司法入门》，王作全译，北京大学出版社 2012 年版，第 124 页。

③ 王延川、刘卫锋编译：《最新韩国公司法及施行令》，法律出版社 2014 年版，第 41 页。

④ 参见［韩］李哲松：《韩国公司法》，吴日焕译，中国政法大学出版社 2000 年版，第 275～276 页；郑燦亨：《韩国公司法》，崔文玉译，上海大学出版社 2011 年版，第 194～195 页。

⑤ 参见冯果：《现代公司资本制度比较研究》，武汉大学出版社 2000 年版，第 206 页。

⑥ See Croom Helm, *Limtied Liability and the Corporation*, London & Cambern, 1982, p. 2.

⑦ 参见施天涛：《公司法自由主义及其法律政策——兼论我国〈公司法〉的修改》，载《环球法律评论》2005 年第 1 期。

股权自主即股权转让自由，指股东有权自主决定是否转让其股权、何时转让、转让给谁。股份有限公司作为典型的资合公司，相较于人合性的有限责任公司而言，股份转让更为自由。然而，个人自由止步于公共利益，故而现行《公司法》设有股份禁售的规定，通过限制发起人和管理层股东的股份转让自由，以维护公司、其他股东以及社会公共利益。

违反股份禁售规定的合同效力如何？现行裁判存在"有效"与"无效"两种截然对立的观点。大多裁判的解释路径，聚焦于股份禁售规定的规范性质。(1)有判决认为，现行《公司法》第141条股份禁售之规定系效力性强制规定，违反该规定所订立之合同应当无效。持反对意见的判决认为，该规定属于管理性强制规定，违反该规定所订立的合同其效力不受影响。原《合同法》第52条将"违反法律、行政法规的强制性规定"作为合同无效的原因之一，故而在以往的审判实践中，但凡违反强制性规定的合同，往往被判定无效。司法解释将强制性规定区分为效力性规定和管理性规定，防止违反强制性规定的合同统统被"枪毙"，其司法导向意义应值得肯定。然而，效力性规定与管理性规定的分类乃是法律解释的结果，以违反效力性规定为由判定合同无效，或者以所违反的仅系管理性规定为由判定合同效力不受影响，实为以"结果"证明"结果"，并非最佳的解释路径。① 在当前审判实践中，就同一法律规范，不同的法官存在不同的认识。在为数不少的案件中，裁判文书就规范性质问题不加以论证，一些法官简单粗暴地为相关法律规定扣上效力性规定或管理性规定的"帽子"，并作为其认定合同无效或有效的"正当理由"。(2)还有判决认为，现行《公司法》第141条股份禁售之规定系禁止性规定，违反禁止性规定的合同无效。持相反意见的人认为，该规定只是限制性规定而非禁止性规定，不影响合同的效力。从现行《公司法》第141条所用的措辞"不得转让""不得超过"可以看出，将该条规定归入禁止性规定的行列，并无不当。但是，违反禁止性规定的合同，是否必然无效？对此，德国民法学者卡尔·拉伦茨、维尔纳·弗卢梅等人均给出了否定的答案。② 以擅卖他人物为例，未经授权擅自出卖他人之物，为各国法律所禁止，但是，无权处分不影响买卖合同效力，又为

---

① 参见黄忠：《违法合同效力论》，法律出版社2010年版，第121页；朱庆育：《民法总论》，北京大学出版社2016年版，第296页。

② 参见[德]卡尔·拉伦茨：《德国民法通论》(下册)，王晓晔、邵建东、谢怀栻等译，法律出版社2013年版，第588页；[德]维尔纳·弗卢梅：《法律行为论》，迟颖译，法律出版社2013年版，第402页。

多数国家立法之通例。因此,仅以违反禁止性规定而认定合同无效的解释路径,亦不可取。

持合同有效观点的裁判中,还有利益说和区分说这两种观点。(1)利益说认识到,导致法律行为无效的真正原因是公共利益的违背,这一观点应值得肯定。但是,利益说一方面认识到股份禁售规定是为了保护公司、其他股东和社会公共利益;另一方面以"案涉公司系非上市公司、公司规模小、股东人数少,发起人或管理层股东转让股份违反禁售规定,不会损害到公共利益"为由认定合同有效,此种解释路径又超越了现行《公司法》第141条的文义射程。现行《公司法》第141条并没有明确该规定只针对上市公司,因此,在解释上应认为,该规定是针对所有的股份有限公司(包括上市公司和非上市的股份公司)。(2)区分说认为,应在区分股份转让中的基础合同(原因行为、负担行为)与履行行为(股份变动、处分行为)的基础之上,通过利益衡量之方法,判定股份禁售规定究竟意在控制股份变动还是原因行为。如果只需通过否认处分行为之效力,即可达到保障公共利益不受损害的目的,则不应判定基础合同无效。区分原则的解释路径既能实现相关规范的立法目的,并且符合私法自治与鼓励交易原则,更为可取。

区分原则解释路径的基本观点可以从两方面展开:(1)在合同效力的认定方面,该解释路径认为,现行《公司法》第141条股份禁售规定所要控制的是股份变动之结果,该规定并非指向股份转让合同的效力,因为合同生效的法律效果是当事人产生了给付的义务,但股份不实际发生变动。真正引起股份变动的,是转让人的合同履行行为(股份转让行为),只要禁止股份转让人在禁售期的履行、否认其履行的效力,即可阻止股份在禁售期内的变动。易言之,法律只需否认禁售期内的股份处分行为之效力,而无须殃及股份转让合同之债权效力,以免受让人的债权利益落空。(2)在合同履行与责任承担方面,该解释路径认为,股份禁售规定的存在,使得股份转让合同在禁售期内出现了履行不能的情况,受让人也无权请求转让人在禁售期内转移股份。具体而言,(1)在合同约定于禁售期外转让股权的情形,不仅合同有效,而且当事人应严格依约履行。(2)在合同未约定股权转让期限的情形,受让人仅能要求转让人在禁售期外履行。(3)在合同约定禁售期内转让股权的情形,最具争议,但从比较解释的立场看,宜从宽解释,即应认定合同有效,但受让人无权请求转让人在禁售期内转让股份。申言之,法律不能强人所难,既然公司法禁止转让人在禁售期内转让股份或者限制其转让股份的比例,那么转让人在禁售期内无法依照合同约定转让股份的,可以免于承担违约责任。由于股份转让合同的效力不受股份禁售规定的影响,受让人请求转让人交付股份的债权仍然存在,故而受让人有权请求转让人在禁售期外继续履行交付股份的债务。此时,转让人怠于履行其债务的,则应承担违约责任。此外,若因转让人未能依约交付股份,而致受让人的合同目的无法实现的,则受让人可单方解除合同。

区分原则解释路径的合理性可以从三方面展开:(1)该解释路径符合股份禁售规定的立法目的。关于股份禁售规定的立法目的,应从根本目的和直接目的两个层面进行研究。根本目的是隐藏在直接目的后面的最终目的,直接目的是实现根本目的之手段目的。股份禁售规定的根本目的在于,遏制发起人或管理层股东的不当行为,维护公司、其他股东和潜在投资者的利益;其直接目的在于,规制禁售期内的股份变动,即其意在禁止发起人或管理层股东在禁售期的股份处分行为,而非禁止缔约行为。(2)该解释路径符合司法解释的观点走向。买卖合同的效力不因出卖人无所有权或处分权而受影响,这一观点已为司法解释所接受(并亦被《民法典》所采纳)。就股份禁售而言,发起人和管理层股东对股份的处分权虽然在禁售期内受到限制,但其仍是股份的所有人。根据举重以明轻的原理,违反禁售期规定所订立之合同,其效力理当不受影响。(3)该解释路径符合比较解释的基本立场。日、韩等国关于权利股(公司成立前的“股权”)转让的规定,对我国发起人股份禁售规定的解释,具有启示意义。在日、韩两国立法中,权利股的转让,对公司不生效力,但在转让双方间产生债权性效力,这一见解为学者之通说。此外,境外法律关于管理层股东的股份禁售规定,一般也不否认禁售期内的合同效力,违反禁售规定的,通常被作为“董监高”解任的事由。因此,基于比较法上的观察,亦当对股份禁售规定从宽解释,应肯定禁售期内的合同效力。

结　语

合同生效不意味着合同必然被履行，财产交易中的基础合同生效，标的权利未必就能变动，故而基础合同与权利变动的生效要件存在区别。因此，在解决财产交易纠纷、判断基础合同效力之时，务必重视区分原则的解释适用，切勿动辄以违反强制性规定为由而认定合同无效。关于区分原则，我国学界存在法律行为区分说与法律事实区分说的争论。近年来，以最高人民法院为代表的司法机关逐渐接受了法律行为区分说的观点。法律行为区分说之所以更为可取，一方面是因为我国民事立法继受了德国的物债二分体例与法律行为制度之故；另一方面更为重要的原因是该说有助于明晰民事法律关系，并有助于解释无权处分、善意取得、多重买卖、附条件买卖，以及未来物、购备物和种类物买卖等法律问题。

法律没有规定不意味着某一原则就必然不存在，私法中的一些原则（如“一物一权原则”“物权客体特定原则”）是以法理的方式存在，股权转让中的区分原则同样如此。由于我国立法和司法实践曾一度未能正确认识区分原则，而将物权变动的公示要件混淆为债权合同的生效要件，2007 年颁行的《物权法》通过该法第 15 条的规定，对前述错误做法进行了纠正。但是，我们绝不能陷入这样的误区而认为“区分原则就是指物权登记与合同效力无涉的规则”。易言之，区分原则绝不是专属于物权（绝对权）交易与形式主义领域，其他财产权利的交易亦存在区分原则的适用。随着审判经验的日益积累，以最高人民法院为代表的司法机关，愈发地重视区分原则在股权转让中的适用。这不仅体现在相关的裁判文书当中，而且还体现在相关的司法解释和法院会议纪要之中。①

法律行为区分说认为：(1)在缔约阶段，当事人完成的负担行为仅具相对性，生效的负担行为将在当事人间产生债权债务关系，但其未必能够引起标的权利的变动，故而对其效力要件应更宽松。在一般的情形中，基础合同只须满足《民法典》总则编的民事法律行为生效要件即为有效。(2)在履约阶段，当事人进行的处分行为具有绝对性，有效的处分行为不仅在当事人间发生标的权利的现实变动，而且他人对此权利变动须予尊重，故而对其效力要件应严格把控。法律行为区分说的观点兼顾了鼓励交易与交易安全两项原则，在缔约阶段予以宽松对待，尽可能促成交易的达成，而在履约阶段给予严格把关，避免合同履行给他人造成损害。兹以处分权与合同的关系为例加以剖析，在缔约阶段，一方面，出卖人虽无财产的处分权，但其将来未必不能取得处分权；另一方面，就算出卖人将来不能取得处分权，但其早已预期将可能发生履行不能的结果，而仍与他人订立买卖合同，对其“自甘冒险承担违约责任”之举，法律也无须禁止，故而承认无权处分下的合同效力，有助于促成交易。但在履约阶段，出卖人必须对标的物享有处分权，无权处分人擅自处分他人财产权利的，侵害了他人的合法权益，法律对这一现象必须予以纠正，以保障交易安全。

在股权转让中，亦须对缔约阶段的负担行为与履约阶段的处分行为予以区分。对于股权转让合同的效力，不应过于严格地管控。交易安全方面的保障，更多需要依靠对股权处分行为的把关。故而一股多卖、无权处分、违反章程规定转让股权等情形，股权转让合同的有效性均不应受影响。对于违反股权转让审批规定、股东先买权规定、股份禁售期规定而订立的股权转让合同，同样也无须否认其效力。对于违反前述规定的股权交易行为，我们只须否定其股权处分行为的效力即可实现立法目的。虽然通过否定股权转让合同的效力也能达到立法目的，但是这种路径一方面不符合鼓励交易原则；另一方面否定了合同的效力，意味着善意的受让人不能通过违约救济机制来保障其债权利益，超过了必要性原则。

---

① 关于股权转让中区分原则的规定，司法解释方面如，根据2012年的《买卖合同解释》(法释〔2012〕7号)第3条与第45条规定，“无处分权不影响合同效力”的规则，同样适用于股权转让当中；法院会议纪要方面如，《九民会议纪要》(法〔2019〕254号)第9条确立了“股权转让违反股东先买权规定，不影响合同效力”的规则。

需要指出的是,区分原则并非全能钥匙,我们不能无限夸大它的作用。在应用区分原则时,我们要避免走向另一个极端,而将本属于基础合同的效力要件混淆为处分行为的效力规定。法律解释是法律适用的前提,某一具体制度是否适用以及如何适用区分原则,必须经过科学的解释论证才能研判。在解释法律的时候,首先应注意文义的解释方法。法的解释始于文义,又终于文义。“清晰的文本无须解释”,[①]如果某一法律禁令的文义已明确指向合同效力或权利变动的,依其文义处理即可。只有当某一规定的文义存在数种解释时,才有论理解释的必要,而论理解释的结论又不得超越法律文义的射程。当立法出现“不得转让”“××的转让应经过……同意(或批准)”的表述时,我们应当警觉,而不能径直以此类禁止性规定或命令性规定为依据判定合同无效。此时我们应探究具体规定的立法目的究竟是管控合同效力,还是控制权利变动。为避免在进行目的解释时介入解释者不恰当的主观因素,还须结合其他解释方法,并对当事各方的利益进行衡量。同时,由于我国合同、公司等商事领域的立法,多继受于其他国家和地区,故而在解释法律时,通过比较并参考与我国法相近之境外立法、学说与判例,亦诚有必要。

就本书而言,由于立法采用了“转让股权须经同意”“股份在若干期间内不得转让”“变更若干比例以上的股权须经批准”这样的表达方式,[②]而没有采用“股权转让合同须经其他股东同意”“在若干期间内不得订立股权转让合同”“变更若干比例以上的股权转让合同须经批准”那样的表达方式,故而存在不同解释的可能。也就是说,当前的股东先买权规定、股份禁售期规定、股权转让审批规定,并非清晰地指向股权转让合同的效力,其文义存在两种解读的可能。为此,我们须应探究其立法目的。前述规定均意在控制股权归属的变动,防止因为股权的任意变动而使其他股东的先买权落空、发起人(或董监高)逃避责任或者相关政策安排没有落实。而控制股权归属变动,既可以通过否定合同效力(负担行为)来实现,也可以通过阻止合同履行(处分行为)来

① 王利明:《法律解释学导论——以民法为视角》,法律出版社2017年版,第257页。

② 相关法律规定的原文分别是,现行《公司法》第71条第2款第1句:“股东向股东以外的人转让股权,应当经其他股东过半数同意。”第141条第1款第1句:“发起人持有的本公司股份,自公司成立之日起一年内不得转让。”《保险法》第84条:“保险公司有下列情形之一的,应当经保险监督管理机构批准……(七)变更出资额占有限责任公司资本总额百分之五以上的股东,或者变更持有股份有限公司股份百分之五以上的股东……”

实现。权衡当事各方的利益,后一种手段(即“区分原则的解释路径”)更为可取。因为前一种手段(“一体把握的解释路径”)是以牺牲买受人的合同债权利益为代价,超越了必要性原则。此外,无权处分人订立之买卖合同有效,为当前司法解释所接受。擅自出卖他人之物所订立之买卖合同尚且有效,根据“举重以明轻”的原理,处分自己的股权所订立的股权转让合同当然也应有效。

参考文献

一、中文文献类

(一)专著类

1. 梁慧星:《民法解释学》,法律出版社 2015 年版。

2. 王利明:《法律解释学导论——以民法为视角》,法律出版社 2017 年版。

3. 崔建远:《物权法》,中国人民大学出版社 2017 年版。

4. 李永军:《民法总论》,中国政法大学出版社 2015 年版。

5. 孙宪忠:《中国物权法总论》,法律出版社 2018 年版。

6. 侯国跃:《契约附随义务研究》,法律出版社 2007 年版。

7. 黄忠:《违法合同效力论》,法律出版社 2010 年版。

8. 刘云生:《物权法》,华中科技大学出版社 2014 年版。

9. 韩世远:《合同法总论》,法律出版社 2018 年版。

10. 朱庆育:《民法总论》,北京大学出版社 2016 年版。

11. 王洪亮:《债法总论》,北京大学出版社 2016 年版。

12. 马俊驹、余延满:《民法原论》,法律出版社 2010 年版。

13. 谢怀栻:《外国民商法精要》,法律出版社 2014 年版。

14. 施天涛:《公司法论》,法律出版社 2018 年版。

15. 刘俊海:《现代公司法》,法律出版社 2015 年版。

16. 王新欣:《公司法》,中国人民大学出版社 2016 年版。

17. 冯果:《公司法》,武汉大学出版社 2017 年版。

18. 甘培忠:《企业与公司法学》,北京大学出版社 2018 年版。

19. 李建伟:《公司法学》,中国人民大学出版社 2018 年版。

20. 王家福主编:《民法债权》,中国社会科学出版社 2015 年版。

21. 刘凯湘:《债法总论》,北京大学出版社 2011 年版。

22. 刘心稳:《债权法总论》,中国政法大学出版社 2009 年版。

23. 刘家安:《物权法论》,中国政法大学出版社 2015 年版。

24. 陈华彬:《物权法论》,中国政法大学出版社 2018 年版。

25. 张双根:《物权法释论》,北京大学出版社 2018 年版。

26. 任先行:《商法原论》(下册),知识产权出版社 2015 年版。

27. 郑玉波:《民法总则》,中国政法大学出版社 2003 年版。

28. 杨仁寿:《法学方法论》,中国政法大学出版社 2013 年版。

29. 王泽鉴:《民法总则》,北京大学出版社 2009 年版。

(二)论文类

30. 刘凯湘:《股东资格认定规则的反思与重构》,载《国家检察官学院学报》2019 年第 1 期。

31. 李建伟、罗锦荣:《有限公司股权登记的对抗力研究》,载《法学家》2019 年第 4 期。

32. 张双根:《论股权让与的意思主义构成》,载《中外法学》2019 年第 6 期。

33. 侯国跃、陈圣利:《〈民法总则〉的"正确打开方式"》,载《甘肃社会科学》2018 年第 1 期。

34. 孙宪忠:《民事权利基本分类及其分析裁判的法技术问题》,载《法治研究》2018 年第 2 期。

35. 钱玉林:《民法总则与公司法的适用关系论》,载《法学研究》2018 年第 3 期。

36. 张双根:《股权善意取得之质疑——基于解释论的分析》,载《法学家》2016 年第 1 期。

37. 胡晓静:《股权转让中的股东资格确认——基于股权权属与股东资格的区分》,载《当代法学》2016 年第 2 期。

38. 郑彧:《股东优先购买权"穿透效力"的适用与限制》,载《中国法学》2015 年第 5 期。

39. 余佳楠:《我国有限公司股权善意取得制度的缺陷与构建》,载《清华法学》2015 年第 4 期。

40. 陈卫佐:《论处分行为》,载《政治与法律》2015 年第 7 期。

41. 张双根:《德国法上股权善意取得制度之评析》,载《环球法律评论》2014 年第 2 期。

42. 蔡立东:《行政审批与权利转让合同的效力》,载《中国法学》2013 年第 1 期。

43. 吴光荣:《行政审批对合同效力的影响:理论与实践》,载《法学家》2013 年第 1 期。

44. 赵旭东:《股东优先购买权的性质和效力》,载《当代法学》2013 年第 5 期。

45. 杨永清:《批准生效合同若干问题探讨》,载《中国法学》2013 年第 6 期。

46. 常鹏翱:《论优先购买权的行使要件》,载《当代法学》2013 年第 6 期。

47. 刘贵祥:《论行政审批与合同效力——以外商投资企业股权转让为线索》,载《中国法学》2011 年第 2 期。

48. 汤文平:《德国法上的批准生效合同研究》,载《清华法学》2010 年第 6 期。

49. 孙宪忠:《我国物权法中物权变动规则的法理评述》,载《法学研究》2008 年第 3 期。

50. 金可可:《私法体系中的债权物权区分说——萨维尼的理论贡献》,载《中国社会科学》2006 年第 2 期。

51. 宋江涛:《物权变动的区分原则研究》,中国社会科学院 2017 年博士学位论文。

52. 尹航:《有限责任公司股权转让效力研究——以利益衡量为视角的分析》,吉林大学 2016 年博士学位论文。

53. 刘涛:《股份有限公司股权转让之研究》,武汉大学 2012 年博士学位论文。

54. 朱川:《有限责任公司股东资格确认问题研究》,复旦大学 2012 年博士学位论文。

55. 陈圣利:《论违反股东优先购买权规定的合同效力》,载《财会月刊》2022 年第 1 期。

56. 陈圣利:《有限责任公司股权转让模式的争论及评述》,载《河南财经政法大学学报》2022 年第 2 期。

57. 陈圣利:《股权转让审批规定的两种解释路径之比较》,载《财会月刊》2022 年第 14 期。

二、译著类文献(含译文)

58. [德]卡尔·拉伦茨:《法学方法论》,陈爱娥译,商务印书馆 2016 年版。

59. [德]迪特尔·梅迪库斯:《德国民法总论》,邵建东译,法律出版社 2013 年版。

60. [德]维尔纳·弗卢梅:《法律行为论》,迟颖译,法律出版社 2013 年版。

61. [德]本德·吕特斯、[德]阿斯特丽德·施塔德勒:《德国民法总论》,于馨淼、张姝译,法律出版社 2017 年版。

62. [德]汉斯·布洛克斯、[德]沃尔夫·迪特里希·瓦尔克:《德国民法总论》,张艳、冯楚奇译,中国人民大学出版社 2019 年版。

63. [德]迪尔克·罗歇尔德斯:《德国债法总论》,沈小军、张金海译,中国人民大学出版社 2017 年版。

64. [日]山本为三郎:《日本公司法精解》,朱大明译,法律出版社 2015 年版。

65. [日]近藤光男:《最新日本公司法》,梁爽译,法律出版社 2016 年版。

66. [日]神田秀树:《公司法的精神》,朱大明译,法律出版社 2016 年版。

67. [日]前田庸:《公司法入门》,王作全译,北京大学出版社 2012 年版。

68. [日]山本敬三:《民法讲义Ⅰ:总则》,解亘译,北京大学出版社 2012 年版。

69. [日]星野英一:《现代民法基本问题》,段匡、杨永庄译,上海三联书店出版社 2012 年版。

70. [日]森田章:《公开公司法论》,黄晓林译,中国政法大学出版社 2012

年版。

71. [日]我妻荣:《我妻荣民法讲义Ⅱ · 新订物权法》,罗丽译,中国法制出版社 2008 年版。

72. [日]近江幸治:《民法讲义Ⅱ · 物权法》,王茵译,北京大学出版社 2006 年版。